소쉬르

소쉬르

—현대 언어학의 원류

김방한

The
Humanities

17

민음사

책머리에

프랑스의 언어학자 가데(Gade 1987 : 5)에 의하면 소쉬르의
『일반 언어학 강의 *Cours de linguistique générale*』(이하
*CLG*로 약칭)가 1916년에 출판된 이래 그 간행 부수가 다음
과 같이 증가하고 있다. 1922년, 1931년, 1949년, 1955년에 중
판이 나왔고 1959년부터 1963년까지 4년 동안에 5판 2만 부
가 간행된다. 그 이후 1963년부터 1986년까지는 33판 15만 부
가 간행된다. 이것은 무엇을 의미하는가? 이것은 소쉬르의
*CLG*가 지금까지도 계속해서 더욱 널리 읽히고 있음을 단적
으로 말해 주는 것이다. 언어학은 다른 학문 분야에 비해서
비교적 새로운 시기에 탄생했지만 언어학의 여러 가지 흐름
은 급속하게 변하면서 여러 학설이 부침을 거듭해 왔다. 그
러한 상황에서 *CLG*가 지금까지도 계속해서 읽히고 있는 것
은 무엇 때문인가? 그것은 *CLG*에 언어 연구의 본질적인 면
이 담겨져 있기 때문이다. 그러기 때문에 *CLG*는 지금까지도
빛을 잃지 않고 있으며 또 우리는 *CLG*를 읽어야 하는 것이
다. 우리는 이 책에서 *CLG*를 읽으면서 그러한 본질적인 면

과 그의 연구 정신을 보려고 하는 것이다.

영국의 저명한 언어학자 퍼스(Firth 1950 : 179)는 〈소쉬르는 널리 알려져 있으면서도 잘 이해되지 않고 있다〉고 말한 바 있다. 이것은 옳은 판단이다. 소쉬르처럼 널리 알려진 언어학자도 드물다. 그러면서도 그의 언어 사상이 정확하게 잘 이해되지 않고 있는 것은 참으로 아이러니컬한 현상이다. 또한 소쉬르 연구가인 쾨르너(Koerner 1973 : 2.1)는 미국의 언어학자 주스M. Joos의 다음과 같은 말을 인용하고 있다. 〈40년대, 50년대의 블룸필드Bloomfield 학파의 태반은 *CLG*를 직접 보지도 않고 대부분은 겨우 다른 사람 말을 듣고 그 내용을 알고 있었다고 [주스는] 갈파했는데 이것은 과거와 현재의 서양 세계의 많은 언어학자에게도 해당된다.〉 이와 같은 상황에서 우리는 *CLG*를 직접 읽고 또 그것을 정확하게 이해하려고 하는 것이다.

소쉬르는 20세기 언어학의 기점이 된다고 해도 과언이 아니다. 그리하여 언어학을 연구하기 시작할 때 우리는, 소쉬르의 언어 원리에 찬동하든 그것을 거부하든, 실질적으로 소쉬르에서 출발하여 논의하고 있으며 또한 소쉬르의 언어 원리와 대비하여 자기 이론을 전개하기도 한다. 그러므로 현대 언어학의 흐름을 이해하는 데 있어서 소쉬르의 학설을 정확하게 파악하는 것은 지금도 가장 중요한 과제의 하나이다. 현대 언어학의 기초를 소쉬르를 통해서 다시 본다는 것은 중요한 과제인 것이다. 여기에 *CLG*를 읽고 그것을 연구해야 할 중요한 이유가 있다. 최근 소쉬르가 거의 무시되던 미국 언어학계에서도 예외적이긴 하지만 촘스키(Chomsky 1964,

1965)가 소쉬르에 관심을 보이고 있는 것은 주목할 만하다.

그 뿐만 아니라 *CLG*는 여러 면에 걸쳐서 시사하는 바 커서 여러 각도에서 주목되어 왔다. 고유한 언어학의 관점에서 읽히는 것은 당연하지만 또한 기호론, 문학, 철학 등 여러 인문과학에 영향을 미쳐서 이러한 관점에서도 논의의 대상이 되고 있다. 특히 1950년대 후반부터 1970년경까지의 10여 년 동안 프랑스의 사상계를 석권하고 그 여파를 세계에 미친 구조주의는 그 근원이 *CLG*에 있다. 이러한 점에서도 소쉬르 연구의 중요성이 강조되고 있다. 소쉬르의 저서로 알려진 *CLG*는 실은 소쉬르가 직접 붓을 들고 쓴 저서가 아니다. 그 것은 소쉬르의 〈일반 언어학 강의〉에 한 번도 출석한 적이 없었던 두 제자가 그 강의에 출석했던 학생들의 노트를 편집한 것임은 이미 잘 알려진 사실이다. 그런데 소쉬르는 일반 언어학 강의에 관한 아무런 참고 자료도 남겨 놓지 않았다. 강의 시간 때마다 간단히 작성한 메모 쪽지조차도 강의가 끝나면 모두 찢어 없애 버렸다고 한다. 그리하여 두 편집자는 오직 수강생들의 노트에 의존하여 *CLG*를 편집할 수밖에 없었던 것이다. *CLG*는 이러한 성격을 지닌 책이다. 그리하여 *CLG*에는 그 편집 과정에서 비롯된 결함이 있는 것이 최근의 소쉬르 연구에 의해서 밝혀진다. 그러므로 우리는 고델 (Godel 1957), 엥글러(Engler 1967-74), 마우로(Mauro 1972) 등의 소쉬르 연구를 통해서 소쉬르의 진정한 언어 사상을 발굴하고 그의 진정한 의도를 정확하게 파악하려고 한다. 이러한 뜻에서 오늘날 소쉬르의 *CLG*를 읽는다는 것은 다만 *CLG* 그 자체만을 읽는 것이 아니라고 말할 수도 있을 것이다. 오늘날 우리는 이렇게 소쉬르를 정확하게 이해하려고 하고 있다.

　그러나 *CLG*의 위와 같은 성격에도 불구하고 20세기 전체를 통해서 언어학은 물론이고 다른 학문 영역에까지 영향을 미친 구조주의의 토대를 이룬 것은 바로 편집된 것으로서의 *CLG*였던 것이다. 그러므로 소쉬르의 언어 사상을 연구하기 위해서는 비록 편집상의 결함이 있을지라도 역시 *CLG*가 기초가 되어야 할 것이다. 그러므로 이 책에서도 소쉬르의 언어 사상을 *CLG*를 통해서 고찰하고, *CLG*의 근래 연구에 관해서는 소쉬르의 언어 사상을 정확하게 이해하는 데 필요하다고 생각되는 중요한 부분을 제외하고는 상세한 설명을 하지 않기로 했다.

　여기서 우리는 소쉬르를 연구하는 데 있어서 두 가지 방향을 분명하게 인식해야 한다. 하나는 소쉬르 자신의 언어 사상에 될 수 있는 한 가까이 접근하여 그의 모순이나 다른 결함을 식별하고 소쉬르가 구상한 언어 이론의 본질을 파악하는 것이다. 또 하나는 *CLG*의 숙명적인 결함을 여러 가지 원재료를 통해서 해명하려고 노력하는 것이다. 이러한 연구를 위해서 먼저 문제가 되는 것은 〈*CLG*를 어떻게 읽는 것인가?〉하는 데 있다. 필자는 이 책에서 바로 그러한 연구의 일단을 제시하려고 한다. 그리하여 *CLG*를 그 순서에 따라서 읽어 가면서 문제가 되는 것을 짚어 보고 그에 대한 해명을 얻으려고 했다. 이러한 연구는 *CLG* 연구의 가장 기본적이고 본질적인 토대가 될 것이다(그러나 *CLG*와 이 책의 부(部), 장(章), 절(節)의 구분이 모두 일치하는 것은 아니다).

이 책은 3부로 나누어져 있으며 제2부부터 *CLG*의 내용과 순서가 대체로 일치한다. 그리고 *CLG*의 제3부에서 제5부까지의 통시 언어학에 관한 부분은 이 책에 포함되어 있지 않다. 그것은 소쉬르의 언어 이론이 실질적으로 *CLG*의 〈서론〉과 제1부 〈일반 원리〉 그리고 제2부 〈공시 언어학〉에서 전개되고 있기 때문이다.

*CLG*에는 중요한 용어의 내용을 미리 설명하지 않고 사용되고 있는 경우가 많다. 한 예를 들면, 〈체계〉는 소쉬르 언어 이론 중에서 가장 중요한 개념을 가진 용어이다. 그러나 이 용어는 *CLG*에서 일정한 정의 없이 138회나 사용되고 있다. 이런 경우에는 그 용어에 관한 예비적 지식을 미리 가지고 읽어야만 일관되고 정확한 개념을 파악하기가 용이할 것이다. *CLG*에는 이런 경우가 적지 않다. 따라서 *CLG*에 관한 어느 정도의 예비 지식을 미리 갖추고 *CLG*를 읽을 때 비로소 총체적 이해가 용이해질 것이다. 이런 점에서 이 책의 제1부 제2장에서 제2부를 읽고 이해하는 데 필요한 예비적 지식을 얻게 될 것이다.

부록은 소쉬르 연구의 새로운 자료로서 공개된 제2차 일반 언어학 강의의 강의록을 번역한 것이다. 이 자료의 중요성에 관해서는 〈해제〉를 참고하기 바란다.

이 책에서 *CLG*의 원문 번역은 출처를 밝히지 않고 오원교(1985), 최승언(1990)의 두 번역본을 이용했다. 그러나 필자가 개역한 곳도 더러 있다.

이 책이 계기가 되어 우리 학계에서도 소쉬르에 관한 연구가 활발해지기를 기대한다. 그리고 까다로운 교정에서 색인 작성에 이르기까지 헌신적으로 도와 준 서울대 언어학과 강사 고동호 군에게 사의를 표한다. 또한 이 책을 집필하는 동안 필자의 건강을 보살펴주며 컴퓨터 작업을 해준 아내에게 고마운 마음을 전한다. 끝으로 민음사 여러분의 수고에 감사한다.

독자 여러분의 질정과 편달을 바란다.

1998년 9월 10일
老石山房에서 金芳漢

차 례

제1부

소쉬르와 그의 학문

제1장 소쉬르의 생애와 학문

1 소쉬르의 생애

1.1 소쉬르의 소년 시절

어느 학자의 학문적 업적을 이해하기 위해서 그의 생애를 아는 것이 전혀 혹은 그다지 중요하지 않은 경우가 있는가 하면 그것이 결정적 중요성을 갖는 경우가 있다. 페르디낭 드 소쉬르Ferdinand de Saussure는 바로 후자의 경우에 속한다. 왜냐 하면 소쉬르의 생애 그 자체가 하나의 문제이며 그것은 그의 학문적 업적을 정확하게 이해하기 위해서 불가결한 문제이기 때문이다. 그의 생애만이 아마도 그의 업적을 심층에서 설명할 수 있을 것이다(Mounin 1968 : 12-3).

저명한 소쉬르 연구가 마우로(Mauro 1972 : 319-89)는 *CLG* 의 이탈리아어 번역판에 붙인 〈F. 드 소쉬르에 관한 전기 및 비판적 노트〉에서 소쉬르의 지적 생애를 복원한 바 있는데 이것은 소쉬르의 전기로서 가장 높이 평가되고 있다. 여기서 그는 소쉬르의 성장 과정부터 시작하여 그의 제자들의 스승에 대한 인상, 회고, 서한 등 풍부한 자료를 이용하면서 인간 소쉬르의 모습을 복원하는 데 성공했다. 그리고 이렇게 복원된 소쉬르의 모습은 소쉬르의 모든 업적을 심층에서 해명할 수 있는 중요한 실마리가 되었다. 또한 이렇게 복원된 소쉬르는 *CLG*를 통해서 나타나는 소쉬르와 차이가 있는 것도 밝혀졌다. 따라서 소쉬르 이론의 진의가 정확히 어디에 있는가? 이러한 의문도 제기되었음은 당연하다고 하겠다. 그러한 의문에 대한 해답을 우리는 마우로(Mauro 1972 : 319-89)와 무넹(Mounin 1968 : 12-21) 등에서 찾게 될 것이다.

소쉬르는 1857년 11월 12일 주네브 Genève에서 태어났다. 소쉬르의 조상은 프랑스에서 망명한 신교도로서 그는 18세기이래 대대로 박물학, 물리학, 지질학의 학자를 배출한 주네브의 명문가 태생이었다. 그 가족 중에는 자연과학 분야에서 업적을 남긴 사람이 많으며 이것이 그 가문의 전통이자 자랑이었다. 그리고 후손들은 그 명예로운 가계를 오래오래 수호하려고 했다. 메이예(Meillet 1915)의 말을 빌리면 〈최고의 지적 문화가 오랜 전통이 되어 있는〉 그러한 환경에서 태어나서 자랐던 것이다. 이러한 환경은 소쉬르의 지적 형성에 적지 않은 영향을 미친다. 특히 아버지의 직접적인 교육을 통해서 이어받은 과학적 정신 구조는 그의 지적 개성과 업적의 가장 전형적인 특징을 이루는 요인이 되었다(Mauro 1972 : 1). 이러한 지적 분위기와 더불어 풍요로운 생활 조건하에서 소쉬르는 성장했던 것이다. 조상들이 남겨 준 많은 책과 수집품이 가득한 넓은 저택 그리고 멀리 알프스가 바라보이는 별장 ─ 소쉬르는 이러한 환경에서 자랐던 것이다.

소쉬르가 열두서너 살 되던 해 별장에서의 픽테 A. Pictet 와의 만남은 소쉬르에게 있어서 하나의 커다란 사건이라고 할 수 있다. 픽테는 〈언어학적 고생물학 paléontologie linguistique〉의 창시자이며 〈언어학적 고생물학〉이라는 명칭 자체도 그의 창안에 의한 것으로서 당시 주네브 제일의 교양 인이었다. 70세가 넘은 이 노학자가 소년 소쉬르에게 미친 영향은 거의 절대적이었다고까지 말할 수 있다. 소쉬르 자신 도 이 노학자와 언어학적 고생물학 및 어원론에 관해서 이야 기한 것을 회상하고 있다. 픽테는 1859년부터 1861년에 걸쳐 서 『인구 제어의 기원. 언어학적 고생물학의 시도 *Les origines indo-européennes. Essai de paléontologie linguistique*』(2 vols., Paris)를 간행한다. 이것은 인구어 사용 민족 의 문화와 원주지(原住地)를 논의한 최초의 전문적 저술이다. 소쉬르는 *CLG*(306-7)에서도 픽테의 이 연구에 관해서 언급 하고 있다.

아무튼 픽테의 영향에 의해서 소년 소쉬르는 언어학에 심 취하게 되고 1870년 주네브의 마르틴느 Martine 학교에 입학 한다. 여기서 소쉬르는 그리스어를 배우게 되는데 이때 이미 프랑스어, 독일어, 영어, 라틴어를 알고 있었다. 이때 소쉬르 는 〈말의 일반적 체계〉를 수립하는 데 몰두한다. 그리하여 1872년 「제 언어에 관한 시론 Essai sur les langues」이라는 제목의 논문을 써서 픽테에게 바친다. 소년 소쉬르는 다음과 같이 생각했던 것이다. 어떤 언어의 분석에서도 $p=b=f=v$, $k=g=h=ch$, $t=d=th$가 설정되는 한, 모든 단어는 두 자음과 세 자음의 어원에 소급할 수 있다는 것이다. 그리고 그러한 증거는 많이 있다고 생각했다. 가령 R-K는 '폭력적인 권력'에 대한 보편적인 기호인데 라틴어 *rex* '왕', 그리스어 *ῥήγνυμί*(전선을 뚫다), 독일어 *rügen*(질책) 등이 여기 속하는 예였다고 소쉬르는 뒤에 회고록에서 회상하고 있다. 이 논문에 대해서 노학자는 소년 소쉬르에게 친절하게 대답해 주었다. 그리고 언어 연구를 꾸준히 계속할 것과 말의 모든 보편적 체계와는 거리를 둘 것도 권고했다고 한다.

1872년 가을, 소쉬르의 부모는 소쉬르가 고등학교에 가기에는 아직 이르다고 보고 공립 중학교에서 일 년 동안 준비기간을 보내도록 했다. 어느 날 소년 소쉬르는 중학교 수업에서 로마의 역사가 헤로도토스 Herdotos의 한 구절을 읽다가 그리스어 문법의 많은 예외 중의 하나인 복수, 제3인칭의 한 형태 *τετάχαταί*를 보게 되었다. 〈그 형태를 본 순간 ……그것은 돌연 나의 주목을 끌었다. 그것은 다음과 같이 추정했기 때문이다. *λεγόμεθα : λέγονταί*, 따라서 *τετάγμεθα : τετάχαταί*, 그리하여 N=*α*〉라고 회상하고 있다(Mauro 1972 : 324). 소쉬르는 그 뒤에도 n라는 자음이 모음 a로 변화할 수 있는가를 늘 생각하고 있었다고 한다. 이렇게 해서 16살인 소쉬르는 브루크만 K. Brugmann보다 3년 앞서서 그리스어 선사(先史)의 명비음(鳴鼻音, nasalis sonans)을 발견했던 것이다.

그 뒤 소쉬르는 1873년 고등학교에 입학하여 1875년에 졸업한다. 이 기간 소쉬르는 픽테의 권유에 의해서 보프 F. Bopp의 문법에 의해서 산스크리트어를 공부하기 시작했는데, 이때 이미 언어학에 대한 흥미와 적성이 나타나기 시작한다. 메이예는 다음과 같은 사실을 전해 주고 있다. 〈그에게서 들은 것인데, 그는 고등학교에서 그리스어를 공부하고 있을 때, 이미 그리스어의 *τατός*와 같은 경우 *α*는 비모음 이외의 다른 것일 수 없다는 것을 인정했다. 이와 같이 브루크만의 학문에서 가장 두드러진 업적의 하나인 명비음의 발견에 앞서 소쉬르는 이미 그것을 알고 있었던 것이다〉(Mounin 1968 : 13).

고등학교를 졸업한 뒤 양친의 희망과 가정의 전통에 따라서 주네브 대학의 화학과 물리학 강의에 등록하고 두 학기 동안 이들 강의를 듣는다. 그밖에 법률, 과학, 신학 등 여러 강의에도 출석한다. 그 당시를 소쉬르는 다음과 같이 회상하고 있다. 〈일종의 가정적 전통에 맞추기 위해서 과학의 강의를 들으면서 일 년을 완전히 허송세월 했다.〉 그의 관심은 다른 곳에 있었던 것이다(Mounin 1968 : 14).

1.2 라이프치히 Leipzig 유학 시절

1876년 신학기, 소쉬르가 19세가 되었을 때 그는 최종적으로 그의 방향을 결정한다. 그리하여 언어학을 연구할 것을 결심하고 당시 언어학 연구의 메카였던 독일의 라이프치히로 유학의 길을 떠난다. 그리하여 1876년 가을부터 1880년 전반까지 4년 동안 라이프치히에 머무르면서 연구에 몰두했다. 당시 라이프치히 대학에는 스승으로 쿠르티우스 G. Curtius가 있었고 또 장차 젊은이 문법학파를 이루고 활동하게 될 젊은 언어학자들이 모여 있었다. 그들 가운데는 27세의 브루크만, 30세의 오스토프 H. Osthoff, 35세의 레스킨 A. Leskien 등이 있었는데, 소쉬르는 이미 그들과 동등한 학자로서 연구 논의에 참가했다고 한다. 그리고 소쉬르는 1876년 5월 파리 언어학회 회원이 되고 1877년 1월 13일에는 파리 언어학회에서 긴 논문을 발표하게 되는데 그 논문은 곧 출판되는 영예를 얻게 된다. 그러나 라이프치히의 젊은 언어학자들은 그를 잘 이해하지 못하고 또 그의 최초의 업적에 대해서 냉담했다. 특히 오스토프는 소쉬르에게 과격한 논쟁을 걸어 오기까지 했다.

소쉬르는 4년 동안 라이프치히에 머무르면서 산스크리트어 Sanskrit 이외에 이란어 Iranian, 고대 아일랜드어 old Irish, 고대 슬라브어 old Slavic, 리투아니아어 Lithuanian 등을 연구했다. 다만 이 기간 중 산스크리트어 연구를 위해서 1년 동안 베를린 Berlin 대학에 가 있었다.

20세가 된 소쉬르는 라이프치히에 도착하자 곧 그의 유명한 「인구어의 여러 가지 a의 변별에 관한 시론 Essai d'une distinction des différents a indo-européennes」를 쓰기 시작했는데, 이 논문도 파리 언어학회에서 발표되었다. 이 논문의 요지는 인구 제어에 보이는 a에는 원래의 a가 아닌 여러 가지 기원이 있음을 밝히려는 것이다. 이 논문이 발표된 다음 해인 1878년 12월에는 그 유명한 장편 논문 「인구 제어의 원시 모음 체계에 관한 논문 Mémoire sur le système primitif des voyelles dans les langues indo-européennes」이 라이프치히에서 출판되고 이 논문에 의해서 소쉬르는 일약 유명해진다. 소쉬르가 막 21세가 되었을 때의 일이다. (이 논문은 1922년 파리에서 간행된 『F. 드 소쉬르 학술 논문집 *Recueil des publications scientifiques de F. de Saussure*』에 수록되어 있는데, 권두에서 268페이지에 이르는 대작이다.) 이 논문집에는 *CLG* 이외의 모든 논문이 수록되어 있다. 소쉬르의 *Mémoire*이 출판된 1878년은 언어학사에서 잊을 수 없는 해가 되었다(Ivić 1965 : 123). 여기서 그는 그때까지 해결이 불가능했던 인구어의 장모음과 단모음의 관계에 관한 문제에 접근하여 놀라운 성과를 거두었다. 소쉬르는 모음 교체 현상을 통해서 인구어 음운 체계에는 이미 알려진 음운 이외에 일찍 소멸한, 음가를 알 수 없는 어떤 음운이 있었다고 가정했다. 이 신비로운 음운은 소멸하면서 인접하고 있는 모음을 장음화시키고 또 전에 모음이 없었던 곳에서는 모음으로 변화하여 나타나기도 한다. 소쉬르는 이 신비로운 음운을 〈소낭트적으로 더불어 기능하는 것 coëfficient sonantique〉이라고 불렀다. 이 장모음의 가정과 그 대담한 해석은 일대 비약이라고 하지 않을 수 없으며 소쉬르만이 이룰 수 있는 업적이었다. 그러나 당시의 학자들은 소쉬르의 연구를 곧 이해하고 받아들이지 못했다. 그러다가 1927년 쿠리오비츠 J. Kuryłowicoz가 히타이트어 Hittite를 연구하는 과정에서 소쉬르가 신비로운 음운을 가정했던 바로 그 위치에 어떤 후음이 있는 것을 발견하게 되자 언어학자들은 흥분하기 시작했으며 이렇게 해서 소쉬르의 이론의 정당성이 학계의 인정을 받게 되었다.

소쉬르의 이 획기적인 "Mémoire"은 운명적인 양면을 지닌 것이었다. 독일학계의 일부 학자는 소쉬르의 "Mémoire"를 〈빛나는 발견〉이라고 찬양하는가 하면 당시 독일 언어학의 중심지였던 라이프치히 학자들에게게서는 부정적인 평가를 받았던 것이다. 라이프치히의 젊은 학자들은 "Mémoire"에 대해서 약속이라도 한 듯이 침묵으로 일관하여 묵살하려는 태도였다. 라이프치히의 학자들은 소쉬르에 대해서 노골적인 반감을 표시했고 특히 오스토프는 모욕에 가까울 정도로 논쟁을 걸어왔다. 라이프치히 학자들과의 그러한 불화가 원인이 되어서 뒤에 언어학 연구를 중단하고 게르만어 서사시에 몰두하게 되었다고 설명하는 사람도 있다.

젊은이 문법학파의 브루크만은 자음이면서 모음 교체의 약계제(弱階梯)에서 음절을 이루는 기능을 가진 비음적 요소를 가정했다. 그것은 영어의 *heaven*[hévn], *table*[téibl]의 발음인 [n]나 [l]과 같은 것이다(인구어에서 이러한 종류의 음에는 *l, r, m, n* 등이 있다). 그런데 $er : r̥ : r(el : l̥ : l)$와 같은 모음 교체가 있다. 여기서 교체하는 *r*를 비음인 *n*나 *m*와 바꾸어서 $en : n̥ : n, em : m̥ : m$라는 모음 교체를 가정하고 그 역사적인 증거를 찾아서 실증하려고 했다. 그런데 조어의 *m*, *n*가 후대의 언어에서 *a*로 나타난다고 해석하고 그때까지 풀지 못했던 대응을 통일적으로 파악하기에 이르렀다. 그리고 이러한 모음적 기능을 가진 명음(鳴音, sonant)을 가정함으로써 종래 무차별하게 *a*로 보았던 역사상의 많은 *a*가 실은 조어의 다른 음의 반사형임이 밝혀졌다. 모음적 기능을 가진 비음에 관한 연구는 이미 다른 학자들에게서도 그 싹을 엿볼 수 있다. 그러나 이것을 모음 교체 이론의 틀 속에서 조직적으로 파악한 것은 역시 브루크만의 커다란 업적이라고 하지 않을 수 없다. 그런데 실은, 위에서 언급한 바와 같이 소쉬르는 이미 그러한 현상을 알고 있었던 것이다. 가령 그리스어 *τατός*와 같은 형태의 $-a-$는 기원적으로 비모음에 소급하며 게르만어에서는 $-un-$과 대응한다. 소쉬르는 이미 이것을 알고 있었던 것이다. 그러나 소쉬르는 여기서 크게 실망했다고 한다. 자기가 먼저 발견한 것을 뒤에 브루크만이 먼저 발표한 데 대한 억울함과 실망을 맛보게 된 것이다. 이 사건이 소쉬르에게 상당한 심적 영향을 미친 반면에, 소쉬르는 비록 발표는 늦었지만 브루크만보다 먼저 그리고 그보다 나이 어려서 그것을 간파한 자기 자신의 능력에 대한 자신감을 얻었다고도 한다.

1880년 2월에는 학위 논문 「산스크리트어의 절대 속격의 용법에 관하여 De l'emploi du génitif absolu en Sanskit」를 제출하고 학위를 취득한다. 이 논문은 일반적으로 방법론에서 특색이 없는 것으로 생각되고 있으나 마우로(Mauro 1972: 330)는 그러한 평가는 옳지 않다고 하며 다음 두 가지 특색을 들고 있다. 첫째는 통사론에 관한 분야로서 당시까지 등한시되어 오던 분야에서 테마를 선택한 데 특색이 있고, 둘째로는 단순한 비교 연구가 아니라 소쉬르는 그 어법을 정확한 랑그의 상태에서 보고 그 가치를 규정하려고 한 데 있다.

1.3 파리 시절 — 고등 연구원과 학회에서의 활동

소쉬르는 1880년 12월 독일을 떠나 파리로 간다. 라이프치히에서의 쓰라린 경험이 아마도 독일을 떠나는 한 원인이 되었으리라고 추정된다. 또한 그의 업적에 대한 독일 학자들의 냉담도 파리행을 결심하는 데 영향을 미쳤을 것이다.

소쉬르는 파리에 정착하기에 앞서 1880년 3월부터 9월까지 리투아니아를 여행한다. 이 여행 기간이 지금까지는 소쉬르의 생애 중에서 불명 부분으로 생각되어 왔으나 근래 여러 증언에 의해서 소쉬르가 리투아니아를 여행하는 동기와 의의가 밝혀졌다. 첫째 리투아니아어는 고형을 유지하고 있기 때문에 인구 제어와의 비교 연구에서 중요하며 둘째 더 중요한 것은 소쉬르가 직접 현지에 갔다는 사실이다. 그 결과 랑그에 입각한 간접적 연구가 파롤에 입각한 직접적 연구로 대치되었던 것이다. 이러한 연구 방법을 창안한 것이다(Mauro 1972 : 332).

1880년 가을 소쉬르는 파리에 정착하고 다음해 2월부터 고등 연구원École des hautes études에서 브레알 M. Bréal의 강의에 출석하면서 이란어, 산스크리트어, 라틴어 등의 강의에도 참석한다. 소쉬르가 고등 연구원에서 느낀 것은 라이프치히에서와는 전혀 다른 분위기였으며 그에 대한 따뜻한 대우였다. 그리고 1881년 10월에는 〈고트어 Gothic 및 고대 고지 독일어 Old high German 강사〉로 임명된다. 소쉬르가 파리에 머무는 9년 동안 그의 강의에 참석한 학생은 모두 112명에 달했고, 프랑스의 대학에서 처음으로 역사-비교 언어학 강의가 소쉬르에 의해서 행해졌다고 한다. 그의 문하생 중에는 뒤에 프랑스 언어학계를 주름잡은 다르메스테테르 A. Darmesteter, 파시 P. Passy, 그라몽 M. Grammont, 메이예 등이 있었고, 특히 메이예는 1889-1890년의 휴가 중 소쉬르의 강의를 대강하기도 했다.

소쉬르는 교육면에서도 탁월한 재능을 갖춘 스승이었다. 메이예는 스승 소쉬르에 관해서 다음과 같이 회상하고 있다. 〈스승이 되기 위해서는 수강자 앞에서 정확하게 정통한 입문서를 읽은 것만으로는 충분하지 않다. 학설과 방법을 갖추고 과학을 개성적으로 제시해야 할 필요가 있다. 모두가 현실을 그렇게 엄밀하고 정확하게 투시하는 것을 보고 놀랐다〉 (Mauro 1972 : 336). 마우로(Mauro 1972 : 337)는 또 벤베니스트 E. Benveniste의 다음과 같은 말을 인용하고 있다. 〈암시적이었지만, 여기서 우리는 랑그의 상태 또는 일정한 원전에 적용된 공시적 기술의 원리를 보게 되었다.…… 소쉬르는 학생들에게 기술적 방법의 입문을 가르치고 있었다. 그는 이미 그것을 역사적 분석과 구별하고 있었던 것이다.〉 우리는 여기서 소쉬르의 공시적 기술에 대한 관심을 엿볼 수 있다. 여기서 또 한 가지 유의할 것은 소쉬르의 일반 언어학에 대한 관심이다. 일반 언어학에 대한 그의 관심은 단지 암시적으로 시사되는 것만은 아니었다. 그가 실제로 언어학적 방법과 말에 관한 일반적 이론에 관한 강의를 간간이 했던 것은 특기할 만하다.

파리 시절의 기록을 살펴보면, 소쉬르는 게르만어에 관한 언급이 많고 또 발트어 Baltic에 관한 각별한 관심을 보여주고 있다. 특히 발트어는 파리 시절 후반과 주네브로 돌아간 초기에 걸쳐서 지대한 관심의 대상이었다. 그리고 리투아니아어의 액센트에 관한 발표를 준비하는데, 이것이 뒤에 〈소쉬르 법칙〉으로 불리는 것이 된다(Collinge 1985 : 149-52). 이 연구와 관련해서 메이예는 다음과 같이 술회하고 있다 (Meillet 1915 : 99). 〈소쉬르는 이러한 문제[리투아니아어 조사]들에 대해서 테마의 세부적인 면에만 집착하고 그릇된 시각에서 부분적으로만 지적함으로써 엉망이 되는 것을 두려워했다. 모든 사실이 적절한 위치에 놓이는 완전한 체계를 떠나서는 과학적 진리가 없다.〉

1891년 소쉬르는 파리를 떠나 주네브로 돌아갈 것을 결심한다. 그 이유에 관해서는 여러 가지 억측이 있으나 확실한 것은 알려지지 않고 있다. 브레알은 고등 연구원의 자기 자리를 소쉬르에게 물려주려고 했던 것 같다. 그런데 프랑스에서 전임교수가 되기 위해서는 프랑스 국적을 취득해야 했다. 그러나 소쉬르는 그것을 거절했다. 마우로(Mauro 1972 : 342)는 다음과 같은 크뤼 F. de Crue의 말을 전해주고 있다. 요약하면 소쉬르의 조국에 대한 정은 신앙심과도 같았다. 그리고 스위스의 국적을 지키기 위해서 커다란 명예를 포기한 것이다. 프랑스 정부는 〈외국인 자격의 레지옹 도뇌르 훈장 la légion d'honneur à titre étranger〉를 수여했다. 이것은 파리스 G. Paris의 착상에 의한 것이라고 전해지고 있다. 같은 시기에 주네브 대학에서는 소쉬르를 위한 강좌가 설치되고 그 강의를 담당하기 위해서 소쉬르는 주네브로 떠난다.

1.4 주네브 시절

주네브 대학에서는 1891년 가을 학기부터 강의를 시작한다. 1896년까지는 비상임 교수, 1896년부터는 산스크리트어 및 인구 제어의 정교수로 임명된다. 1899년 여름 학기부터 1908년 겨울 학기까지는 매년 현대 프랑스어의 음성학에 관한 강의를 하고 1900년부터 다음 해까지 프랑스어 작시법(作詩法)에 관한 강의를 하기도 한다. 또한 1904년 여름 학기에는 독일 문학 담당의 르다르 E. Redard 교수 대강으로 〈니벨룽겐 Nibelungen〉에 관한 강의를 한다. 그리고 1907년부터는 일반 언어학도 강의하게 된다. 주네브에 돌아온 초기에는 학생들의 질이 파리에서보다 낮았기 때문에 전문적 테마의 강의를 하지 못했다. 그러나 1897년 이후 주네브 대학에서도 소수이지만 수준 높은 학생들이 나타나기 시작하여 그들은 전문적 테마의 강의를 요구할 정도가 되었다.

파리에서의 학생들처럼 주네브의 학생들도 소쉬르의 강의에 매료되고 때때로 일방적 방법론에 관한 언급도 있었다. 이처럼 열심히 대학 강의를 하면서 평온한 생활이 계속되지만 학문적 활동은 둔해지기 시작한다. 그러면서 주네브에서의 22년에 걸친 생활을 특징짓는 침묵이 계속하기 시작한다. 주네브에 돌아온 소쉬르는 점점 연구 발표를 하지 않게 되고 친구들과의 서신 왕래도 드물어지며 〈편지 공포증 épistolophobie〉이라고까지 사과하기도 한다. 다음과 같은 일화도 있다. 메이예에게 보낸 어떤 편지에서 〈1900년 11월 27일에 쓰기 시작했지만 아직도 못 보낸 편지가 있는데 머지 않아 보낸다〉고 말해 놓고 실제로 보낸 것은 1902년 1월 28일이었다.

소쉬르의 이러한 변화는 그 원인이 어디에 있는가? 라이프치히에서의 그의 연구 업적에 대한 몰이해와 부정과 묵살이 그에게 충격을 주었던 것은 사실이다. 여러 소쉬르 연구가들이 이것을 중요한 이유로 들고 있다. 그러나 이것만으로 죽음에 이르기까지 계속된 소쉬르의 침묵을 설명할 수 있는가? 소쉬르는 독일인의 〈놀라울 만한 우둔함〉에 언급한 바 있지만, 그의 강의나 논문에서 젊은이 문법학파의 업적에 관해서 언급할 때는 학문적으로 공정했고 높이 평가할 것은 찬양하기도 했다. 그리고 파리 체재 중에는 주네브 시절에 보이는 낙담 같은 것은 전혀 보이지 않았다. 오히려 자기의 재능을 확신하고 연구와 강의에 몰두했다. 그렇다면 침묵의 참다운 원인은 다른 곳에서 찾아야 할 것이다. 따라서 그 원인은 라이프치히 시절에 있는 것이 아니라 오히려 주네브 시절에서 찾아야 한다는 결론에 이르게 된다. 소쉬르가 남긴 원고는 대부분이 미완성이다. 한 예로 휘트니 W. D. Whitney에 대한 긴 추도사가 발견된다. CLG나 기타 강의 몇몇 노트에서 이 미국 언어학자에 대한 찬사로 미루어본다면 휘트니에 관한 기사만은 꼭 쓰려고 했던 것이 틀림없다. 그런데 이 기사마저도 완성되지 않았던 것이다. 또 학생들은 일반 언어학에 관한 그의 생각을 들려 줄 것을 요망하지만 거절했다(1909년에 처음으로 일반 언어학 강의가 시작되지만 이미 파리 시절에 일반 언어학에 관한 관심을 가지기 시작한다. 그 본질적인 것은 1898년의 "Mémoire"에도 분명히 보인다).

1904년에 제자들이 요망하던 일반 언어학 대신 르다르 교수의 대강으로 니벨룽겐을 강의했음은 이미 위에서 언급한 바 있다. 또 주네브의 지명을 연구하는가 하면 소쉬르가

anagramme이라고 부르는, 그리스와 로마의 시에 보이는 특수한 기법의 연구에 몰두하기도 한다. 그러면서 소쉬르는 거의 입을 다문다. 이렇게 해서 소쉬르는 고독한 사상가가 되었다. 소쉬르가 이렇게 된 원인은 어디에 있는가? 고델(Godel 1957 : 31)에 의하면, 1894년 1월 4일 소쉬르가 메이예에게 보낸 편지에 소쉬르의 정신 상태가 잘 나타나 있다. 〈결국 언어학을 연구하는 공허함을 알게 되었다〉는 것이다. 15년 뒤인 1909년 1월 19일에는 리들렝제 A. Riedlinger와의 대화에서 〈나는 정태 언어학에는 전혀 맞지 않아!〉라고 했다(Goldel 1957 : 29-30). 이러한 발언으로 미루어 본다면 소쉬르가 구조주의적 분석 이론의 벽에 부딪친 것은 이미 19세기 말이었던 것으로 생각된다. 또 한편으로는 언어 연구에서 개념과 술어의 혁신과 더불어 일반 이론 구축이 필요함을 인식하는 한편 그 작업의 곤란함과 자기 자신의 무력함을 자각하고 있었던 것이다.

소쉬르는 역시 리들렝제에게 〈언어는 치밀한 체계이며 그 이론 또한 언어와 같이 치밀한 것이어야 한다. 여기 어려운 점이 있다〉고 말한 것이 전해지고 있다. 이 한 마디에서 우리는 소쉬르가 무엇을 생각하고 있었는가를 충분히 엿볼 수 있다. 여기서 다시 메이예에게 보낸 편지의 한 구절을 보기로 하자(Godel 1957 : 31).

〈일반적으로 사용되고 있는 전문 용어의 무력함을 혁신해야 하는데, 그러기 위해서는 일반적으로 언어란 어떤 종류의 대상인가를 밝힐 필요가 있다. [이러한 일들이] 항상

나의 역사에 대한 즐거움을 망치고 만다. 나로서는 언어 일
반에 관여하지 않은 것보다 바람직스러운 것은 없다.〉

이 말은 소쉬르가 일반 언어학 이론의 수립에 자기가 얼마
나 무력한가를 의식한 고백이라고 할 수 있다. 이러한 소쉬
르를 무넹(Mounin 1968 : 19-20)은 대략 다음과 같이 설명하
고 있다.

〈초기에 그토록 생산적이고 조숙했던 소쉬르가 점차 침
묵에 빠지게 되는 것은 기질의 문제도 아니요, 대학에서의
지위의 변동도 아니요, 또 외면적인 학계 내에서의 입장의
변동으로도 설명되지 않는다. 그것은 소쉬르가 자기에게 부
여된 거대한 사명을 지각한 자체에 의해서 설명되는 것이
다. 그 사명이란, 일반 언어학을 수립하는 것이었는데 그
당시에는 일반 언어학 이론을 받아 들일 만한 준비가 되어
있지 않았다. 가장 가까운 사이였던 메이예조차도 소쉬르가
의도한 바를 이해하지 못했던 것이다. 그것은 학문적 고독
이었다.〉

소쉬르의 일반 언어학 이론의 핵심은 다음과 같은 것이었
다. 언어 연구의 기본 이념은 언어 실체의 체계성이었다. 라
이프치히 시절 이후 소쉬르는 언어 사실에 단편적으로 접근
하는 것은 〈허무한 것〉임을 강조하고 체계의 개념에 입각해
서 처음부터 다시 연구해야 할 필요성을 강조했다. 이 개념
은 메이예에게도 이해되지 못했던 것이다. 이 새로운 언어학

을 건설하기 위한 생각에 스스로가 압도되어 고민하는 소쉬르가 파리의 제자들에게는 완벽주의에 고민하는 스승으로 보였을지도 모른다.

또 메이예는 소쉬르가 침묵하게 되는 원인의 하나로 일종의 병적 세밀성과 극도의 완벽성을 들고 있다(Mauro 1972 : 346). 메이예는 위의 추도문에서 다음과 같이 말하고 있다.

〈소쉬르는 [자기의] 어떤 이론도 충분히 다듬어지지 않았기 때문에 출판할 상태가 아니라고 판단했다. 그리고 저술은 결정적 내용을 갖추어야 하기 때문에 일관해서 침묵을 지키면서 짧은 연구 노트 이외의 출판을 거부했던 것이다.〉

혹자는 소쉬르의 사생활에서 유래한 원인을 들기도 한다. 부인과의 성격적 차이, 가벼운 알콜 중독 등 단편적인 이야기에 근거를 두고 있는 것들이다. 그러나 현재 추도문 이외에는 그의 일상 생활에 관한 자료가 거의 없기 때문에 억측에 흐르지 말고 신중해야 할 것이 강조되고 있다.

소쉬르의 관심이 언어의 본질이나 이론적 연구에서 개별 언어의 민족이나 역사로 바뀐 것이 사실이다. 위에서 인용한 메이예에게 보낸 편지에서 볼 수 있는 바와 같이 제1, 제2의 원인이 있고 따라서 일반 언어학에서 도피하듯이 언어학과는 무관한 문제에 몰두하게 된다. 그러나 소쉬르의 민족학에 대한 관심은 어려서부터 가정환경이나 픽테와의 교류를 통해서 싹트기 시작한 것이지 갑자기 흥미를 느낀 것은 아니다. 소쉬르가 타계하기 전에 느낀 유일한 만족은 1908년 7월 친구와 제자들이 봉정한 기념 논문집이었다.

소쉬르의 완고한 침묵과 발표의 회피는 소쉬르 최후의 강의 *CLG*가 제기하는 문제이다. 일반 언어학 강의는 소쉬르가 끝까지 이루지 못한 계획의 하나였다. 소쉬르는 언어학의 전문 용어를 혁신할 필요가 있고 그러기 위해서는 언어란 어떤 대상인가를 제기해야 할 일반 이론 수립이 필요했는데 그것이 소쉬르에게 큰 부담이 되었고 또 자기의 무력함을 스스로 느끼게 되었던 것이다. 그리하여 소쉬르는 침묵에 빠지게 되는데 그러면서도 일반 언어학에 관한 것이 〈결국 한 권의 책이 될 것이고 여기서 싫지만 설명하게 될 것이다〉라고 했다 (Mounin 1968 : 20). 소쉬르가 나오리라고 한 책은 결국 출간되지는 못했지만 그가 직접 쓰지 않은 일반 언어학 강의가 *CLG*로 간행되어 20세기 언어학에 지대한 영향을 미치게 됨은 주지의 사실이다.

소쉬르는 세 차례의 일반 언어학 강의를 남기고 1913년 2월 22일 언어학자로서의 일생을 마친다.

2 『일반 언어학 강의』의 간행 연유와 원자료

2.1 일반 언어학 강의

소쉬르는 주네브 대학에서 베르트하이머 G. Wertheimer의 뒤를 이어 오랫동안 생각해 오던 독창적인 일반 언어학 강의를 담당하게 된다. 1906년 12월 8일부터 소쉬르는 일반 언어학과 인구 제어의 역사 비교 강의를 위촉받고 주당 4시간의 비교 문법과 산스크리트어 그리고 2시간의 일반 언어학을 강의하게 된다. 이렇게 해서 소쉬르는 1907년부터 세 차례의 일반 언어학 강의를 한다.

1회 1907년 1월 16일부터 같은 해 7월 3일까지(등록생 6명)
2회 1908년 11월 첫 주부터 1909년 6월 24일까지(등록생 11명)
3회 1910년 10월 28일부터 1911년 7월 4일까지(등록생은 12명이었으나 실제로 강의에 참석한 사람은 4, 5명이었다)

이 세 차례 강의 내용을 보면 대략 다음과 같다(Godel 1957 : 53-92).

첫번째 강의 : 서론, 제1부 진화 현상, 제2부 정태 언어학 혹은 공시 언어학의 2부로 이루어질 예정이었으나 제1부에서 끝나고 있다.

두번째 강의 : 이 강의에서는 두 서론만이 있다. 하나는 이른바 서론이고 또 하나는 인구 제어를 다룬 부분인데 이것도 소쉬르의 말을 빌리면 〈철학적 언어학의 서론에 지나지 않는다〉. 따라서 두번째 강의도 서론만이 있는 미완성 강의라고 할 수 있다.

그런데 이 강의에서는 그 내용이 일변하여 기호의 이론과 언어 이론의 관계에 관한 문제를 다룬다. 먼저 체계, 단위, 동일성, 언어 가치의 정의를 내린다. 그리고 이러한 기본적 정의에서 언어 사실을 연구하는 두 가지 다른 방법론적 전제를 유도한다. 그리고 공시적 기술과 통시적 기술에 관한 문제의 윤곽을 제시한다. 이러한 강의 내용을 총체적으로 볼 때, 1909년 1월 19일 리들렝제와의 대화에서 표명한 다음과 같은 구성을 반영하는 것이다.

〈언어는 긴밀한 체계다. 따라서 이론도 언어와 같이 밀접한 체계여야 한다. 이것이 어려운 점이다. 이것은 언어에 관한 관점을 차례차례 늘어 놓은 것이 아니라 그것을 하나의 체계로 통합하는 것이다.〉(Godel 1957 : 29-30)

세번째 강의 : 이 강의는 바로 위에서 말한 방향으로 진행된다. 무엇보다도 〈제언어〉의 연구에서 〈언어〉의 일반적 특징이 추론되며 세 차례 행한 강의 중에서 가장 중요한 자료가 된다. 그러나 이번 강의에서도 강의 예정에 있었던 〈발화주체에서의 말의 문제〉 즉 파롤의 언어학이 예고되었을 뿐 언급되지 않았다. 이처럼 세 번 행한 강의가 모두 미완으로 끝나고 있다.

소쉬르는 일반 언어학의 학문적 체계를 수립하려고 했다. 그러나 그러한 과업이 소쉬르에게 큰 정신적 부담이 되었음은 위에서 언급한 바와 같다. 그러나 소쉬르는 비록 완결된 것은 아니었지만 문제의 핵심은 보여 주었다. *CLG*의 편집자들은 다음과 같이 말하고 있다(*CLG* 7).

〈소쉬르가 …… 언어학을 특징짓는 원리와 방법이 결여

되어 있음을 한탄하는 것을 자주 들었다. 그리하여 그는 그러한 혼돈 속에서 자신의 사상을 인도해 줄 수 있는 지도 법칙을 평생 끈질기게 추구했다. 그는 1906년 …… 여러 해를 두고 숙고해 원숙해진 독자적 견해를 공개할 수 있었다. 그는 …… 일반 언어학에 관한 세 차례의 강의를 했다. 그런데 커리큘럼의 필요성 때문에 강의의 절반을 인구 제어의 역사와 기술에 관련된 설명에 할당해야만 했다. 따라서 그의 주제의 핵심적인 부분이 뜻하지 않게 축소되고 말았다. 그토록 풍요로운 그의 강의에 참석한 특전을 누렸던 사람들은 모두가 그것이 한 권의 책으로 출간되지 않았던 것을 유감으로 여겼다.〉

그리하여 제자들은 스승의 강의를 한 권의 책으로 엮어낼 것을 계획하게 된다. 처음에는 소쉬르 부인이 보여준 원고에서 그 천재적 강의의 최소한의 윤곽을 발견하리라고 기대했고 그것을 학생들의 기록 노트와 맞추어 보면 출판이 가능하리라고 막연히 예상했다. 그러나 그들의 실망은 컸다. 소쉬르는 그날 그날의 초안을 모두 찢어 버렸던 것이었다! 따라서 제자들의 노트에 해당하는 것은 아무 것도 찾지 못했던 것이다. 그의 책상 서랍에는 아주 오래된 초고가 있었지만 세 차례의 강의와는 거의 무관한 것들이었다.

또 하나의 문제가 있었다. 그것은 편집자인 바이이 Ch. Bally와 세쉬에 A. Sechehaye가 당시 이미 강사가 되어 각기 강의를 담당하고 있었기 때문에 소쉬르의 강의에 참석할 수 없었던 것이다. 이러한 사정을 *CLG*의 서문에서 〈교직상의 의무 때문에 그러한 마지막 수업을 이용할 수 없었다〉고 말하고 있다. 이렇게 소쉬르의 강의에 직접 참석하지 못했던 바이이와 세쉬에가 편집자가 된 것이다.

그리하여 세 차례의 강의에 참석했던 학생들의 노트에 의존할 수밖에 없었다. 특히 가장 중요한 세번째 강의에 관해서는 세쉬에 부인, 데갈리에 G. Degallier, 조세프 J. Joseph의 노트를 이용했다. 그런데 가장 큰 문제는 자료를 어떻게 처리하여 한 권의 책으로 엮는가에 있었다. 몇 가지 가능한 방법이 있었으나 그들은 다음과 같은 방법을 택했다.

〈우리는 대담하지만 보다 합리적인 해결책을 결정했다. 즉 세번째 강의에 기초를 두고 소쉬르의 개인 기록과 함께 우리가 다룰 수 있는 모든 자료들을 이용함으로써 재구성과 종합을 시도하는 것이었다. 그러기 때문에 이것은 일종의 재창조였는데, 그것은 객관적이어야 했던 만큼 더 힘들었다.〉 (*CLG* 9)

이렇게 해서 1916년 오늘날 우리가 보는 *CLG*가 간행되기에 이른다. 그런데 이러한 운명의 *CLG*이기 때문에 여기에는 여러 문제가 개입되지 않을 수 없었다. *CLG*의 말미에 다음과 같은 한 구절이 있다.

〈언어학의 고유하고 진정한 대상은, 그 자체로서 또 그 자체를 위해서 고찰되어야 하는 언어이다.〉 (*CLG* 317)

이 구절은 자주 인용되는 유명한 구절이다. 그러나 학생들의 노트에는 이 구절이 전혀 보이지 않는다. 이것은 편집자들이 소쉬르의 근본 정신을 살려서 써 넣은 것이다. 이 구절이 *CLG*의 정신에 위배되는 것은 아니다. 그러나 문제가 없는 것도 아니다. 그것은 배타주의를 강화하는 결과가 되었기 때문이다. 많은 구조주의 언어학자들은 소쉬르의 사상이 체계의 동요나 모든 사회적 조건 또는 역사와의 모든 관련도 배제하는 것으로 해석하게 된 것이다.

위에서 본 바와 같이 *CLG*는 소쉬르의 강의를 듣는 학생들의 노트를 재구성하여 통합한 것이기 때문에 그것이 어느 정도까지 소쉬르의 생각을 정확하게 반영하고 있는지 또 어느 정도까지 학생들 또는 편집자들의 해석이 가미되어 있는지가 오랫동안 논의의 대상이 되어왔다. 이러한 견지에서 특히 두드러지게 부각되고 있는 문제가 있다.

마우로(Mauro 1972 : 336)는 다음과 같은 메이예의 말을 인용하고 있다. 〈소쉬르는 완성된 진리를 가지고 강의에 임하는 일이 한 번도 없었다고 생각된다. 강의해야 할 것은 모두 면밀하게 준비했지만 강의할 때 비로소 자기 생각이 결정적인 양상을 띠게 되었던 것이다. 이때 수강자들은 눈앞에서 창조의 형성 과정에 있는 그의 사상을 보게 된다.〉 이 말에서 우리는 무엇을 읽어야 하는가?

소쉬르는 오랫동안 일반 언어학 원리를 생각해 왔다. 그러나 소쉬르의 사고에는 동요가 있었고 불안마저 있었다. 이렇게 발전 과정에서 동요하고 있던 것을 편집자들은 무리하게 고정된 결정적인 것으로 정리하려고 했던 것이다. 그리하여 편집자들은 혼란을 일으키거나 혹은 모순된 것으로 보일지도 모르는 것을 모두 도려내고 또 동요하고 있던 사상까지도 모두 지워 버렸던 것이다. 그리하여 스스로 불안을 느끼고 있던 소쉬르에게서 완벽한 언어 이론 체계를 수립하려고 했다. 따라서 소쉬르의 약동하는 사상, 불완전한 것임을 스스로 알고 새로운 해결을 모색하며 발전해 가는 소쉬르의 사상이 *CLG*에는 충분히 반영될 수 없었다. 여기에 관해서 마르티네(A. Martinet 1965 : 35)는 다음과 같이 말하고 있다. 〈개화하고 있는 사고의 한 단계를 굳어 버린 상태로 제시하고 있다.〉

　*CLG*의 편집자들의 중요한 목표가 소쉬르 이론을 통합하여 체계화하는 데 있음을 우리는 충분히 이해할 수 있다. 이 단계에서는 그 동요하고 있는 언어 이론에서 일관된 사상을 끌어내는 것이 중요한 과제였을 것이다. 그러나 가데(Gade 1987 : 24)는 그러한 단계는 이미 지났으며 다음과 같은 엥글러(Engler 1974 : 10, 첫째 권)의 말을 인용하고 있다. 〈오늘날 연구가 관심을 갖는 것은, 사상을 산출하고 그것을 풍요롭게 하는 여러 가지 변주(變奏)이며 그 변동의 전부이다.〉 소쉬르의 강의에는 항상 동요가 있었던 것이다.

　또 소쉬르의 개개의 원리는 대체로 충실하게 반영되어 있으나 *CLG* 전체의 구성은 반드시 그의 사상 전개를 충실하게 반영하는 것이 아님도 알게 되었다. 앞에서도 지적한 바와 같이 소쉬르는 리들렝제와의 대화에서 이론도 언어와 같이 밀접한 체계여야 하기 때문에 언어에 관한 관점을 차례차례 늘어놓는 것이 아니라, 〈하나의 체계로 통합되는 것〉이어야 한다고 했다. 그것은 이론 전개에는 일정한 순서가 있어야 함을 강조하는 것이다.

여기서 *CLG*의 편찬 경위의 일면을 보기로 하자. 세번째 강의가 *CLG*의 기초가 되었다고는 하지만 그것이 구성상의 기반은 아니었다. 인용된 양으로 본다면 *CLG*의 기반이 되지만, 학생들의 노트나 다른 자료를 조각조각 나누어서 마치 트럼프를 뒤섞는 것처럼 그들을 다시 통합했기 때문이다. 따라서 각 문장이 나타나는 문맥이 무시되는 경우가 있는가 하면 또 문장의 이음새가 부자연스런 곳이 있다. 그리하여 *CLG*에서 전개되는 이론의 순서들이 학생들의 노트, 즉 소쉬르가 직접 강의한 것과 전혀 다른 것이 되고 말았다. 이렇게 해서 편집인들의 의향이 그 이론 구성에 적지 않게 작용했을 것이다. 그렇다면 *CLG*의 참다운 모습은 어떤 것이었을까? 이것은 이미 *CLG*의 문제가 아니다. 소쉬르가 남긴 기록 또는 그의 주변 사람들의 증언을 토대로 해서 그의 지적 생애를 복원하고 그의 사상의 원점으로 돌아가서 소쉬르의 전체상을 재조명해 보는 도리밖에 없다.

2.2 『일반 언어학 강의』의 성격

1916년에 *CLG*가 간행된 이래 약 40년 동안 *CLG*는 그 내용에 관해서 여러 비판이 가해지고 또 일부 학자는 거부 반응을 보이기도 했다. 그러나 *CLG*의 편집에 관해서 의문이 제기된 일은 없었다. 그러던 중 1955년 뜻하지 않게 중요한 자료가 세 차례에 걸쳐서 발견되었다.

(1) 1955년 주네브 대학 도서관에서 소쉬르의 수고(手稿)가 발견된다.

(2) 1957년 7월 12일에도 적지 않은 자료가 발견되는데 여기에는 강의에 출석한 학생들의 리스트도 포함되어 있었다. 다음 해인 1958년에는 콩스탕텡 E. Constantin의 강의 노트가 발견되었는데 이것은 소쉬르 연구에서 중요한 의의를 갖는다. *CLG*를 편집하는 데 유력한 정보 제공자인 리들렝제가 출석하지 못했던 중요한 3차 강의에 콩스탕텡이 출석했을 뿐 아니라 그의 노트가 대단히 세밀한 것이었기 때문이다.

(3) 1959년, 이번에는 언어학 관계가 아닌 분야의 기록이 많이 발견되었다. 신화, 전설, 아나그람 관계의 노트 등으로서 이것은 뒤에 스타로빈스키 G. Starobinski의 『단어 밑에 숨은 단어 *Les mots sous les mots*』라는 책으로 정리된다.

위에서 발견된 자료 중에서 1955년에 발견된 일반 언어학 강의 관계의 노트는 주네브 대학의 고델 R. Godel 교수에 의해서 마침내 『F. 드 소쉬르의 일반 언어학 강의 원자료 *Les sources manuscrites du Cours de linguistique générale de F. de Saussure*』라는 서명으로 1957년에 출판된다. 이 책에서 고델은 원자료를 분석하고 *CLG*의 편집자들의 작업과 *CLG*의 해석상의 여러 문제를 다루었다. 이 책의 출판은 소쉬르 연구에서 획기적인 사건이라고 하지 않을 수 없다. 그것은 그 때까지 의문에 쌓여 있던 소쉬르의 사상이 처음으로 그 참다운 모습을 나타냈기 때문이다. 이 고델의 연구에 의해서 소쉬르 연구의 르네상스 시대가 열린다.

고델의 연구에 의해서 엥글러 R. Engler 교수의 『일반 언어학 강의, 교정판 *Cours de linguistique générale, édition critique*』이 간행된다. 엥글러는 1958년까지 발견된 원자료를 모두 분석 대상으로 한다. 그는 *CLG*를 세밀하게 분석하여 3,281개의 구절로 나누고(음성학 제외) 여기서 세 차례의 강의 및 다른 자료의 해당 구절을 하나하나 대비시킨다. 놀라운 노력의 산물이다.

위의 연구들은 소쉬르 연구의 새로운 활력소가 되고 활발한 소쉬르 연구의 기폭제가 된다. 특히 고델의 연구는, 본질적인 문제에 대한 만족할 만한 해결을 계속해서 추구하고 있었던 소쉬르, 자신의 생각을 더 정확하게 심화해 갈 필요성을 의식하고 있었던 소쉬르를 부각시키는 데 성공했다. 고델이 이용한 여러 자료들은 이렇게 해서 *CLG*를 재검토하는 계기가 된 것이다. 이 고델의 연구를 기반으로 하고 엥글러의 교정판을 이용하면서, 마우로는 *CLG*에 보이는 이론 정연하고 명석한 소쉬르와, 동요하며 회의적인 또 다른 소쉬르의 모습을 부각시키는 데 성공했으며, 소쉬르 이론의 미지의 측면을 밝히고 보다 진실에 가까운 소쉬르에 접근하려고 했다.

고델과 엥글러의 치밀한 원자료 분석에 의해서 *CLG*는 여러 결함이 있음이 드러났다. 지금까지 지적된 결함을 구체적으로 종합해서 들면 다음과 같다.

1) 편집인의 오해에 의한 것,
2) 원자료의 정확한 뉘앙스를 잃은 것,
3) 개념 또는 용어상의 동요가 감추어져 있는 것,

4) 문장과 문장의 이음새를 메우기 위해서 가필한 것,

5) 그 결과 소쉬르 사상의 이해에 지장이 되는 것들이다. 그리고 소쉬르의 유동적인 생각이 고정되고, 또 윤곽만 제시된 것이 크게 부각되었으며, 결여되어 있는 것으로 보이는 것이 보충된 것도 부분적으로 알게 되었다.

이미 지적했지만, 편집자들은 소쉬르 언어 이론을 부분적으로 복원하는 것에는 충실했으나 그들 부분의 전체적 순서를 복원하는 것은 성공하지 못했다. 소쉬르 자신이 지적한 바와 같이 그 순서가 언어 이론의 전개에서는 본질적인 것이다. 이런 면에서도 *CLG*에 문제가 있으며 오해될 소지가 있는 것을 알 수 있다.

위와 같은 결함이 있지만, *CLG*에는 소쉬르의 언어 사상이 대체로 충실하게 전해지고 있음을 의심할 수 없다. 따라서 *CLG*는 소쉬르 학설의 집대성이라고 할 수 있으며 또 앞으로도 그렇게 존재할 운명의 책이다. 여기서 특히 유의할 것이 있다. 그것은 언어 사상에 코페르니쿠스적 일대 혁신을 가져온 것은 *CLG* 자체이지 원자료가 아니라는 점이다. 원자료에 의해서 *CLG*의 기본 사상이 근본적으로 수정되어야 할 것이 없을 뿐만 아니라 *CLG*에서 제기된 중요한 이론 문제 이외에 원자료에 의해서 추가되어야 할 것도 없다. 그러나 *CLG*에 내포된 숙명적인 여러 결함을 밝히고 또 보다 진실에 가까운 소쉬르를 복원하는 데 기여한 고델, 엥글러, 마우로 등의 공적과 의의는 크게 강조되어야 한다. 그들의 연구는 앞으로 소쉬르를 이해하는 데 크게 공헌하게 될 것이다.

제 2 장 소쉬르와 그의 언어 이론

1 소쉬르의 언어 이론 전개

1.1 소쉬르의 언어 이론 형성

소쉬르의 언어 사상은 자율적인 과학으로서의 언어학의 이론 체계를 구축하려는 데서 비롯된다. 그러므로 소쉬르의 언어 이론은 항상 전체적인 견지에서 총체적으로 보아야 한다. 세부적이고 국부적인 고찰은 그 부분은 말할 것도 없고 전체를 잘못 보는 결과가 되기 쉽다. 그러나 소쉬르의 언어 이론에는 전체를 통해서 흐르는 몇 가지 커다란 줄기가 있다. 그러한 것으로 언어의 체계성, 언어 제도, 자의성 등을 들 수 있다. 다음 본론에 들어가기에 앞서 그러한 개념에 관한 소쉬르의 견해가 어떻게 형성되었는가를 간단히 살펴볼 필요가 있다. 이러한 작업은 소쉬르의 이론 전체를 이해하는 데 있어서 크게 도움이 될 것이기 때문이다.

소쉬르는 언어학을 자율적인 과학으로 정립하기 위해서 기호 체계의 과학, 즉 기호학을 제창하게 된다. 다음에는 그

45

러한 특수 과학으로서의 정당한 연구 대상으로서 〈랑그 langue〉를 규정하게 되는데 그 랑그를 정의하는 데 있어서 체계의 개념이 중추적인 역할을 한다. 이와 같이 언어를 내재적 체계로 해석하고 공시태를 중요시하며 〈관계〉라는 새로운 개념을 도입한 점에서, 헬비히(Helbig 1970 : 42)가 말한 바와 같이 소쉬르를 근대 언어학의 창시자로 보아야 할 것이다.

언어를, 서로 연관짓고 상호 의존하는 사항들의 체계라고 보는 것은 일반적으로 소쉬르의 독창적인 견해로 생각되고 있다. 그러나 그러한 개념의 발전은 몇 가지 각도에서 고찰되어야 한다. 첫째는 소쉬르 이전의 체계의 개념이요, 둘째는 소쉬르 자신의 내면적인 발전이고, 셋째는 소쉬르 이후의 전개라고 하겠다. 그러한 점들이 종합적으로 고려되어야만 소쉬르의 체계의 개념이 보다 분명해질 것이다.

소쉬르의 언어 사상은 총체적으로 일반 언어 이론을 구축하려는 것으로 파악되어야 한다. 따라서 소쉬르가 주장하는 언어의 체계성과 여기에 관련된 여러 개념의 경우에도 어떤 특정의 한 측면만을 들추어 봐서는 참다운 이해가 불가능할 것이다. 「인구 제어의 원시 모음 체계에 관한 논문」 및 「산스크리트어의 절대 속격의 용법에 관하여」에 이미 체계에 대한 초기의 개념이 나타나고 있다. 그것은 무엇보다도 언어 본질체의 관계적(대립적) 성격이고 그것을 보완하는 것으로서 체계가 나타난다. 이 양면은 이미 연구 방법과 그 방법의 이론 면에 일찍부터 반영되고 있다. 그리하여 어떤 언어 본질체의 분석은 이것과 공존하는 다른 본질체에 대한 그 변별적 특징을 구명하는 것이 된다. 또 언어의 기술은 무엇보다도 〈상태의 언어학〉이 되어야 하며 진화 언어학과 구별되는 것이다. 이러한 이념에서 곧 다음과 같은 결론에 이르게 된다. 즉 체계의 이념은 정태 언어학과 진화 언어학을 식별하는 것으로서, 또한 동시에 체계의 형성 그리고 랑그와 파롤의 구별을 인식하는 근원이 된다. 이러한 견해는 뒤에 쿠르트네 J. B. de Courtenay와 크루셰프스키 M. Kruszewski와의 만남에 의해서 한층 심화된다.

1.2 체계의 개념 (1) — 소쉬르 이전

언어학에서 체계의 개념은 상당히 오래 전부터 존재했던 것으로 알려지고 있다. 그 역사가 적어도 18세기 후반까지 소급되는 것으로 보는 학자도 있으나, 1816년에 간행되어 고유한 언어학의 탄생으로 간주되는 보프 F. Bopp의 『그리스어, 라틴어, 페르시아어, 게르만어의 동사 활용 체계와 비교한 산스크리트어의 동사 활용 체계에 관하여 *Über das Conjugationssystem der Sanskritsprache in Vergleichung mit jenem der griechischen, latainischen, persischen und germanischen Sprache*』 이후 〈체계〉라는 용어가 실제로 언어학에서 널리 사용되기에 이른다. 19세기 초 자연과학, 특히 생물학과 생리학 등의 발달과 더불어 언어 연구에서도 〈유기체〉니 〈조직〉이니 하는 용어가 널리 사용된다. (소쉬르 자신도 비록 슐라이허 A. Schleicher와 같은 의미는 아니지만, 〈조직〉이라는 용어를 사용하고 있다.) 그러나 언어학에서 체계라는 개념이 일반적으로 받아들여진 것은 19세기 후반 슐라이허 이론의 영향에서 비롯된다.

슐라이허와 같이 언어를 유기체로 보는 것은, 언어는 그 요소들이 유기적으로 관련되어 있는 체계라고 생각하기 때문이다. 그 뒤 젊은이 문법학파는 〈원자론적〉이라는 비난을 받고 있으나 그들도 언어의 체계성에 관해서 말하고 있다. 또 소쉬르와 관계가 있다고 보는 가벨렌츠 G. von Gabelentz 도 체계에 관해서 언급하고 있다(양자의 관계에 관해서는 Koerner 1973 : 137-52 참조). 위와 같이 보프의 활용 체계 이후 널리 사용되기 시작한 체계라는 용어의 의미는 대부분 분류적인 의미였다.

가령 〈동사 시제의 체계〉라고 했을 때, 이것은 동사의 〈시제〉라는 분류적인 의미를 가진 것이었다. 이렇게 각 요소의 분류를 의미하는가 하면 또 어떤 통시적 대응 규칙의 표($p=f=h=0$와 같은)와 같은 것을 의미하기도 했다. 그러나 무넹(Mounin 1968 : 60)에 의하면 18세기 후반 당시의 철학자나 수학자들의 술어에서 유래한 체계라는 단어는 뒤에 메이예가 사용한 바와 같이 〈서로 관련지어진 것의 총체〉 또는 〈각각 밀접한 관계에 있는 부분으로 이루어진 전체〉를 의미했다.

따라서 소쉬르가 최초로 체계라는 용어와 개념을 언어학에 도입한 것은 아니다. 그러나 소쉬르는 언어를 서로 관련된 기호의 체계라고 말하는 데 만족하지 않고 그러한 관계의 성질과 그것을 지배하는 원리를 수립하려고 했던 것이다. 또 소쉬르 이전에는 각 요소들의 상호 관계가 명백한 연구 대상이 되지 않았지만, 소쉬르는 다음에 설명하는 바와 같이 체계의 개념에 현대적 의미를 부여하고 언어 이론에서 중추적 위치를 부여한다. 우리는 여기서 소쉬르의 독창성을 인정하게 되는 것이다.

1.3 체계의 개념 (2) — 소쉬르의 전개

소쉬르는 언어 이론의 핵심적 개념으로 체계성을 강조하고, 그러한 주장을 뒷받침하기 위해서 여러 각도에서 체계의 개념을 다루었다. 체계의 개념은 1872년 겨울 15세의 소년 소쉬르가 〈언어의 일반 체계〉를 찾으려고 한 이후 소쉬르의 마음을 사로잡았던 문제이며, 1911년 최후의 일반 언어학 강의에서 결실을 맺게 된다. 그러나 이미 1879년의 「인구 제어의 원시 모음 체계에 관한 논문」에서도 구체적으로 싹트기 시작하는 것을 볼 수 있음은 위에서 지적한 바와 같다.

소쉬르는 CLG에서 〈체계 système〉라는 용어를 138회 사용하고 있다. 그러나 체계와 같은 뜻으로 언어의 〈메커니즘 mécanisme〉이라는 용어를 13회, 또 언어의 〈조직 organisme〉이라는 용어를 11회 사용하고 있다. 그런데 메커니즘이니 조직이니 하는 용어는 당시 이미 낡은 표현이 되어 버린 것들이다. 한편 소쉬르는 〈구조 structure〉를 체계의 동의어로 사용하기를 피했다. CLG(180, 244, 256)에서 다만 세 번 구조라는 용어를 사용하고 있는데 소쉬르가 이 용어를 사용한 유일한 의미는 단어의 〈구성 construction〉이라는 개념이었다. 이러한 경우라도 구조라는 용어는 애매하다고 생각했다. (CLG

244 참조. 소쉬르 이후의 〈체계〉와 〈구조〉의 용어상의 구별에 관해서는 金芳漢, 『언어학논고(言語學論攷)』(1), 243쪽 참조.)

*CLG*에 의하면, 〈랑그는 하나의 체계로서, 이 체계의 모든 사항은 연대적이고 한 사항의 가치는 다른 사항이 동시에 존재함으로써만 생긴다〉. 이 말의 핵심을 이루는 것은 어느 사항은 다른 사항과의 상호 의존 관계에 의해서만 존재하며 가치를 가지게 된다는 것이다. 그리고 그러한 상호 관계에 의해서 연결되는 것을 〈연대성 solidarité〉이라고 표현했다.

미국의 언어학자 웰스 Wells(1947)가 소쉬르에 관한 논문 「소쉬르의 언어학 체계 De Saussure's system of linguistics」에서 〈존재한다는 것은 관련지어지는 것이다 To be is to be related〉라고 말한 것도 바로 그러한 〈연대성〉을 가리키는 것이다. *CLG*(182)에서 다시 다음과 같이 말하고 있다.

> 〈지금까지 단위는 가치로서 즉 체계의 요소로서 나타났다. 그리고 우리들은 그것을 무엇보다도 대립의 면에서 고찰했다. 그러나 지금은 그것들을 연결하는 연대성을 인식하고 있다. 연대성은 연합적 질서와 통합적 질서다.〉

위의 두 인용문에서 우리는 적어도 언어는 하나의 체계라는 것, 그리고 그 체계는 그 구성 요소가 공시적 연대성으로 서로 연결되어 있다는 두 가지를 이해할 수 있으며, 그 연대성에는 통합적인 것과 연합적인 것 두 가지가 있음을 알 수 있다. 따라서 소쉬르에 의하면, 언어의 체계는 〈통합적 관계와 연합적 관계〉라는 두 가지 관계의 형(型)에 의해서 상호 연결된 요소로 이루어진 것이라는 개념으로 정리할 수 있다.

1893년부터 1911년에 이르는 학생들의 강의 노트, 소쉬르 자신의 논문, 그리고 고델이 분석하여 일부가 공개된 원고 등을 통해서 우리는 언어의 체계라는 개념이 소쉬르에게 어떻게 전개되고 있는가를 엿볼 수 있다. 그러나 통합적 관계와 연합적 관계에 관해서는 그러한 자료가 없다. 따라서 이 두 가지 관계에 관한 소쉬르의 견해가 어떻게 전개되었는지는 거의 아무 것도 알 수 없다. 그러던 중 고델은 그것을 엿볼 수 있는 두 가지 자료를 제시했다. 하나는 1894-95년에 행한 그리스어의 형태론까지 소급되는 소쉬르의 자필 원고의 발췌를 소개한 것이고(Godel 1957 : 36), 다음에는 1911년 6월에 행해진 세번째 일반 언어학 강의이다.

1894년 후반기의 형태론에 관한 소쉬르의 강의에는 발생기의 소쉬르의 사상이 어느 정도 반영되어 있다. 소쉬르는 여기서 목적이 다른 음운론과 형태론을 구별했다. 먼저 음운론은 〈동일 형태를 여러 단계〉에서, 즉 통시적인 축에서 고찰하는 것이고 형태론은 〈어느 시점에 있어서의 여러 형태〉를, 즉 공시적인 축에서 고찰하는 것이라고 하였다. 특히 형태론은 같은 체계에 속하는 기호를 고려하고 비교 분석하는 것이라고 설명하였다. 그런데 세번째 강의에서 소쉬르는 언어 연구에서 형태론, 통사론, 어휘론을 구별하는 전통적인 방법을 비판하면서 〈문법〉은 어떤 기호 체계가 속하는 사실상 공시태에 관한 것이라고 설명하고 있다. 바꾸어 말하면 기호의 체계는 언어 상태에서만 존재하기 때문에 소쉬르는 문법의 존재를 공시태라는 단면에서만 인정했던 것이다.

이렇게 해서 소쉬르는 언어 상태를 이루는 것은 결국 통합과 연합의 이론을 기반으로 하는 것이라고 주장하기에 이른다. 소쉬르는 통합의 범위를 확정하지 않고 단어인 경우도 있고 복합어나 구인 경우도 있다고 말하고 있으나 통합체가 언어의 체계의 전형적인 본질체가 된다. 소쉬르가 구상한 통합론에서는 통사론이 포함되며 통합은 최소 2개의 단위가 공존하는 것을 필요로 한다. 왜냐 하면, 통합의 이론은 〈공간적으로 배치된〉 두 요소의 집합에서 출발하기 때문이다. 최근 고델(Godel 1969 : 115)에 의하면, 통합이라는 용어와 개념은 소쉬르의 통사론에 관한 고찰에서 비롯된 것이 아니라, 〈언어를 무엇이 체계화하고 있는가?〉라는 물음에서 비롯된 것임을 지적하고 있다. 여기에 의해서도 소쉬르가 왜 통합적 관계와 연합적 관계의 쌍방의 연대성을 강조했는가를 이해할 수 있다.

1.4 사회 제도로서의 언어와 자의성

CLG(18, 26, 110)에서는 미국 언어학자 휘트니 W. D. Whitney에 관해서 겨우 세 번 언급하고 있으나 휘트니가 소쉬르에게 지대한 영향을 미쳤음은 소쉬르 연구가 모두가 인정하고 있다. 소쉬르가 휘트니를 알게 된 것은 상당히 이른 시절로 추정되고 있다. 소쉬르가 라이프치히 대학에 유학했던 1876년, 레스킨은 휘트니의 저서 『언어의 생명과 성장 The life and growth of language』의 독일어 번역을 끝마쳤다(소쉬르는 레스킨의 강의에 출석하고 있었다). 이처럼 당시의 독일 언어학계에는 이미 휘트니가 그의 『산스크리트어 문법 *Sanskrit grammar*』과 더불어 잘 알려지고 있었다. 소쉬르도 이 당시에 휘트니의 언어 연구에 친숙해지기 시작했을 것이다.

언어의 성질에 관한 휘트니의 관찰은 특히 중요한 세 가지 면이 있다. 그것은 1) 사회 제도로서의 언어, 2) 언어 기호의 성질, 3) 개인과 언어 사회와의 관계 등이다. 이들은 모두 소쉬르의 언어 이론과 밀접한 관계가 있는 것들이다. 따라서 휘트니의 저서에 보이는 몇 가지 개념과 용어가 소쉬르 언어학의 용어와 이론 구성에 영향을 미쳤을 가능성을 검토해 볼 필요가 있다.

소쉬르는 19세기 일반적 언어관을 검토하면서 언어는 하나의 제도라는 휘트니의 말에 충격을 받는다. 휘트니의 말은 실로 〈언어학의 기축을 흔드는〉 발언이었다. 휘트니(Whitney 1867 : 404)에 의하면, 〈말은 개인의 것이 아니라, 사회의 구성원에 소속된다〉. 이와 같이 언어의 사회적 측면은 휘트니의 저서에서 결정적인 요소가 되어 있다. 여기서 언어의 사회적 측면을 강조하는 휘트니와 공통된 소쉬르의 입장을 엿볼 수 있다. 그러나 소쉬르는 여러 가지 제도 중에서 특히 언어만이 구별되는 특징을 휘트니가 보지 못했다고 비판하고 있다. 즉 언어에는 다른 여러 제도에 없는 특징이 있다고 보는 것이다. 여기서 창의성의 문제가 개입하게 된다.

소쉬르가 말한 자의성은 언어의 본질과 관련되는 것으로 두 가지 각도에서 보아야 한다. 첫번째 자의성은 기호의 내부에서 기호 표현과 기호 내용의 연결이 비자연적이고 비논리적임을 말하는 것이다. 이 관계에 대해서 휘트니도 단어와 그것이 의미하는 대상과의 사이에 아무런 자연적 유대가 없다는 뜻으로 기호는 자의적이라고 되풀이해서 말하고 있는 점은 특이할 만하다. 휘트니는 이런 관계를 〈관습적 conventional〉이라고 표현하고 있다. 이 점에 있어서는 소쉬르와 크게 다른 바 없다. 그러나 문제는 소쉬르의 두번째 자의성이다. 음과 자연계의 현상이 실질이며 언어 외적인 것이라면, 이것들은 랑그의 그물을 통해서 일정하게 한정된다. 즉 음성은 음운으로 한정되고 언어 외적 현상은 어떤 일정한 개념으로 한정된다. 이러한 한정을 편의상 분절이라고 표현한다면, 그러한 분절 방식이 자의적이라는 뜻이다. 그리고 그러한 분절에서 실질이 형식으로 바뀐다. 언어 이외의 다른 제도에서는 이러한 자의성이 없다고 보는 소쉬르의 관점이 휘트니와 크게 다르다.

1911년 5월 19일 세번째 강의, 최후의 뒷부분에서 소쉬르는 〈기호 표현 signifiant〉과 〈기호 내용 signifié〉라는 용어를 도입한다(Godel 1957 : 85). 이들은 자의성의 원리를 엄밀하게 공식화하는 데 필요한 것이다. 소쉬르는 강의를 끝낼 무렵 비로소 자의성은 기호 표현뿐 아니라 기호 내용의 면에까지 걸친다는 것을 충분히 밝힌다. 이렇게 해서 최후에 소쉬르는 언어 이론의 통일 원리를 발견하게 된다.

끝으로 각별히 유의할 것은, 자의성에서 언어 기호의 〈체계적〉 성격이 파생한다는 점이다. 다시 말하면, 언어의 자의성에 의해서 언어가 형식화되는데 이 형식화가 언어 체계의 필수적 요인이 되는 것이다.

휘트니 언어 이론의 세번째 특징은 개인과 언어 사회와의 관계에 관한 견해다. 소쉬르의 랑그나 파롤의 구별에 관해서는 소쉬르와 동시대 또는 전시대의 학자들과의 관계가 여러 모로 논의된 바 있다. 여기서는 휘트니의 견해와의 공통성에 관해서 간단히 살펴보기로 한다. 고델(Godel 1957 : 142-59)은 소쉬르의 랑그와 파롤의 구별에 관해서 상세히 설명하면서 자주 휘트니의 이름을 들고 있다. 휘트니에 의하면, 언어의 모든 변화는 궁극적으로 개인에 기인한다. 그러나 개인의 영향력은 일반적으로 극히 미약하므로, 한 언어 사회가 그것을 받아들이지 않으면 언어에 흡수될 수 없다. 또 위에서 인용한 바와 같이 언어는 개인의 것이 아니라 사회의 소유물이다. 여기서 소쉬르의 랑그와 파롤의 구별을 상기시키며 또 뒤르켕 E. Durkheim의 사회학 이론에서 사회와 개인의 대립을 상기시키는 것이 있다. 그러나 휘트니 자신이 소쉬르의 파롤의 개념과 유사한 것을 예견하고 있었는지는 불명이다. 휘트니가 소쉬르의 파롤의 개념과 같은 것을 도입한 것은 1908년 이후의 일이다. 그러나 소쉬르의 랑그와 파롤의 구별에 휘트니의 영향이 있었는지는 회의적이다. 소쉬르는 언어를 강의하면서 언어는 자의적 기호의 체계이고, 하나의 사회적 사실이며 관습적인 것으로 규정하고 있다. 그러나 일면 소쉬르는 기본적으로 〈언어에서는 모든 것이 심리적이다〉(*CLG* 21)라고 말하고 있으며, 또 〈언어 기호는 본질적으로 심적 성질의 것〉(*CLG* 32)이라고 말하고 있는 것에 유의할 필요가 있다.

이상 소쉬르의 사회 제도로서의 언어관을 휘트니의 언어 이론과 관련시켜 고찰했다. 소쉬르에게 미친 휘트니의 영향의 중요성은 다른 곳에서도 엿볼 수 있다. 소쉬르가 20여 년 동안 가끔 휘트니에 관해서 언급했다는 사실도 시사하는 바가 크다. 그러나 소쉬르는 휘트니가 스스로 사상을 체계화해서 제시하지는 못했다고 평가하고 있다(Godel 1957 : 51).

1.5 랑가주 langage와 랑그 langue와 파롤 parole

소쉬르는 *CLG*(13)에서 언어학사를 개관하면서 언어학이 〈그 진정하고도 유일한 대상〉이 무엇인가를 인식하기까지는 세 단계를 거쳤다고 한다. 또 *CLG*(16)에서는 뮐러 M. Müller, 쿠르티우스, 슐라이허 등에 관해서 그들은 〈연구 대상의 본질을 추출해 내는 데는 전혀 관심이 없었는데 그러한 기본적 작업이 없이는 어떤 과학도 방법론을 만들어 낼 수 없다〉고 했다. 이것은 소쉬르가 언어학의 연구 대상이 무엇인가를 강조하는 것이다. 그리하여 소쉬르는 언어학의 연구 대상으로서 랑그를 규정하고 그것을 정의하게 된다. 여기서 랑그와 파롤의 구별이 생기는데, 이 구별은 소쉬르 언어 이론의 커다란 특징의 하나지만 후세에 많은 논란을 불러일으키기도 한다. 다음에는 랑그와 파롤의 개념이 소쉬르 자신에게 있어서 어떻게 전개되는가를 간단히 고찰하기로 한다.

소쉬르의 언어 사상은 소쉬르의 머리 속에서 홀연히 나타난 것이 아니다. 그러므로 각 용어를 세밀히 조사해 볼 필요가 있다. 이러한 점에서도 소쉬르의 사상의 해석 문제가 얼마나 중요한가를 알 수 있을 것이다. 랑그와 파롤의 구별 그리고 이들과 랑가주와의 관계는 소쉬르의 이론 중에서도 특히 사람들을 당황하게 하며, 지금에 이르기까지도 많은 논란이 전개되고 있다.

랑그와 파롤의 양분과 랑가주를 포함한 삼자의 구별은 소쉬르의 연구 경력에서 실로 20년에 걸쳐 추적할 수 있는 문제이다. 고델(Godel 1957 : 36)에 의하면, 1891년 9월 주네브 대학에서의 첫번째 일반 언어학 강의에서 소쉬르는 언어의 본질과 그 연구 방법에 관해서 다음과 같이 말하고 있다. 〈랑그와 랑가주는 같은 것에 지나지 않으며 후자는 전자가 일반화된 것〉이라고 했다. 이 초기의 언명에서 소쉬르는 랑그와 랑가주를 동일한 것으로 생각했을 뿐 아니라 랑가주는 보다 추상적인 용어로 보았음을 알 수 있다. 또 다른 때는 랑가주를 총칭적인 용어로 사용한 경우도 있다. 기타 다른 원자료에 의하면, 소쉬르는 랑가주에는 〈기본적으로 체계가 구비되어 있다〉고 말하고 있으며 이 용어를 엄밀하게 구별하지 않았음을 확인할 수 있다(Godel 1957 : 132).

파롤의 개념의 경우에도 그러한 상황이 상당히 오래 지속되었다. 1891년의 이른 시기의 강의에서는 이 표현이 일상적인 용법과 다르지 않았고 말(의 능력)과 동일시되었다(Godel 1957 : 142). 고델(Godel 1957 : 143)은 오히려 1907년까지의 소쉬르의 언어 이론에서 랑그와 파롤의 구별이 있었는지 의심하고 있다. 그러나 한편 고델은 휘트니의 주장에 감화된 소쉬르가 1894년, 아마도 처음으로 〈랑가주라는 특수한 기호학〉이라는 생각을 도입했다고 추정하고 있다. 소쉬르가 랑가주의 개념에 도달한 것이 1890년 중반이 아니면 그 이전이라고 인정해도 좋으나, 주의할 것은 그러한 고찰이 직접 랑그와 파롤의 구별로 연결되었다고는 볼 수 없다는 점이다.

소쉬르가 랑그와 파롤의 구별을 처음으로 분명하게 제시한 것은 언어 변화의 문제, 특히 유추에 의한 어형성(語形成)을 설명했을 때다(Godel 1957 : 57-8). 그는 여기서 랑그는 개인이 습득하여 뇌리에 축적된 것인 데 반해 발화 행위는 언어의 활동적인 면, 즉 사람과 사람과의 교섭에 관한 면이라는 이유에서 파롤이 보다 사회적인 것이라고 보았다. 그런데 소쉬르는 두번째 강의와 세번째 강의에서 랑그와 파롤을 구별할 것을 생각하면서 개인과의 관계에서 본 언어, 하나의 능력, 말의 기반으로서의 랑가주를 〈무엇보다도 사회적인 것〉으로 규정하게 되는 랑그와 구별하게 된다. 그리고 랑가주를 〈언어 능력〉으로 규정하게 된다. 소쉬르에 의하면, 언어 능력은 원래 조음, 즉 생리적 관점에서 본 언어 사용 면과는 관계가 없고 사람이 자기를 표현하기 위해서 언어 기호의 구사를 가능하게 하는 심적 요인이다. 소쉬르가 되풀이해서 말하고 있는 바와 같이 사회 제도로서의 랑그는 그 능력을 기반으로 해서 존재하며, 비록 언어 능력을 전제 조건으로 한다고는 하지만 랑그가 언어학의 원래의 대상이다(CLG 38-9).

언어학의 대상을 규정할 때, 소쉬르는 발화 행위의 우위성을 인정하지 않으나 CLG(37)에 의하면, 〈역사적으로 볼 때 파롤적 사실이 선행한다〉고 말하고 있다. 사실상 소쉬르는 랑그가 원초적 현상이 아님을 인정하고 있다. 그러므로 소쉬르에게는 랑그가 파롤의 선행조건이 될 수 없으며 이런 관계를 고델(Godel 1957 : 149)은 다음과 같이 도시하고 있다.

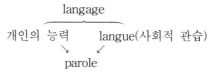

langage

개인의 능력   langue(사회적 관습)

parole

(사회적 관습에 의해서 자기의 능력을 발휘하는 개인의 행위)

소쉬르가 랑그와 파롤의 구별에 이른 것은 그의 이론 전개
에서 상당히 늦은 단계에 들어서면서부터이다. 이런 사실에
의해서도 소쉬르의 용어의 정의에 난점과 모순이 있는 것이
설명된다. 소쉬르는 세번째 강의에서 그러한 문제점을 다음
과 같은 도식에 의해서 해결하려고 했다(*CLG*에는 수록되어
있지 않다).

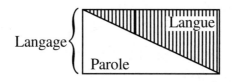

고델(Godel 1957 : 153)의 위 도표에는 다음과 같은 설명이
있다. 1) langue는 〈집단 속에서 수동적〉이고 그리고 〈언어
능력의 운용에 필요한 도구인 사회적 코드〉다. 2) parole은
〈능동적이고 개인적〉이라는 특징이 설명되고 있다. 1911년
봄 소쉬르는 비로소 파롤의 언어학과 랑그의 언어학을 구별
할 수 있는 가능성을 생각하기에 이른다(*CLG* 38f). 한때는
랑그와 동일시되고 그 뒤로는 〈언어 능력〉의 뜻으로 바뀐
langage는 〈형태가 다양하고 혼질적〉(*CLG* 25)이기 때문에

명확하게 정의할 수 없고 또 언어학자가 직접 접하기 불가능한 존재로 보고 언어는 사회적 체계와 그 개인적 발로, 양자를 포함한 langage = langue + parole이라는 3분법의 정의를 내리기에 이른다(*CLG* 112).

1.6 수학의 도입

소쉬르는 언어학에 수학을 도입하는 문제에 큰 관심을 가지고 있었으나 *CLG*에는 이 점이 잘 반영되어 있지 않다. 여기 관해서 이비치(Ivić 1965 : 125)는 다음과 같이 설명하고 있다.

〈소쉬르가 가장 강조한 어떤 사상이 이 책[*CLG*]에서는 흐려지고 있다. 고델이 옳게 지적한 바와 같이 언어에의 수학적 접근 방법에 대한 소쉬르의 열의가 매우 불충분하게 표현되고 있을 뿐이다. 실은 소쉬르는 수학적 수법을 분석에 적용함으로써 언어 구조의 적절한 기술을 얻을 수 있다고 주장한 최초의 언어학자이었던 것이다.〉

사실상 *CLG*에는 수학에 관해서 은유적인 언급이 두 군데 있을 따름이다. 예를 들면 〈음군(音群) 속에서 일어나는 현상을 고찰하기 위해서는 조음 운동을 방정식처럼 다룰 수 있는 음성학이 확립되어야 한다〉(*CLG* 79)고 했고 또 〈언어 상태를 연구한다는 것은 결국 별로 중요하지 않은 변화를 무시해 버리는 것이 된다. 이는 수학자들이 로가리즘과 같은 계산에서 극소치를 무시해 버리는 것과 같다〉(*CLG* 142)고 했다. 이 밖에 유추를 설명하면서 〈사항 비례의 공식 quatrième pro­portionnelle〉을 이용하고 있다(*CLG* 222-6, 229, 231). 소쉬르가 수학에 관해서 은유적으로나마 언급한 것은 위에서 든 것이 전부다. 그 이상 언어학과 수학의 관계를 설명한 것이 없다. 그러나 한편 강의할 때 대수학적 부호나 기하학적 도형을 이용해서 그는 언어 체계에 있어서의 여러 관계를 제시했다 (Godel 1957 : 30).

그러나 고델(Godel 1957 : 30)에 의하면, 1911년 소쉬르는 고티에 M. L. Gautier에게 다음과 같이 말했다고 한다. 〈지금 나에게는 언어학은 기하학의 체계처럼 생각된다.〉 또 고델 (Godel 1957 : 44)이 전하는 바에 의하면, 소쉬르는 다음과 같이 말하고 있다. 〈언어 활동과 그 양 상호간의 관계는 그 기본적 성질에서 수학의 공식에 의해서 항상 표현될 수 있는 것이다.〉 그런데 *CLG*에서 여기 가까운 표현은 단 한 군데밖에 없다. 〈말하자면 언어는 복합 사항들로만 된 대수라 하겠다〉(*CLG* 168). 여기서는 은유가 아니라 수학적으로 공식화된 실제적 절차를 말하고 있는 것이다. 중요한 것은 그 견해와 여기서 도출되는 방법이 이미 1878년의 "Mémoire"에 나타나고 있는 것이다. 이것과 관련해서 무넹(Mounin 1968 : 27)은 다음과 같이 말하고 있다.

〈소쉬르는 거기서["Mémoire"] 그에게 미지의 인구어의 한 음운이 필연적으로 존재하는 것을 대수적으로 증명하고 있다(그는 그것을 *A, *O로 표시하고 있다).〉

그 근거는, 그 언어의 그 다음 상태를 설명하기 위해서 그 음운이 주위의 다른 음운과 유지되었으리라고 생각되는 관계의 분석이었다. 이러한 수학적 관심은 동시대의 다른 학자들에게서는 전혀 볼 수 없는 것이다. 무넹(Mounin 1968 : 26-30)은 수학에 대한 소쉬르의 관심이 전 세대 선배학자들로부터의 영향으로 보고 있다. 라이프니츠 G. W. Leipniz나 콩디약 E. D. Condillac에게서는 계산의 언어, 사고의 대수, 계산과 같이 작용하는 언어 활동이 항상 문제였던 것이다.

1.7 세 차례 일반 언어학 강의의 목록

세 차례의 일반 언어학 강의 목차를 세밀하게 살펴 보면, 소쉬르가 언어 연구에서 무엇을 어떻게 생각하고 그러한 생각이 어떻게 전개되어 가는가를 어느 정도 추측할 수 있다. 그리고 또한 *CLG*의 편집 순서와 얼마나 다른가도 보게 될 것이다(Godel 1957 : 53-92).

(1) 1차 강의(1907. 1-1907. 7)

서설
 1. 서론
 2. 언어학적 오류의 분석
음성학 원리
언어학
    제1부

제1장 음성 진화

제2장 유추적 변화

제3장 인구어족의 내적 및 외적 역사 개관

제4장 재구 방법과 그 가치

(2) 2차 강의(1908. 11-1909. 6)

서설

　Ⅰ. 언어학과 그 대상

　　1. 외부에서 정의된 랑그의 성질

　　2. 내부에서 본 랑그의 성질

　Ⅱ. 언어 상태의 내적 분할

　　1. 내적 측면과 외적 측면

　　2. 언어 가치

　　3. 통시적 차원과 공시적 차원

　　4. 두 차원의 현상 혹은 관계

　　5. 현상과 단위

　　6. 두 언어학

　　7. 통시적 법칙, 공시적 법칙

　　8. 공시적 영역의 구분

　　9. 통시적 영역의 구분

일반 언어학 서론으로서의 인구언어학 개관

　Ⅰ. 언어학 비판

　　1. 1816-1870년의 인구언어학

제2부

2. 정태와 동태]

VI. 정태 언어학

1차 강의는 〈음성학 원리〉를 포함한 〈서론〉과 〈진화 언어학〉을 다룬 제1부로 이루어져 있고 제2부의 〈정태 언어학〉에 관해서는 아무런 언급 없이 끝난 강의다. 이 강의에서 주목되는 것은 유추를 언어 창조의 한 계기로 생각하고 여기에 랑그와 파롤의 구별을 도입한 점이다(유추와 랑그/파롤의 관계에 관해서는 *CLG* 226-7 참조).

2차 강의에서는 〈서론〉에서 랑가주, 랑그, 파롤의 개념을 분명히 하면서 언어학을 기호학의 한 영역으로 규정한다. 그리고 언어 기호의 자의성이라는 원리에서 유도되는 시차성, 소극성 negativité, 형식성(실질에 대한)을 설명하고, 동일성의 문제와 관련해서 단위, 관계, 가치를 결정하는 언어 주체의 의식 문제에 당면하게 되었는데, 특히 가치의 개념에서 공시와 통시를 구별해야 할 필요성을 강조한다. 또 통합 관계와 연합 관계가 〈차이화 différentiation〉 현상으로 파악되고 일단 〈언어에는 차이밖에 없다〉라는 결론을 내리게 된다.

3차 강의는 2차 강의와 몇 가지 공통성이 있으나 1차 강의와는 대조적이다. 가령 1차 강의에서는 랑그를 사회 제도라는 각도에서 이해하고 있는데 대해서 2, 3차 강의에서는 기호학적 가치 체계라는 관점에서 보고 있다. 이러한 기본적 공통성이 있으나 3차 강의는 그 구성에 있어서 역시 다르다. 소쉬르는 3차 강의를 시작할 때 다음과 같은 전체 구상을 제시하고 또 그러한 순서의 정당성을 설명했다. 그는 큰 테마로서 1) 제 언어, 2) 랑그, 3) 개인에 있어서의 언어 능력과 그 행사, 이들 세 가지를 정하고 그들을 그 순서에 따라서 다루어 가는데 그것은 언어학의 구체적 대상을 찾기가 어렵기 때문이었다.

먼저 사회적 실물이며 기호학적 제도인 랑그를 랑가주와 구별할 필요가 있었다. 전자는 다양한 여러 언어로 실현되므로, 주어진 자료로써 제 언어에서 출발해야 한다. 여기서 보편적 랑그를 추출하고 그 뒤 비로소 개인의 언어 활동을 보는 것으로 되어 있다. 그러나 실제로 세번째 테마는 다루고 있지 않다. 3차 강의에서는 두번째 테마인 〈랑그〉 중 기호 이론이 가장 중요하다. 여기서는 2차 강의의 〈서론〉에서 제기된 모든 문제가 더 넓고 깊이 있게 다루어지고 있다.

2 소쉬르에 미친 여러 영향

2.1 소쉬르와 동시대의 일반적 학풍

소쉬르는 가장 독창적인 학자로 알려져 있다. 그러나 일면 소쉬르도 동시대의 일반적 학풍과 전적으로 무관하다고는 할 수 없다. 그런 의미에서 소쉬르도 시대적 산물의 일면을 띠고 있다. 그러므로 소쉬르의 독창성이 어디에 있는가를 분석하기에 앞서서 어떤 점에서 소쉬르 또한 시대적 산물이었는가를 살펴 보는 것도 소쉬르를 이해하는 데 도움이 될 것이다. 소쉬르가 당시의 일반적 학풍의 저층에 흐르고 있던 사회학주의 sociologisme와 심리주의의 영향을 받았음은 주지의 사실이다.

1) 사회학주의

소쉬르의 사회학주의는 항상 프랑스의 뒤르켕과 관련해서 논의되고 있다. 소쉬르와 뒤르켕은 엄격히 동시대의 학자였다는 데 주목할 필요가 있다. 그리하여 이들 두 학자 사이에 직접적인 학문적 접촉이 있었는가? 한때 이러한 문제가 논란의 대상이 되기도 했다.

도로셰프스키 W. Doroszewski는 1933년 「사회학과 언어학의 관계에 관한 몇 가지 고찰 : 뒤르켕과 F. 드 소쉬르 Quelques remarques sur les rapports de la sociologie et de la linguistique : Durkheim et F. de Saussure」라는 논문에서 소쉬르는 뒤르켕의 사회학에서 상당한 영향을 받았으며 소쉬르의 사상은 〈언어학 밖에서 유래한다〉고 언명했다. 이 논문은 원래 1931년 주네브에서 개최된 제2회 언어학자 회의에서 발표되었던 것으로서 이 논문에 의해서 소쉬르가 뒤르켕의 영향을 받았다는 견해가 나타나기 시작한다. 그러나 흥미있는 것은 메이예는 도로셰프스키의 그러한 견해를 부정하고 있다는 점이다. 메이예는 소쉬르의 제자였으며 동시에 뒤르켕의 협력자이기도 했고 메이예 자신 그의 영향을 많이 받았다.

뒤르켕은 소쉬르보다 조숙하지 않았다. 그의 최초의 저서 『사회 분업론 *De la division du travail social*』이 출판된 것이 1893년이고 학계의 주목을 받게 되는 『사회학적 방법의 제규칙 *Règles de la mèthode sociologique*』이 간행된 것이 1895년이다. 소쉬르는 이때 이미 주네브에 돌아가 있었다. 뒤르켕이 1895년의 저서에서 사회적 사실로서 언어 활동을 지적한 곳은 드물다. 그리고 1903년 철학지 *Revue philoso-phique*에 발표한 논문에서는 모든 사회 과학이 사회학의 부분으로 통합될 것을 요구하며 여기서 그는 언어 활동도 사회 기구로서 사회학에 귀속시킬 것을 지적하고 있다. 그렇다고 소쉬르가 여기서 뒤르켕의 직접적 영향을 받았다고는 할 수 없다. 혹 소쉬르가 뒤르켕의 영향을 받았다면, 그것은 간접적인 것으로 생각되고 있다. 뒤르켕의 영향은 메이예를 통해서 소쉬르에게 간접적으로 영향을 미쳤을지도 모른다. 사실 메이예는 자기가 뒤르켕 학파임을 공언하고 있다. 따라서 소쉬르는 1893년 이래 유포된 뒤르켕의 학설을 알고는 있었을 것이다. 그러나 여기서 강조되어야 할 것은 적어도 휘트니 이후 막연하지만 일종의 사회학주의가 일반 학계에 유포되어 있었다는 사실이다.

소쉬르는 분명히 언어의 사회면을 강조하고 있다. *CLG*에서 몇 가지 구절을 들어보자. 〈언어는 하나의 사회적 사실이다〉(*CLG* 21), 〈언어라는 사회적 사실〉(*CLG* 24), 〈언어에 작용하는 사회적 힘〉(*CLG* 30), 〈언어는 공동체 성원들 사이에 맺어진 일종의 계약에 의해서만 존재한다〉(*CLG* 31), 〈언어는 사회적 힘의 산물〉(*CLG* 108), 〈언어는 사회적 사실밖에는 존재하지 않으며…… 언어의 사회적 성격을 언어가 지니는 내적 특징 중의 하나이다〉(*CLG* 112). 이러한 말들은 뒤르켕과 관련이 있어 보이는 용어에 의한 표현이라고 할 수 있는 것이다. 그러나 여기서 주의해야 할 것은 뒤르켕의 이론에서 중요한 요소는 〈사회적 구속 contrainte sociale〉이라는 개념이다. 뒤르켕은 바로 이 개념에 의해서 〈사회적 사실〉을 정의하고 있다. 그런데 소쉬르에 있어서는 〈구속〉의 개념에 입각해서 언어의 일반 원리를 해명하려는 흔적이 보이지 않는다. 또한 *CLG*에서 〈사회적〉이라는 표현은 20여 군데에 나타날 뿐이지만 〈체계〉라는 표현의 사용 빈도는 138회에 이르고 있다. 이러한 비율로 본다면 적어도 소쉬르에게 언어의 사회적 측면은 그 체계적 측면의 성격에 비해서 부차적인 것이라고 할 수 있다(Koerner 1973 : 1.2.1.1).

한편 소쉬르는 〈언어는 사회 제도이다〉(*CLG* 26)라고 말하고 있다. 〈사회 제도〉는 분명히 휘트니의 용어이다. 그런데 소쉬르는 〈언어는 다른 사회 제도와 모든 면에서 유사한 사회 제도가 아니다〉(*CLG* 26)라고 한다. *CLG*에서 언급된 인명이 대단히 적은 것을 고려한다면, 휘트니에 관한 언급은 우연한 것이 아니라 언어의 사회적 성격에 관한 착상을 휘트니에게서 얻었음을 시사하는 것이다. 소쉬르는 휘트니가 언어 기호의 자의성을 역설한다는 점에서 그를 높이 평가하고 있으나, 인간의 모든 제도에서 언어를 구별하는 것이 바로 언어 기호의 자의성임을 의식하지 못했다고 해서 휘트니를 비판한다(*CLG* 110). 언어와 다른 사회 제도와의 본질적인 차이는, 소쉬르에 의하면, 언어 기호의 자의성에 있는 것이다(*CLG* 106). 여기에 반하여 〈다른 인간 제도들 — 관습, 법칙 등 — 은 모두 정도의 차이는 있으나 사물들의 자연적인 관계에 기반을 두고 있다〉(*CLG* 110). 이 구별을 고려한다면 소쉬르의 사회학주의는 동시대의 언어학자들의 그것과 크게 다름을 알 수 있다. 그러나 총체적으로 본다면, 이 사회학주의는 이것이 휘트니에서 유래했건 혹은 뒤르켕에서 유래했건 그 시대의 산물이다.

  2) 심리주의
  소쉬르에게 심리주의가 영향을 미쳤다는 것은 거의 모든 학자의 일치된 견해다. 이 점에 있어서도 그는 시대적 산물이라고 할 수 있다. 그렇다면 소쉬르의 심리주의는 어떤 것인가? 그것은 동시대의 거의 모든 학자들과 같이(블룸필드 L. Bloomfield의 용어로) 심리주의자 mentalist라는 점에 있다. 즉 인간이 생각할 때, 머리 속에서 무엇이 일어나는가를 내관(內觀)에 의해서 알 수 있다고 확신하는 것이다. 심리주의자는 그들의 사고의 여러 사실을 확인된 것으로 보고 여기 의해서 언어 사실을 설명하려고 한다. 예를 들면, 〈언어 기호가 결합시키는 것은 사물과 한 명칭이 아니라 하나의 개념과 하나의 청각 영상이다〉(*CLG* 98)라고 규정한다. 그리고 〈어느 일정한 개념이 뇌 속에서 대응하는 청각 영상을 불러 일으킨다〉(*CLG* 28). 그러므로 〈사실 언어에서는 모든 것이 심리적이다〉(*CLG* 21)라고 한다. 따라서 〈언어 기호는……심리적 실체이다〉(*CLG* 99). 이러한 시대적 영향에 의한 심리주의와 병행해서 소쉬르의 심리주의는 다른 주장에서도 나타난다. 여기에 의하면, 〈언어 활동에는 개인적 측면이 있으며〉(*CLG* 21), 언어 활동의 수행에 의해서 개인의 역할을 강조함으로써 랑그와 파롤을 구별하게 된다. 랑그는 본질적으로 개인에서 독립된 것인데 반하여 파롤은 일차적이며 개인적인 면이 있고 심리적이며 물리적인 것이라고 한다(소쉬르의 심리주의에 관해서는 金芳漢(1970 : 250-253 참조)).

2.2 동시대 언어학자들의 영향

멀리 그리스 철학자나 17·8세기 언어철학자의 사상 등도 소쉬르에게 영향을 미쳤다고 할 수 있을 것이다. 그러나 소쉬르의 언어 이론 형성에 미친 직접적인 영향의 근원은 역시 19세기 후반 동시대 학자들의 언어 연구에 있다. 근래 소쉬르에 관한·연구가 활발해지면서 소쉬르에 미친 동시대 학자들의 영향이 상세하게 분석되고 있다. 다음에 그 일단을 살펴보기로 한다.

1) 소쉬르와 휘트니

소쉬르에 미친 미국 언어학자 휘트니의 영향에 관해서는 이미 1.4와 2.1에서 비교적 상세히 설명한 바 있다. 그러므로 여기서는 그 영향을 다음과 같이 요약하면서 그 이상의 설명을 피하기로 한다.

*CLG*에 의하면, 휘트니는 사회 제도로서의 언어의 성질과

언어 기호의 자의성에 관련성이 있다고 보았다. 그리고 휘트니가 단어와 그것이 의미하는 대상 사이에 아무런 유대도 존재하지 않는다는 의미로 기호가 자의적이라고 되풀이해서 말하고 있는 것은 주목할 만하다. 이와 같이 언어 기호의 이면성과 자의성은 휘트니에서 유래한 개념이며 소쉬르는 그 것을 더 발전시켜서 기호의 이론, 즉 기호론을 수립하려고 했던 것이다.

2) 젊은이 문법학파 — 특히 파울 H. Paul

소쉬르는 젊은이 문법학파의 견해를 모두 부정하고 양자간에는 언어 이론상 아무런 관련성도 없다고 생각하는 것이 일반적 경향이다. 그러나 근래 소쉬르가 언어 이론을 형성하면서 파울의 『언어사 원리 *Prinzipien der Sprachgeschichte*』에서 영향을 받았다는 것이 지적되고 있다. 파울은 〈언어 관용 Sprachusus〉과 〈개인적 언어 활동 individuelle Sprachtätigkeit〉을 대립시켰는데 이것은 또 그가 〈공통어 Gemeinsprache〉 또는 사회적인 면에서의 〈언어 단체 Sprachgenossenschaft〉와 〈개인〉을 구별한 것과도 상응하는 것이다. 그런데 파울은 분트 W. Wundt와 같은 민족 심리학 Völkerpsychologie을 배격하고 모든 심리적 과정은 개인의 정신에서만 행해지는 것이며 민족 심리라는 것은 한낱 추상체에 불과하다고 했다. 그러므로 유일한 언어적 현실은 개인의 언어, 즉 실제적인 언어적 구현이라는 것이다. 우리는 여기서 소쉬르의 랑그와 파롤의 구별을 상기할 필요가 있다. 소쉬르의 랑그와 파롤은 파울의 〈언어 관용〉과 〈개인적 언어 활동〉과 대비된다. 다만 소쉬르가 랑그를 중요시한 데 대해서 파울은 〈개인적 언어 활동〉을 중요시한 데 차이가 있다. 이와 같이 소쉬르의 랑그와 파롤 양분 자체는 파울의 양분과 관계가 있다고 보는 견해도 있다. 쾨르너 Koerner(1973 : 84)는 다음과 같은 공식에 의해서 소쉬르와 파울의 또 다른 관련성을 부각시키고 있다.

파울
일반 원리학=기술 문법+역사 문법(또는 언어사)
(이 경우 역사 언어학은 기술 문법에서 유래한다)

소쉬르
일반 언어학=정태 언어학(공시태)+진화 언어학(통시태)
(이 경우 기술 언어학의 우위성이 강조된다)

3) 쿠르트네 J. B. Courtenay와 크루셰프스키 M. Kruszewski

쿠르트네(1845-1929)와 크루셰프스키(1851-1887)는 그 연대에도 불구하고 그 정신에 있어서는 20세기 언어학에 속한다고 할 수 있다. 그들의 견해는, 먼 뒷날 금세기에 이르러서야 이해될 만큼 당시로서는 새롭고도 신선하며 독특한 사상의 세계를 보여주는 것이었다. 그러면서도 그들의 연구는 국제적으로 잘 알려지지 않았다. 20세기에 들어와서야 비로소 그들의 의욕적인 생각이 다시 발견되고 이해되며 찬양되었던 것이다(Ivić 1965 : 97). 소쉬르도 이미 1891년의 강의에서 그들에 관해서 언급하고 있다. 소쉬르는 1881년 이래 그들의 연구를 잘 알고 있었던 것이다. 여러 증거를 종합해서 볼 때

소쉬르의 이론 형성에 대한 그들, 특히 크루셰프스키의 영향
은 주목할 만하다. *CLG*를 통해서 우리에게 잘 알려진 소쉬
르의 몇몇 개념이 이미 어떤 형태로든 크루셰프스키에게서
이미 나타나고 있다. 크루셰프스키가 구별한 〈정태론적〉 및
〈동태론적(動態論的)〉 법칙이 그 한 예이다. 그러나 이 구별
은 소쉬르가 말한 〈공시태〉와 〈통시태〉와 거리가 먼 것임이
인정되어야 할 것이다. 소쉬르가 강조한 체계의 개념이 크루
셰프스키의 구별에는 반영되어 있지 않다는 점이 강조되어
야 한다.

현대 언어학의 여러 기초 개념 중에서 두 폴란드 학자에
의해서 처음으로 제시된 것이 있는데, 예를 들면, 그들은 사
회 집단 전체에 속하는 언어(소쉬르의 랑그)와 개개인의 언어
(소쉬르의 파롤)를 구별했으며 이 구별은 소쉬르의 이론 형성
에도 영향을 미쳤을 것으로 생각되고 있다.

또 〈음운〉이라는 개념과 phoneme이라는 술어도 그들에게
서 유래한다. 소쉬르는 *CLG*에서 phoneme이라는 용어를 그
들과는 다른 뜻으로 사용하고 있다. 그러나 이 중요한 〈음
운〉의 개념 형성에 있어서 양자간에 관련성이 있어 보이기도
한다.

4) 가벨렌츠 H. C. von Gabelentz

소쉬르에 대한 가벨렌츠의 영향에 관해서는 과거 여러 학
자에 의해서 논의된 바 있었다. 최근 코세리우 E. Coseriu를
비롯한 몇몇 학자의 연구에 의하면 소쉬르의 사상 형성에 미
친 가벨렌츠의 영향은 다음과 같은 점에 있다고 본다.

a) 가벨렌츠는 〈개별 언어〉와 〈발화 Rede〉 그리고 〈언어 능력 Sprachvermögen〉을 구별하고 이 삼자가 〈언어〉를 구성 한다고 보고 있는데 여기서 랑그와 파롤의 구별 및 〈언어 능 력〉인 랑가주의 개념이 나타났다고 본다.

b) 가벨렌츠의 〈역사-계통적 언어 연구〉와 〈개별어 연구〉 의 구별은 소쉬르의 통시론과 공시론의 구별과 대단히 유사 하다.

c) 가벨렌츠의 〈체계〉의 개념도 언어의 체계적 성격을 강 조한 소쉬르에 앞선 선구적 견해이다.

이러한 관계에 관해서 코세리우(Coseriu 1967 : 91)는 다음 과 같이 말하고 있다. 〈가벨렌츠의 착상이 소쉬르에서는 반 드시 어떤 수정을 받고 있는 것이 인정된다. 가벨렌츠에서는 단순한 예감 또는 때로는 보충적인 발언에 지나지 않았던 것 이 소쉬르에서는 그것들이 명확하게 규정되고 체계의 일부 가 되어 있다.〉 코세리우의 이 말은 소쉬르에 미친 영향이 현재의 언어학사가 인정하는 것보다 더 강력했음을 시사하 고 있다. 그러나 코세리우가 말한 것처럼 소쉬르가 가벨렌츠 에서 어떤 착상을 받아들이고 그것을 어느 정도 정밀화한 것 이외는 별로 크게 영향을 받은 것이 없다고 말하는 것은 사 실을 왜곡한 것이라고 쾨르너(Koerner 1973 : 137-52)는 반박 하고 있다. 쾨르너가 강조하는 것은 소쉬르가 다른 학자의 저서에서 어떤 개념만을 차용한 것이 아니라는 점이다. 소쉬 르의 위대함은, 그러한 여러 많은 개념들을 하나의 전체로 구축한 데 있다고 강조하고 있다.

제2부

『일반 언어학 강의』—일반 원리

제 1 장 『일반 언어학 강의』의 서론

1 언어학사 개관

1.1 언어 연구의 세 단계와 연구 대상

*CLG*는 서론에서 언어학사를 개관함으로써 장을 연다. 그러나 이 언어학사는 단순한 학사의 기술이 아니라 다음에 전개되는 이론으로 유도하는 역할을 한다.

언어학은 〈그 진정하고 유일한 대상〉이 무엇인가를 인식하기까지 계기적으로 세 단계를 거쳤다고 한다. 그 첫 단계는 그리스인에게서 시작하여 프랑스인으로 이어지는 규범 문법을 만드는 것이었다. 그러나 이것은 언어 자체에 대한 〈과학적〉 관점이 결여된 것이었다. 다음 단계에서 나타난 것이 문헌학이다. 그러나 언어는 문헌학의 고유한 대상이 아니다. 문헌학은 무엇보다도 문헌을 교정하고 해석하고 주석하며 이러한 일차적 연구에서 문학사, 풍속, 제도 등에 관심을 가지게 되기 때문이다. 세번째 단계는 보프 F. Bopp에서 시작하여 슐라이허 등에 이르는 고전적 비교 언어학의 시기이다.

이 학파는 풍요로운 신천지를 개척하는 데는 크게 기여했지만 진정한 언어 과학을 수립하는 데까지는 이르지 못했다. 그것은 〈연구 대상의 본질을 찾으려는 데는 전혀 관심이 없었기〉 때문이다. 그런데 〈그러한 기본적 작업이 이루어지지 않으면 어떤 과학도 방법론을 만들어 낼 수 없다〉고 강조한다.

여기서 주목되는 것은 진정한 언어학이 성립하기 위해서는 〈그 진정하고 유일한 대상〉을 인식하고 〈연구 대상의 본질〉을 찾아야 한다는 것이다. 그러나 진정한 연구 대상이 무엇인가에 관해서는 여기서 아무런 언급이 없다. 이 문제는 제3장 〈언어학의 대상〉으로 이어진다. 여기서는 제3장에서 전개되는 연구 대상에 관한 문제의 중요성만을 시사하고 있다.

또 한 가지 주목할 것은 제1장에서 〈과학〉, 〈과학적〉이라는 용어를 여러 차례(정확히 13회) 사용하고 있는 점이다. 그러나 소쉬르가 의미하는 〈과학〉의 필요 조건이 실제로 무엇인가에 관해서는 정확한 언급이 없다. 그러나 다음에 전개되는 설명에서 어느 정도 추정이 가능하다. 한 과학이 성립하기 위해서는 가장 중요한 조건으로 〈진정한 대상〉을 가져야 한다는 것이 분명하다. 고전 비교 언어학파가 〈진정한〉 언어학을 이루지 못했던 것은 진정한 연구 대상을 의식하지 못했기 때문이다. 그러나 주목되는 것은 디츠 F. Diez에 의해서 시작된 로만스어 연구가 언어학을 〈그 진정한 대상에 접근시키는 데 공헌했다〉고 하는 점이다. 그러므로 분명한 것은, 그때까지는 언어학이 그 〈진정한 대상〉을 아직 발견하지 못했다는 점이다. 이 〈진정한 대상〉을 발견하고 규정하려는 것이

*CLG*에서 전개되는 소쉬르의 중요한 이론임은 더 말할 필요도 없는 것이다.

디츠에 의해서 시작된 로만스어 연구에 이어서 젊은이 문법학파가 등장한다. 이 학파는 언어를 독자적으로 발달하는 하나의 유기체로 보지 않고 언어 단체의 집단적 정신의 소산으로 보았다. 동시에 문헌학파와 비교 문법의 개념이 얼마나 잘못된 것이었으며 불충분한 것이었던가를 이해하게 되었다고 젊은이 문법학파를 높이 평가한다. 그러나 그들이 공헌한 바가 지대하다고 할지라도 이 학파가 문제 전체를 밝혔다고는 할 수 없으며 〈오늘날까지도 일반 언어학상의 근본 문제들이 해명을 기다리고 있다〉고 하며 새로운 연구 이론의 출현을 기대하며 *CLG*에서 그러한 새로운 이론이 전개되는 것을 시사하고 있다.

1.2 〈언어의 삶 La vie de la langue〉이라는 표현

CLG(19)의 각주 (1)에 의하면, 젊은이 문법학파는 현실에 더 가까이 접근하기 위해서 종전에 사용되던 용어, 특히 불합리한 비유를 비난했다고 한다. 그리하여 〈언어가 이러저러한 것을 한다〉거나 또는 〈la vie de la langue〉와 같은 말을 하지 않게 되었다. 이런 표현은 언어를 유기체 또는 하나의 생명체로 비유한 것이기 때문이다. 그런데 이 피해야 할 용어가 *CLG* 몇 군데에 나타난다. *CLG*(18)에 〈(les conditions de) la vie des langues〉가 보이는데 오원교(1985 : 17)는 〈언어의 생활(조건)〉으로 또 최승언(1990 : 15)은 〈언어의 생태

(조건)〉으로 번역하고 있다. 또 *CLG*(42)에도 〈la vie d'une langue〉가 나타나며 오원교(1985 : 37), 최승언(1990 : 33) 모두 〈언어의 삶〉으로 번역하고 있다. *CLG*(33)에도 〈la vie des signes〉라는 표현이 보이는데 오원교(1985 : 30), 최승언(1990 : 27) 모두 〈기호의 삶〉으로 번역하고 있다. 이 *vie*라는 용어는 소쉬르의 입장에서 보았을 때 분명히 모순된 표현으로 생각된다.

2 연구 대상

2.1 연구 대상의 규정

소쉬르에 의하면, 언어 이론가가 당면하는 최초의 난점은, 다른 과학에서는 그 연구 대상이 〈미리 주어져서〉, 이것을 여러 가지 관점에서 고찰할 수 있으나 언어학에서는 〈관점에 앞서서 대상이 존재하는 것이 아니라 관점이 대상을 만들어 낸다〉는 것이다. 이것을 설명하기 위해서 소쉬르는 다음과 같은 예를 들었다.

누군가가 프랑스어의 *nu*라는 단어를 발음했을 때, 피상적인 관찰자는 이 단어를 언어학의 구체적인 대상으로 보려고 할 것이다. 그러나 좀 더 주의해서 본다면, 고찰하는 방식에 따라서 서로 다른 서너 가지 사실을 발견하게 될 것이다. 즉 음성 혹은 개념의 표현, 또는 라틴어 *nudun*에 해당하는 것으로 보게 될 것이다. 더구나 프랑스어의 *nu*를 고찰하는 여러 가지 방식 중에서 어느 것이 다른 것에 선행하거나 우월하다고 볼 아무런 근거가 없다.

이 예는 자칫 오해를 불러 일으키기 쉽다. 이 예는 마치 언어학의 연구 대상으로서 단어가 음성학자, 사전 편찬학자, 어원론자에 의해서 서로 다른 관점에서 다른 방법으로 관찰되고 연구되는 것과 같은 인상을 주기 때문이다. 그러나 소쉬르가 〈관점이 대상을 만들어 낸다〉고 말한 데는 보다 근본적인 문제가 있다.

인간의 언어 활동에는 심리적, 생리적, 사회적, 미학적 등여러 가지 요인이 혼합되어 있다. 그러므로 〈만약 언어 활동을 여러 면에서 동시에 연구한다면, 언어학의 대상은 서로전혀 연관성이 없는 잡다한 혼합물이 된다〉(*CLG* 24). 따라서 이들 요인 중에서 어느 것이 가장 본질적인 것인가를 결정하기가 용이하지 않다. 더구나 언어는 무형적인 것이다. 그무형적인 것에서 본질적인 것을 추출한다는 것은 용이한 일이 아니다. 어느 시대에 심리학에서 큰 영향력이 있는 어떤학설이 나타나서 다른 학문 분야에 영향을 미치면 언어학에서도 언어를 그러한 심리학적 관점에서 보려는 경향이 생기며, 또한 사회학적 영향을 받으면 언어의 사회성이 가장 본질적인 것으로 강조되는 경향이 생기는 것은 당연하다. 다윈C. Darwin의 진화론이 당시의 학계에 충격을 주었을 때 언어학에서 슐라이허의 언어 유기관이 나타나는 것을 보라. 그뿐만 아니라 각 언어학자의 이론적 배경에 따라서 언어를 보는 관점이 달라지는 것도 또한 당연하다. 이러한 경향은 비단 언어학뿐만 아니라 무형적인 것을 연구 대상으로 하는 인

문 과학에 공통된 형상이다. 그리하여 언어학에서도 연구 대
상인 언어를 일정한 관점에서 미리 분명하게 규정할 것을 강
조한 것이 소쉬르이다. 소쉬르가 〈대상이 관점에 앞서서 존
재하지 않고 일정한 관점에 의해서 대상이 정해진다〉고 말한
것은 바로 이러한 뜻에서인 것이다. 그리하여 소쉬르는 랑그
를 규정하기에 이른다.

2.2 연구 대상으로서의 랑그

소쉬르는 연구 대상을 규정하기 어려운 원인의 하나로 언
어 현상의 양면성을 들고 있다(Benveniste 1966 : 40).

조음/청각의 양면성
음성/의미의 양면성
개인/사회의 양면성
랑그/파롤의 양면성
자료/비자료적인 것의 양면성
기억에 의한 것(계열적인 것)/통합적인 것의 양면성
동일성/대립성의 양면성
공시적/통시적인 양면성

이러한 양면성 때문에 언어학의 완전한 대상을 찾기가 대
단히 어렵다. 만일 각 문제의 일면에만 집착한다면 두 양면
성을 보지 못할 위험성이 있고 또 언어 활동을 여러 면에서
동시에 연구한다면, 언어학의 대상이 잡다하고 걷잡을 수 없

는 혼합물로 보일 것이다. 이러한 혼란성 때문에 자율적인 대상을 찾기 어렵고 또 언어에 관한 모든 관찰에서 여러 양면성을 동시에 다루게 될 것이다. 단어 *nu*에는 조음 운동과 청각 영상, 또 음성과 의미의 양면성 등이 있어서 어떤 단일 차원이나 단일 기준에 의해서 단위를 추출할 수 없다. 그렇다면 이러한 다양성에 대해서 어떤 통일된 분석 방법이 가능한가? 이러한 난점을 해결할 수 있는 유일한 방법은 언어학이 그 연구 대상으로서 〈랑그 langue〉를 규정하는 것이라고 *CLG*(21)는 말하고 있다. 그렇다면 랑그란 무엇인가? 그것은 〈언어 활동(=랑가주 langage)〉과 구별되는 것이다(여기 관해서는 다음 3.1-3에서 설명된다). 랑그는 언어 활동의 한 부분이지만 가장 본질적인 것이며 랑그는 〈언어 능력의 사회적 산물인 동시에 개개인이 이 능력을 행사할 수 있도록 사회 집단이 채택한 필요한 약정의 총체이다〉(*CLG* 25). 여기 대해서 언어 활동은 〈전체적으로 볼 때 다양하고 혼질적이다. 여러 영역에 걸쳐 있고, 동시에 물리적, 생리적, 정신적인가 하면 또한 개인적 분야와 사회적 분야에 속한다〉(*CLG* 25). 여기 반해서 〈랑그는 그 자체가 하나의 전체이며 분류 원칙이다〉(*CLG* 25). 그러나 왜 랑그가 독자적인 전체이며 분류 원리가 되는지에 관해서는 여기서는 아직 아무런 설명이 없다.

이러한 견해에 대해서 다음과 같은 반박이 가능할 것이다. 언어 활동의 행사는 우리가 자연적으로 지니고 있는 능력에 의존하는 것인데 대해서, 랑그는 후천적으로 습득된 것이어서 생득적 본능에 종속되는 것이라고 반박할지 모른다. 즉 언어 활동은 생득적 본능에 의존하는 발성적 활동이기 때문에 랑그보다 본질적인 것이 아닌가 하는 것이다. 그러므로 언어학은 사회적 제약(즉 랑그)보다는 생득적 능력에 연구상의 우위성을 인정해야 할 것이 아닌가? ― 이렇게 생각할 수도 있는 것이다. 그러나 소쉬르에 의하면 언어는 사회적 제도이기 때문에 음성 장치는 언어 활동의 문제에서는 이차적인 것이다. 이러한 생각을 확인할 수 있는 것이 분절 articulation의 개념이다. 분절이란, 말의 연쇄를 음절로 구분하고 의미의 연쇄를 의미 단위로 세분하는 것이다. 이 분절 능력은 인간에게 생득적인 것이다. 그러므로 인간에게 생득적인 것은 발성적인 언어 활동이 아니라 분명하게 분절된 개념에 대응하는 분절된 음으로 이루어진 기호의 체계를 구성하는 능력이라고 할 수 있다. 소쉬르는 이것을 설명하기 위해서 실어증(失語症)을 든다. 실어증에서 손상되는 것은 어떤 음을 발음하고 어떤 기호를 쓰는 능력이 아니라, 어떤 도구를 써서 정상적 언어 활동의 기호를 환기시키는 능력이다. 요약하면, 여러 기관의 기능을 초월해서 더욱 광범위한 능력이 있어서 이것이 기호를 제어하는데 이것이야말로 언어 능력인 것이다. 그런데 언어 능력은 ― 그것이 생득적이든 아니든 ― 사회 집단이 만들어 준 도구의 도움에 의해서만 발휘된다고 소쉬르는 말한다(CLG 27). 이러한 정의에 의하면, 인간에게 생득적인 것은 발음 기관의 언어 활동 그 자체가 아니라 하나의 랑그를 조직하는 능력, 다시 말하면 분명히 분절된 기호 내용(소쉬르의 signifié)과 분명히 분절된 기호 표현(소쉬르의 signifiant)으로 이루어진 기호의 체계를 조직하는 능력이라고 할 수 있다. 따라서 분절 능력도 사회 집단이 만들어 준 도구의 도움으로써만 작용한다고 할 수 있다.

3 언어 순환과 랑그의 위치

3.1 언어 순환과 파롤과 랑그

*CLG*에서 여기까지는 랑그가 언어 활동의 일부로서 극히 일반적인 용어로 설명되고 있다. 그런데 랑그에 관한 본격적인 설명은 제3장 2절에서 전개되기 시작한다. 여기서 랑그에 대한 소쉬르의 기본적인 정의가 비로소 제시되는데, 이 정의에 의해서 그 다음 장에서 전개되는 랑그에 관한 모든 관찰이 해석되며, 또 이들 정의에 비추어서 소쉬르의 모순된 견해가 지적되기도 한다. 이처럼 제3장 2절의 〈언어 순환에서의 랑그의 위치〉는 소쉬르의 기본 사상을 이해하는 데 중요하다. 그러나 그들 정의는 소쉬르 언어학에서 랑그와 파롤 parole의 구별이 도입되는 과정에서 계속해서 발전하는 이론의 첫 부분에 지나지 않는다. 언어의 양면성(2.2 참조)에 기인하는 소쉬르의 여러 양분은 먼저 랑그와 파롤의 구별에서 시작되는데, 그는 무엇보다도 커뮤니케이션의 일반적 모델의 맥락에서 랑그와 파롤의 구별을 파악하려고 한다.

먼저 다음 그림에서와 같이 소쉬르가 언어 순환이라고 부르는 전형적인 언어 활동에서 두 대화자가 연결되어 있다고 생각하자.

이 순환에는 문제의 두 사람의 두뇌와 발음 기관과 귀 사

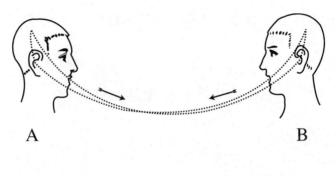

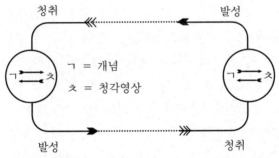

청취   발성

ㄱ = 개념
ㅊ = 청각영상

발성   청취

이를 연결하는 고리의 연쇄가 포함되어 있다. 언어 순환에 의하면, 예컨대 A가 B에게 무언가를 말했을 때 무엇이 일어나는가를 설명해준다. A의 두뇌에서 어떤 개념이 대응하는 〈청각영상 image acoustique〉을 환기시키면 다음에는 A의 발음 기관이 움직이게 되고 그렇게 해서 생긴 음파는 B의 귀를 자극하게 될 것이다. 이 청취 자극은 B의 귀에 전달되는데, 여기서 적절한 청각 영상을 환기시키고 다음에는 여기에 대응하는 개념을 환기시키게 될 것이다. B가 A에게 무언가 대답을 했다면, 이번에는 B의 두뇌에서 A의 두뇌로 똑같은 일이 반대 방향으로 행해질 것이다. 따라서 A가 〈지금 몇 시지?〉라고 물었을 때

B가 〈지금 6시야〉라고 대답했다면, 이 주고 받는 말은 소쉬르 모델에 의하면 언어 순환의 완전한 한 장면이 될 것이다.

위의 그림은 얼른 보기에는 대단히 분명하다. 그리고 주위를 환기시키기 위해서 A와 B를 연결하는 경로를 점선과 화살표로 표시하고 있다. 그러나 위의 그림을 잘 보면 불명확한 점이 있음을 발견할 수 있다. 그것이 *CLG*의 편집자들을 오도(誤導)했을지도 모른다. 첫째, *CLG*(30)에 의하면 파롤과 〈수행〉 부분은 동일하다. 그리고 *CLG*(31)에 의하면, 랑그는 청각 영상과 개념이 연합하는 수행 부분에 위치한다고 한다. 그러나 이 말 바로 뒤에서는 〈랑그는 언어 활동의 사회적 부분이며 개인의 밖에 있다〉라고 한다. 여기 다음과 같은 기술상의 모순이 보인다. 즉 랑그가 개인의 밖에 있는 것이라면, 랑그는 (청각 영상과 개념이 연합하는) 수행 부분에 위치할 수 없는 것이 된다. 왜냐 하면 파롤과 수행은 동일한 것이기 때문이다. *CLG*(30)에 의하면, 〈수행은 결코 집단에 의해서 행해지지 않기 때문이다. 그것은 항상 개인의 것이고 개인은 언제나 수행자이다. 우리는 그것을 파롤이라고 부르기로 한다〉라고 한다.

CLG(38)에 랑그와 파롤을 대비시킨 정의가 있으며, *CLG*(249)에 언어 단위의 〈동일성〉 문제가 설명되고 있고 *CLG*(150)에서 〈가치〉 문제가 설명되고 있다. 그런데 소쉬르 사상의 연속성을 복원하기 위해서는 먼저 제3부 8장 〈통시적 단위, 동일성 및 실재〉부터 시작해서 제2부의 3장 〈동일성, 실재, 가치〉와 4장 〈언어가치〉, 그리고 그 다음에 서론의 3장 〈연구의 대상〉에 이르러야 하고 여기서 랑그와 파롤의 대립이 설명되었어야 했을 것이다. 이 순서는 소쉬르의 양분 구

별을 이해하는 데 필요하다. *CLG*의 편집자들은 수강생들의
노트와 다른 자료를 조각조각 나누어서 뒤섞은 것을 다시 이
리저리 통합했기 때문에 *CLG*에서 전개되는 이론의 순서가
수강생들의 노트, 즉 소쉬르가 직접 강의한 것과 전혀 다른
것이 되고 말았다(제1부 제1장의 2.2 참조).

3.2 랑그

소쉬르는 막연하게 사용되고 있는 인간의 말을 세 가지로
구별하고 이들을 프랑스어 술어로 langue, parole, langage라
고 부르며 그 하나하나에 언어학적 개념을 부여했다(제1부
제2장 1.5 참조). 소쉬르가 이렇게 인간의 말을 삼분한 것은
근본적으로 언어학의 과학적 연구 대상을 엄밀하게 규정하
려는 데서 비롯된 것이다. 그리고 소쉬르는 언어학의 연구
대상으로서 랑그에 우위성을 인정했던 것이다. 그런데 위의
세 가지 프랑스어 술어를 다른 언어로 번역하기가 대단히 어
렵다. 그 이유는 프랑스어에서는 위의 세 가지 용어가 구별
되지만 다른 언어에서는 여기 해당하는 세 가지 용어를 구별
하기가 어렵기 때문이다. 엥글러(Engler 1968)의 소쉬르 용어
번역 대조표에 의하면 다음과 같은 번역 용어가 있다.

〈프랑스어〉	〈독일어〉	〈영어〉
langage	Rede	speech
langue	Sprache	language
parole	Sprechen	speaking

필자는 이 책에서 소쉬르의 langue는 〈랑그〉, parole은 〈파롤〉로 부르기로 하고, langage는 〈언어 활동〉이라고 부르기로 한다.

소쉬르의 언어 활동은 인간의 보편적인 언어 능력 또는 추상화 능력 그리고 그 활동을 의미한다. 그러므로 langage는 〈언어 능력〉 또는 〈언어 활동〉으로 번역할 수 있는 용어로서 생득적인 보편적 잠재 능력이다. 그리고 이 언어 활동에서 랑그와 파롤이 구별되는 것이다. 이 관계는 언어 활동＝랑그＋파롤로 표시할 수 있다. 그렇다면 랑그와 파롤은 무엇을 의미하는가?

인간의 잠재적 언어 능력 혹은 언어 활동이 각 개별 사회에서 그 사회에 고유하고 독특한 구조를 가진 제도로 나타나는 것이 랑그다. 다시 말하면 언어 활동 그 자체는 구조가 아니지만, 이것이 개별 사회에서 독자적 구조를 가진 일종의 사회 제도가 된 것을 랑그라고 한다. 예를 들어, 가족이라는 것은 어느 인간 집단에도 공통적으로 나타나는 보편적인 특징이지만 그것이 민족에 따라서 여러 가지 형태로 나타나는 것과 같이, 인간의 말도 그 기능은 동일하지만 언어 공동체에서 각기 독자적인 구조를 가진 것으로 나타난다. 한편 개인이 랑그의 문법 규칙에 따라서 자기의 의사를 전달하기 위해서 말하는 구체적인 행위를 파롤이라고 한다. 그러므로 랑그는 잠재적 구조이고 파롤은 구체적으로 나타나는 것이다.

랑그와 파롤의 관계를 보다 명확하게 하기 위해서 마르티네는 〈코드 code〉와 〈메시지 message〉라는 용어를 도입해서 설명한다. 어느 정보가 발신자로부터 수신자에게 전달되고 또 이해되기 위해서는 양자가 동일한 코드를 사용해야 한다. 발신자는 그 코드에 의해서 정보를 부호화하고 수신자는 그와 동일한 코드, 즉 부호에 의해서 해독한다. 이 공통된 코드가 한국 사람에게는 한국어이고 프랑스 사람에게는 프랑스어인 랑그이며, 여기 맞추어서 음성으로 발성한 구체적인 메시지가 파롤인 것이다. 그러면 소쉬르는 랑그를 어떻게 설명하고 있는가?

CLG(31-2)에서 비로소 랑그에 대한 구체적인 설명이 보이며 랑그의 특질을 다음과 같이 네 가지로 요약하고 있다.

1) 랑그의 사회성. 랑그는 언어 활동의 사회적 부분이며 개인의 밖에 있는 부분이다. 따라서 개인은 혼자서 창조할 수도 없고 변경할 수도 없다. 랑그는 공동 사회의 성원들 사이에 맺어진 일종의 계약에 의해서만 존재한다.

2) 자율성. 랑그는 파롤과 분명하게 구별되는데 파롤에서 분리해서 연구할 수 있는 대상이다 — 언어학은 언어 활동의 다른 요소는 필요 없을 뿐만 아니라, 그러한 다른 요소들과 혼합되지 않아야만 존재할 수 있다.

3) 기호 체계. 언어 활동은 이질적인 것인데 반하여 랑그는 동질적 성격을 띠고 있다. 그것은 기호의 체계인데, 여기서는 의미와 청각 영상의 결합만이 본질적인 것이고 기호의 이 두 양면은 똑같이 심적인 것이다.

4) 랑그의 구체적 성격. 랑그는 파롤에 못지 않게 구체적 성격을 가진 대상이며 이 점은 연구하는 데 큰 이점이 된다. 언어 기호는 본질적으로 심적인 것이지만 추상적인 것은 아니다. 여기서 〈구체적〉이라고 함은, 〈발화 주체 sujet parlant〉

가 느끼고 있는 것이라는 의미로서 〈현실적 réel〉과 거의 같은 의미로 사용되고 있다. 랑그에서 발화 주체의 의식에 나타나는 것은 모두 구체적이다.

CLG(30, 32)에 의하면, 랑그는 동일 사회에 속하는 화자들의 머리 속에 저장된 보물이며 또한 기호 체계이다. 그러나 랑그는 각 뇌리에, 혹은 더 정확히 말한다면, 모든 개인의 뇌리에 잠재적으로 존재하는 〈문법 체계〉이다(CLG 30). 이와 같이 랑그는 기호의 체계일 뿐만 아니라 문법 체계이기도 하다. 그런데 CLG(38)는 랑그를 설명하면서 마치 〈개인이 동일한 사전을 한 권씩 소유하고 있는 것과 흡사하다〉고 말하고 있다. 이러한 비유에 의해서 랑그는 단순히 단어와 같은 요소의 총화라는 오해를 불러 일으키기도 했다. 그러나 소쉬르는 이미 제2차 강의에서도 다음과 같이 말하고 있다. 〈사람은 잠재적으로 뇌리에 있는 것, 즉 모든 문법을 파악함으로써 이 사회적 소산을 나타낼 수 있다〉(Godel 1966 : 169)고 했다. 또 〈그리하여 문법적 계열은 충분히 랑그 속에 있다〉(Godel 1966 : 152)라고도 했다. 그러면 소쉬르가 생각한 문법이란 무엇인가? 정태 언어학, 즉 언어 상태의 기술을 문법이라고 하겠고, 이것은 공존적 가치가 작용하는 복잡하고도 체계적인 것을 다루는 것이라고 한다(CLG 185). 따라서 소쉬르의 랑그는 촘스키가 말하는 규칙 체계와 동일한 것은 아닐지라도 그것이 결코 단순한 요소들의 체계적 목록만은 아니다. 랑그는 본질적으로 문법적인 것이라고 하겠고 〈문법은 랑그를 표현 수단의 체계로서 연구하는 것이다〉(CLG 185).

3.3 언어 능력/언어수행 및 랑그/파롤

촘스키는 언어 능력 competence과 언어 수행 performance
을 구별하여 설명하면서 이 구별은 소쉬르의 랑그와 파롤의
구별과 관계가 있으나, 소쉬르가 랑그를 다만 사항의 체계적
목록으로 보는 데는 반대한다고 말한 바 있다(Chomsky
1965 : 4). 그는 다시 소쉬르가 랑그를 근본적으로 문법적 특
징을 지닌 기호의 축적, 즉 단어 비슷한 요소 또는 어떤 제
한된 구형(句型)의 축적으로 보고 있다고 말한다. 그러나 일
면 촘스키는 애매하지만, 소쉬르가 말하는 〈언어의 메커니즘
mécanisme de la langue〉에 의하면 달리 해석될 가능성도
있다고 아울러 말하고 있다. 이 촘스키의 견해는 소쉬르의
랑그가 정확하게 이해되지 않고 있는 한 예를 단적으로 보여
주는 것이다. 소쉬르가 분명히 말하고 있는 바와 같이 랑그를
용어집 정도로만 생각하는 것은 피상적인 생각이다(CLG 34).
  촘스키의 언어 능력과 언어 수행이 소쉬르의 랑그와 파롤
과 유사하지만 근본적인 차이가 있는 점에 유의해야 한다.
언어 능력이나 랑그가 실제적 발화 배후에 있는 구조화된 기
호의 체계를 생각하는 점은 대단히 유사하다. 그러나 랑그는
사회적 소산이라고 보는 것에 대해서, 언어 능력은 개인의
정신적 소산이라고 보는 점에서 본질적으로 다르다. 언어의
체계가 사회적 소산이라면, 그것이 창조적이 될 수는 없다.
한편 정신적 소산이라면, 인간의 정신은 창조적이기 때문에
그 일부를 이루는 언어 능력도 창조적이라는 특징을 가지게
될 것이다.

가데(Gade 1987 : 27)는 오늘날 소쉬르를 어떻게 평가할 것인가를 묻고, 그것은 곧 우리들이 언어학 이론에 무엇을 기대하고 있는가 하는 문제가 된다고 하며 세 가지 문제를 들었다. 첫째는 〈언어의 활동 가운데서 무엇이 새로운 발화의 창조를 가능하게 하고 있는가를 이해하는 것〉이라고 강조하고 있다. 그러나 동시에 〈언어 활동〉에 관한 연구에서 〈언어학자의 고유한 과제가 무엇인가〉를 생각해야 한다고 말하고 있다. 그러나 언어 능력의 창조성 연구가 언어학적으로 어느 선까지 전개 확대되어야 하는가 하는 것은 어려운 문제이다. 가데는 세번째 문제로서 〈될 수 있는 대로 많은 랑그 사실을 설명하는 것〉을 들고 있다.

4 기호론

4.1 소쉬르의 기호론

기호론은 소쉬르가 남긴 유산 가운데서 가장 중요한 것 중의 하나이다. 그러나 기호론은 〈아직 존재하지 않기 때문에 어떤 것이 될지 모른다. 그런데 그것은 존재할 권리가 있고 그 위치는 이미 결정되어 있다〉고 한다(*CLG* 33). 그러므로 소쉬르가 말한 기호론은 그 기반이 충분히 다져져 있지 않음을 알 수 있다. 소쉬르는 겨우 기호론의 윤곽만을 제시했을 따름이다. 그럼에도 *CLG*의 편집자들은 그것을 〈결정적인 형태〉로 제시하려고 했을지도 모른다. 그러나 소쉬르의 기호론에는 불완전함이 그대로 노출되어 있다. *CLG*를 보면, 서론에 기호론에 관한 설명으로 겨우 4쪽이 할애되어 있을 따름이고(*CLG* 32-5. 실제로는 2쪽 반 정도의 분량), 또 언어 기호의 자의성 원리를 설명한 곳(*CLG* 149)에서 한 마디 언급이 있다. 이렇게 기호론에 관한 설명과 언급이 겨우 세 곳 뿐이고 그것도 모두 합해서 1,000개의 단어를 넘지 못하는 분량이다. 그러나 소쉬르의 기호론에 관한 이 짤막한 제안은 뒤에 큰 영향을 미치게 된다. 그는 비록 기호론에 관한 원리를 체계적으로 전개하지는 못했지만, 그가 강조한 것에는 독창성이 엿보인다. 다음에 소쉬르 자신의 설명을 들어보기로 하자.

소쉬르에 의하면, 언어는 무엇보다도 기호의 체계이다. 따라서 언어학은 기호의 과학에 의거해야 한다고 했다. 그런데 〈사회 생활에 있어서의 기호의 생태를 연구하는 과학을 생각할 수 있다. 그것은 사회 심리학의 일부를 이룰 것이며, 따라서 일반 심리학의 일부를 형성할 것이다〉(*CLG* 112). 그러나 소쉬르는 언어가 기호론에서 특별한 위치에 있다고 한다. 언어는 〈[기호]체계에서 가장 중요하며〉(*CLG* 33) 또 〈그것은 기호론의 일반적 대표가 될 수 있는 것〉(*CLG* 101)이기도 하기 때문이다. 따라서 〈언어학자의 임무는, 무엇 때문에 언어가 기호론적 현상의 총체 속에서 하나의 특수한 체계를 이루게 되는가를 정의하는 것이다〉(*CLG* 33). 그렇다면 왜 언어가 기호 체계에서 가장 중요하며 또 기호론의 대표가 될 수 있는가? 그것은 언어가 가장 복잡하게 발달한 자의적 기호의 체계이기 때문이다.

사실 소쉬르는 기호론에 관해서 그 윤곽만을 제시했을 뿐이고 특히 인접 과학과의 연관성을 고려하여 기호론을 어떻게 분류할 것인지에 관해서 상당한 관심을 보여주고 있다. 이것은 당시의 시대적 관심이라고 해도 좋은 것이다. 기호론(혹은 언어학)과 심리학의 관련성에서 볼 때 기호론에 어떤 위치를 부여해야 할 것인가?(*CLG* 33) 소쉬르는 기호론을 일반 심리학의 일부라고 했다. 또 한편 사회학과의 관련성은 어떤가?

소쉬르가 봉직했던 주네브 대학의 학장 나빌 A. Naville은 1901년 『과학의 새로운 분류 *Nouvelle classification des sciences*』라는 저서를 발간한 바 있는데 이 책은 소쉬르 연구에서도 참고가 된다. 나빌은 이 책에서 특히 소쉬르를 참고하면서 기호론에 관해서 다음과 같이 언급하고 있다. 〈소쉬르는 대단히 일반적인 한 과학의 중요성을 강조했다. 그것은 기호론이라고 부를 수 있는 것으로서 그 대상은 기호와 그 의미의 창조, 변화의 법칙이 될 것이다. 기호론은 사회학의 본질적인 한 부분이다〉(Mauro 1972 : 352). 여기서는 소쉬르가 기호론을 사회학에 귀속시키고 있는 것으로 되어 있다.

4.2 기호론의 영역과 체계

소쉬르는 기호론적(언어적) 제도와 사회 제도가 구별되어야 한다고 생각하고 기호론적 체계의 특유한 성격을 밝히려고 했다. 〈언어학적 문제는 무엇보다도 기호론적 문제이다〉(*CLG* 34)라고 했을 때, 그것은 기호론적 제도의 특수성을 연구해야 함을 시사하는 것이다. 실은 소쉬르 자신도 이 특수성을 모색하고 있었다. 소쉬르는 기호론을 〈기호의 자의성에 기반을 둔 채 체계의 전체를 …… 그 중요한 대상으로 한다〉(*CLG* 100)고 보고 있으나 곧 다음과 같이 말하고 있다. 〈기호론이 성립되었을 때, 완전히 자연적인 기호에 입각한 표현 양식 — 판토마임과 같은 것 — 이 당연히 기호론의 분야에 속하는가 하는 점을 물어보아야 할 것이다〉(*CLG* 100). 여기서 우리는 소쉬르의 생각이 여러 가지 가능성을 시사하고 있으나 아직도 그 이론이 다듬어져 있지 않음을 엿볼 수 있다. 그러나 여기서 강조되어야 할 것은 기호가 자연적인 것이라면 분석할 것이 전혀 없다는 것이다.

또 소쉬르가 강조하는 것은, 인간은 의미를 전달하기 위해서 소리를 내며 몸짓을 하고 또 어떤 행위를 하기 때문에, 이러한 활동을 분석하고 그것이 의거하고 있는 습관의 체계를 명시적으로 밝힐 학문이 있어야 한다는 것이다. 그런데 〈언어는 관념을 나타내는 기호 체계이므로 서기(書記), 수화법, 상징적 의식, 예법, 군용 신호 등에 비할 만하다. 언어란 단지 이들 체계 중에서 가장 중요한 것일 뿐이다〉(*CLG* 33). 그러므로 〈의식, 관습 등〉도 〈기호로서 고찰한다면, 이 현상들이 새로운 모습으로 나타날 것이고 또 이들을 기호 속에 묶어서 이 과학의 법칙에 따라서 설명할 필요성을 느끼게 될 것이다〉(*CLG* 35).

정중한 인사와 버릇없는 인사를 구별하는 것은 무엇인가? 또 젊은 여성들의 미니 스커트는 유행복이고 무릎까지 내려오는 스커트는 유행이 지난 옷이다. 그렇다면 그것을 구별하는 것은 무엇인가? 그것을 구별하는 것은 고립된 어떤 특징이 아니라 차이 — 이 경우는 길고 짧은 차이 — 의 체계인 것이다.

그리하여 기호학은 인간의 행위나 그 산물이 의미를 전달하고 그들의 기호로서 기능하는 한, 그 기저에는 체계가 있는 것이다. 기호가 있으면 체계가 있다. 기호 활동의 본질적인 성질을 결정하려면 무엇보다도 기호론적 체계를 고려해야 한다고 본다.

4.3 기호론의 확대

기호론에 관한 소쉬르의 제안은, 그것이 비록 불완전한 것이었지만, 그것이 갖는 의의는 대단히 크다. 다음에는 소쉬르가 시사한 기호론이 어떻게 전개되는가를 간단히 보기로 한다. 소쉬르가 시사한 기호론의 중요성이 의식되기 시작한 것은 20세기 중반부터이다. 프랑스의 저명한 인류학자 레비-스트로스(C. Levi-Straus, 1960)는 인류학을 기호론의 한 분야로 규정하고 인류학의 기본 개념의 토대가 된 기호론을 개척한 학자는 소쉬르라고 했다.

레비-스트로스는 언어학에서 특히 음운론의 발전을 들고 인류학자는 언어학자를 모범으로 하여 특히 〈음운론 혁명〉에 비할 만한 무엇인가를 연구해야 한다고 강조했다. 음운론은 고립된 사항이 아니라 사항 사이의 관계, 즉 관계의 체계를 연구하는 것이다. 그런데 음운론은 의식적으로 파악되거나 또는 지각되는 현상에서 그들의 〈무의식적인 하부구조〉

를 찾으려고 한다. 즉 무의식적인 관계의 체계를 추구하는
것이다. 이와 같은 것을 인류학자도 연구해야 한다고 레비-
스트로스는 강조하는 것이다. 의미를 지닌 행동이나 사물을
탐구하기 위해서, 즉 기호 작용의 현상을 분석하기 위해서
인류학자는 기저의 관계 체계, 즉 어떤 문화의 성원이 의식
하지 않는 관계 체계를 설정하고 그러한 관계 체계 내에서
개개의 요소 또는 대상의 의미는 다른 요소 또는 대상과의
대비에 의해서 결정되는 것으로 보아야 한다고 레비-스트로
스는 강조한다.

　자연 과학에는 랑그와 파롤의 구별에 대응하는 것이 없다.
즉 연구해야 할 제도라든가 또는 관습적 체계가 존재하지 않
는다. 그러나 인문 과학에서는 대상 자체와 그 대상에 의미
와 가치를 부여하는 변별적 특질의 체계를 구별해야 한다.
그런데 그러한 체계의 기술은 음운론 연구와 대단히 유사하
다고 트루베츠코이 N. Trubetzkoy는 지적했다.

　그리고 그것을 설명하기 위해서 든 한 예는, 인류학자나
사회학자가 할 수 있는 의복에 관한 연구다. 어떤 옷을 입고
있는 사람에게는 물질적 의복 그 자체의 특성이 중요한 것이
다. 그러나 인류학자는 그러한 물질적 특색에는 관심이 없고
사회적 의미를 띤 특성에만 관심을 갖는다. 그리하여 스커트
의 길이는 어떤 문화의 사회에서는 어떤 의의를 가질 수 있
다. 그러나 스커트를 만든 천 자체는 아무런 의미도 없다. 여
기서 중요한 것은 트루베츠코이가 의복을 기호로 본 데 있
다. 이렇게 해서 기호론의 영역이 크게 확대될 수 있음을 시
사한다. 어느 문화의 내부에서 의미를 가지는 것은 무엇이든

기호이므로 기호론적 연구의 대상이 된다면 기호론은 인문 과학과 사회 과학에 속하는 큰 영역을 포함하는 것이 될 것이다. 어느 영역이건 — 음악, 건축, 광고, 유행, 문학 등 — 기호의 관점에서 고찰할 수 있는 것이다.

4.4 기호론의 전개

현대적 의미의 기호론은 소쉬르와 퍼스 C. S. Peirce가 선구자이다. 특히 20세기 후반 프랑스 언어권에서 활발하게 연구된 기호론은 소쉬르가 구상한 기호론의 전개라고 할 수 있다. 그들 연구는 소쉬르가 말한 〈아직 존재하지 않은〉 기호론의 가능한 존재 형태를 예상하는 시도라고 할 수 있다.

프리에토(L. J. Prieto, 1968)는 기호론을 양분하여 〈커뮤니케이션 기호론〉과 〈의미 작용 signification 기호론〉을 구별했으며 이 구별은 그후 여러 학자에 영향을 미친다. 프리에토에 의하면, 그는 기호론의 연구 대상을 신호 signal로 한정함으로써 일반 기호론의 과학적 기초를 마련하려고 했다. 신호란, 커뮤니케이션을 위해서 의도적으로 만들어지고 그 의도가 상대방에게 분명하게 인지되도록 발신되는 표현이다. 그러므로 미니스커트의 의미 작용과 같이 전달을 목적으로 하지 않은 현상은 참다운 커뮤니케이션의 문제가 될 수 없으며 기호론의 대상에서 벗어난다. 커뮤니케이션 기호론은 프리에토(Prieto, 1966)에서 상세하게 전개되고 있다. 그것은 커뮤니케이션을 위한 언어를 포함한 기호 행위와 그 체계에 관한 일반 이론을 구축하려는 시도이다.

프랑스의 기호론의 실질적 개척자는 바르트 R. Barthes이다. 그때까지의 기호론적 연구가 대개 원리론이었던 것에 대해서 바르트(Barthes 1964)는 본격적인 응용 기호론의 최초의 성과라고 할 수 있다. 바르트는 프리에토가 구별한 〈의미 작용의 기호학〉을 대표하는 학자이다. 바르트는 소쉬르와 정반대로 〈기호학은 언어학의 한 부분이다〉라고 규정함으로써 커다란 물의를 일으킨 바 있다. 바르트의 그러한 규정에는 다음과 같은 관점이 내포되어 있다. 즉 어떤 비언어적인 것의 의미 작용을 보더라도 〈무엇이 무엇을 의미하는가를 분명하게 의식하려면 결국 언어에 의한 본질에 의존할 수밖에 없다. 기호론자는 언어 이외의 자료를 대상으로 하고 출발하더라도 도중에서 언어 활동을 대상으로 하게 된다〉. 〈유행의 체계〉는, 기획 단계에서는 실제로 유행 의복을 분석하려 하지만, 결국은 유행 잡지의 언어에 의해서 기술되는—그런 의복 구조 분석이 된다. 유행의 기호 체계에서는 그 시니피앙과 시니피에는 〈언어화〉됨으로써만 분절된다. 모든 〈의미 작용〉은 언어에 의한 분절에 의해서 발생하기 때문이다. 이것이 바르트의 견해다.

제 2 장 일반 원리

1 언어 기호의 성격

1.1 기호 signe와 기호 내용 signifié과 기호 표현 signifiant

소쉬르는 서설에서 언어학의 연구 대상을 규정하고 언어 연구의 원리적 구상을 제시했다. 그리고 연구 대상 설정의 기본 원리가 랑그와 파롤의 구별에 있으며 이 양자가 랑가주를 이루는 것임은 재론의 필요가 없을 것이다. 그리고 소쉬르는 언어학의 연구 대상으로서 랑그의 우위성을 인정했다. 그러나 여기에서는 랑그가 정확히 무엇이며 또 그것을 어떻게 연구하는가에 관해서는 상세한 설명을 하고 있지 않다. 다만 랑그는 사회적 사실이며 초개인적 성격을 띠고 있는 것이라는 점만을 지적했을 따름이다. 그리고 나서 다음 제1부 〈일반 원리〉에서 언어 기호의 성격 특히 기호의 양면성을 고찰하게 된다. 그런데 소쉬르의 언어 이론 전개에서 연구 대상 규정에 이어 중요한 고찰 대상으로 부각된 것이 언어 기호인 것이다. 언어학의 연구 대상인 랑그에서 가장 본질적인 것이 바로 언어 기호이기 때문이다. 소쉬르에 의하면 언어학은 기호학의 한 부분을 이루는 것이다.

소쉬르는 언어 기호의 기본적 특징으로서 언어 기호의 〈자의성 arbitraire〉과 〈선형성(線形性, linéarité)〉을 들었다. 소쉬르의 언어 이론을 논의하는 데 있어서 이들 특징이 어떻게 해석되어야 하는가는 중요한 과제의 하나가 된다. 특히 전자는 오랫동안 논란의 대상이 되어 왔고 지금까지도 논란이 계속되고 있는 문제이다.

소쉬르는 언어 기호의 기본적 특징을 설명하기 위해서 먼저 언어를 사물에 대한 명칭의 목록으로 보는 견해를 비판한다. 언어의 명칭 목록 nomenclature 견해에 의하면, 언어는 사물에 대응하는 같은 수의 명칭의 목록이라는 것이다. 소쉬르는 이러한 언어관을 비판하는데 특히 다음 세 가지 점을 들고 있다. 첫째, 명칭 목록관에 의하면, 명칭보다 앞서 개념이 이미 형성되어 있는 것을 전제로 한다. 둘째, 그 명칭이 음성적인지 아니면 심리적인 것인지 밝혀주지 않고 있다. 셋째, 명칭과 사물의 결합 관계가 단순한 것임을 시사하고 있다. 그러나 이들이 무엇을 비판 대상으로 하고 있는지 정확히 판단하기가 어렵다.

소쉬르는 성서에 나오는 명칭 기원에 관한 이야기를 비판하고 있는가? 마우로(Mauro 1972 : 439-40)에 의하면, 소쉬르가 창세기에 나오는 아담 Adam이 사물의 명칭을 지어주었다는 이야기를 언급한 원고가 있다. 한편 철학적으로 한층 복잡한 어떤 이론을 비판하고 있는가? *CLG*가 말하고 있는 것은, 오직 〈어느 사람은〉 언어의 본질을 사물의 명칭 목록으로 보고 있다는 점이다. 그렇다면 그 〈어느 사람〉이란 누구를 두고 하는 말인가?

소쉬르가 암묵 중에 비판하고 있는 것은 어떤 철학적인 문제가 아니라 19세기에 풍미했던 언어관이라는 점을 감안한다면, 위에서 제시된 세 가지 문제의 초점이 어느 정도 확실해질 것이다. 그 실마리는, 소쉬르가 언어의 명칭 목록관은 사물과 명칭을 결합시키고 있다고 비난하면서, 곧 이어서 이런 견해는 〈개념〉이 이미 주어져 있다거나 또는 〈사물〉이 미리 주어져 있다고 가상하는 것을 비판하고 있는 데서 찾을 수 있을 것이다. 소쉬르가 비판하는 것 중에서 가장 중요한 것은 언어 기호의 구성 요소가 물리적인 것이 아니라 심적인 것이라는 점이다. 소쉬르에 의하면, 언어 기호가 결부시키는 것은 사물과 명칭이 아니라 개념 concept과 청각 영상 image acoustique을 결합시키는 것이다(CLG 98). 청각 영상이란, 물리적 소리가 아니라 〈그러한 음의 심적 각인(刻印)〉이며 따라서 〈감각적〉인 것이다(CLG 98). 청각 영상의 심적 특징은 우리 자신의 언어 활동을 관찰해 보면 분명하게 드러난다. 우리는 입술이나 혀를 움직이지 않고서도 혼자 말을 해 보거나 시 한 구절을 마음속에서 읊어볼 수도 있다. 이와 같은 심적인 청각 영상에 대해서 물리적인 음을 소쉬르는 〈자료적 matérielle〉이라고 표현하고 있다.

CLG(99)는 여기서 〈기호 표현=청각 영상〉과 〈기호 내용=개념〉 그리고 〈기호 signe(=기호 표현+기호 내용)〉라는 용어를 도입한다. 이것은 일반적으로 사용되는 기호라는 말에서

야기될 수 있는 오해를 피하기 위한 것이다. 언어 기호는 현실적인 사물과 그에 대한 명칭이 결합된 것이 아니다. 언어 기호는 음의 심적 각인인 기호 표현과 감각의 정신적 표상으로서의 기호 내용이라는 두 요소가 결합한 양면성을 지니고 있으며, 이 양자의 관계는 한 장의 종이의 앞면과 뒷면과 같이 불가분의 것이라고 설명한다. 이런 점에서 볼 때 과거의 언어 명칭 목록관에도 일리는 있다. 그것은 언어 단위가 사물과 명칭이라는 요소로 구성된 양면적인 것임을 시사하고 있기 때문이다. 그러나 언어 명칭 목록관에서 본 언어 기호의 양면성은 소쉬르가 말하는 기호 표현과 기호 내용과는 근본적으로 다른 것이다. 언어 명칭 목록관의 소박한 생각에 의하면 표현해야 할 사물이나 개념은 랑그 이전에 이미 형성되어 있었다. 그러나 사실은 그렇지 않다. 소쉬르(*CLG* 155)는 다음과 같이 설명하고 있다. 심리적으로 보았을 때, 우리의 사상은(단어에 의한 그 표현을 도외시한다면) 형태가 없는 불분명한 덩어리에 지나지 않는다. 사상 그 자체는 성운(星雲)과 같아서 그 속에는 필연적으로 구분되어 있는 것이 하나도 없다. 그리하여 〈미리 형성되어 있는 개념은 없으며 언어가 나타나기 전에는 무엇 하나 분명한 것이 없다〉(*CLG* 155)고 한다. 이러한 사실은 몇몇 언어를 대조, 비교해 보면 알 수 있다. 만일 단어가 미리 존재하는 개념을 표시한다면 각 언어마다 하나의 개념에 해당하는 대응어가 있을 것이다. 그러나 이러한 생각은 상식적인 것이며 사실과 거리가 멀다. 이것을 설명하기 위해서 소쉬르는 여러 언어의 단어를 비교하고 있다. 독일어에서는 *mieten* '빌리다'와 *vermieten* '빌려 주다'의 두 용어를 쓰는데 프랑스어에서는 '빌리다'건 '빌려 주다'건 상관없이 *louer* (*une maison*) 한 용어만을 사용한다. 프랑스어의 *mouton*(양, 양고기)과 영어의 *sheep*는 의미가 같다고 할지 모르지만, 영어에서는 요리해서 식탁에 오른 한 점의 양고기에 대해서는 *sheep*라고 하지 않고 *mutton*이라고 한다. 위에 첫 예에서는 관념의 세계에서 프랑스어는 *louer* 하나만을 구분하는 데 대해서 독일어에서는 두 가지를 구분하고 있다. 또 다음 예에서는 프랑스어에서는 하나만을 구분하는데 대해서 영어에서는 두 가지가 구분되고 있다. 이처럼 현실적인 순수한 관념의 세계 속에서 어떤 개념을 절단하여 구분하는 것이 언어마다 다름을 알 수 있다. 그러므로 기호 내용의 개념은 현실 세계에 이미 주어진 것이 아니라, 각 언어마다 일정하게 한계가 그어지며 구분되어 비로소 형성되는 것임을 알 수 있다. 그러므로 그 개념은 언어에 의해서 형성된다고 할 수 있다. (이 문제는 〈언어 가치〉에 관한 부분에서 다시 설명될 것이다.) 이러한 기호 내용과 기호 표현이 결합해서 언어 기호가 이루어지는 것이다.

　이 관계를 설명하기 위해서 *CLG*(99)에 다음과 같은 그림이 있다.

　*CLG*가 제시한 이 그림은 분명하다기보다는 오히려 너무

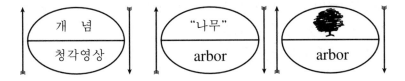

도 단순하고 오해를 불러 일으킬 만한 소지조차 있다. 위의 그림 중에서 세번째 것은 편집자들이 그려 넣은 것이고 또 이들 그림의 양쪽에 있는 화살표도 모두 편집자들이 그려 넣은 것이다. 마우로(Mauro 1972 : 441)에 의하면, 편집자들의 사소한 첨부(添附)가 대단히 심각한 결과를 가져오는 한 예를 보여주는 것이라고 한다.

언어 기호의 내용은 현실적 〈자료적〉인 것이 아니라 언어마다 일정하게 한계가 그어져있는 것임은 이미 위에서 강조한 바 있다. 이와 같이 현실을 떠나서 기호 내용을 생각하는 것이 실은 소쉬르에게도 용이한 일이 아니었던 것 같으며, *CLG*를 읽는 우리들에게도 *CLG*에 나타나는 몇 가지 모순 때문에 분명하지 않은 것이 있다. 먼저 위의 세번째 그림을 보자. 타원형의 위 부분은 기호 내용을 표시하고 아래 부분은 기호 표현을 표시하고 있으며, 타원은 기호의 한계를 확정하고 화살표는 기호의 양면이 불가분의 관계에 있음을 강조하는 것으로 이해해야 할 것이다. 그러나 이것은 제2장 3.1에서 본 〈파롤 순환〉을 특징짓는 〈발성〉과 〈청취〉의 양면성과 관계가 있다. 바로 여기에 오해를 불러 일으킬 소지가 있는 것이다. 왜냐 하면, 기호 내용 면에서는 한계가 확정된 현실 영역이 존재하고 그것에 기호 표현 arbor가 결부된 것이라는 오해를 일으키고, 또 한 개의 기호 표현(즉 arbor)이 존재하고 여기에 (그림과 같은 현실적 나무의) 개념이 결부되어 있다는 오해를 불러 일으킬 것이다. 이러한 견해는 결국 소쉬르가 비판하는 언어의 명칭 목록관에 되돌아가고 마는 것이다.

그러면 편집자들이 그려 넣은 세번째 그림과 각 그림 양쪽에 있는 화살표를 모두 제거하면 어떤 결과가 되는가? 세번째 그림을 제거하면 개념과 청각 영상의 관계가 대단히 단순한 것이 된다. 그리하여 양자의 관계를 단순하게 설명하기 쉬운 것 같지만 어느 면에서는 그 관계를 설명하기가 더 어려워진다. 자칫하면 언어 명칭 목록관에 되돌아가기 쉽다. 양자의 관계에 대한 소쉬르의 본질적인 견해는 *CLG*의 다른 곳에서 더 분명해진다. 기호 표현과 기호 내용이 미리 존재하고 그것이 이차적으로 개입하는 관계에 의해서 결합하는 것이 아니라 랑그의 차원에서 한 기호 내에서 기호 표현과 기호 내용이 형성되고 결합하는 것이다. 그리하여 현실적 차원에서 독립된 랑그를 규정하게 되고 또 동시에 랑그는 기호 표현과 기호 내용 사이를 결합시켜 주는 것이 된다. 이것은 흔히 간과되지만, 소쉬르의 언어 기호에 대한 본질적인 개념이다. 이 문제는 다음 절에서 보다 확실해질 것이다.

1.2 기호의 제1원리 : 기호의 자의성(恣意性)

〈기호 표현을 기호 내용에 결합시키는 관계는 자의적이다〉(*CLG* 100). 소쉬르는 언어학의 제일 원리로 이 정의를 들고 있다. 그리고 이렇게 정의된 기호의 자의성은 소쉬르의 언어 이론 중에서 가장 많은 논쟁을 불러 일으킨 것 중의 하나이기도 하다.

우리는 여기서 〈자연론자 naturalist〉와 〈관습론자 conventionalist〉의 철학적 논쟁을 상기하지 않을 수 없다. 소쉬르의

자의성은 그리스 이래 오랫동안 철학적 논쟁의 대상이 되어
온 문제와 관계가 있기 때문이다.

플라톤 Platon의 『크라튈로스 *Kratylus*』에서 자연론자와 관
습론자의 언어관이 논의되고 있음은 주지의 사실이다. 전자
에 의하면 말의 기원은 자연적이며 단어와 그것이 가리키는
사물 사이의 관계는 자연적인 것임에 반하여, 후자에 의하면
언어는 하나의 관습, 다시 말하면 어떤 사물에 어떤 명칭이
관습적으로 결합된 하나의 계약인 것이다. 그리하여 소쉬르
의 자의성도 결국 전통적인 철학적 자의성, 즉 명칭과 사물
사이의 관계를 규정하는 것과 같은 것이라고 생각될지도 모
른다. 그러나 우리는 소쉬르의 용어와 철학적 논쟁에서 사용
되는 용어 사이에 차이가 있는 점에 주목해야 한다. 철학적
자의성은 〈사물〉과 〈명칭〉과의 관계에 관한 것이다. 그러나
소쉬르가 말하는 자의성은 기호 표현이 어떤 내부적 관계에
의해서도 기호 내용과 결합되지 않는다는 것이다. 즉 〈기호
표현이 기호 내용과 결합하는 관계가 자의적〉이다.

그러나 우리는 여기서 어떤 혼란에 휘말리지 않도록 해야
한다. 그 혼란의 소지는 바로 *CLG* 자체에 있다. 언어 기호의
자의성을 설명하면서 *CLG*에서는 다음과 같이 말하고 있다.

〈가령 〈누이〉라는 개념은 그것의 기호 표현으로 쓰이는
*s-ö-r*라는 일련의 소리들과는 아무런 관계도 없다. 그 개
념은 다른 어떤 소리에 의해서도 똑같이 표현될 수 있는
것이며, 그 증거로서 언어들 사이의 차이가 있고 또 서로
다른 언어들의 존재 그 자체를 들 수 있다. 예컨대 기호 내

용 〈소〉가 국경의 한쪽에서는 *b-ö-f*(bœuf)이고 다른 한쪽에서는 *o-k-s*(Ochs)이다.〉(*CLG* 100).

소쉬르가 1차 강의에서 이 예를 들고 있기 때문에 그 혼란의 소지는 결국 소쉬르 자신에게 있는 것을 알 수 있다. 이러한 설명은 앞에서 비판한 언어 명칭 목록관으로 가까워지는 것이 된다. 그것은 사물을 포함한 기호 내용이 이미 따로 형성되어 있는 상태에서 이것에 대한 기호 표현을 상정하기 때문이다(Harris 1987 : 67-8, Gade 1987 : 38). 앞에서도 강조된 바와 같이 한 기호 내에서 비로소 기호 내용과 기호 표현이 규정, 형성되고 양자가 결합한다. 이 원리가 언어 기호의 양면성과 자의성인 것이다.

소쉬르는 분명히 관습론자의 입장에 서 있으며 자기도 관습론자 휘트니에 전적으로 동의한다고 말하고 있다. 그러나 휘트니가 아주 적절하게 기호의 자의적 특성을 강조하고 있지만 그 특징을 끝까지 밀고 가지는 못했다고 소쉬르는 말하고 있다(*CLG* 110). 그렇다고 휘트니와의 차이가 명시적으로 제시되어 있는 것도 아니다. 관습론자의 입장에서 본다면, 이미 구성되어 있는 두 차원을 상정하고 그들을 연결하는 관습이 2차적으로 작용하는 것이다.

기호의 자의적 성격에 관한 논쟁에서 논의된 여러 가지 철학적 문제 중 하나는 랑그의 면과 현실의 면과의 관련이다. 이미 설명한 바와 같이 소쉬르는 기호를 정의하면서 언어학적 논의에서 현실 면을 제거했다. 그러므로 기호의 자의성은 모든 관습론자가 자의적인 것으로 인정하는 관계, 즉 사물과 명칭 사이의 관계가 아니다. 그러나 그것이 기호 내용과 기호 표현의 관련성과 관계가 있는 이상 약간의 문제가 야기되지 않을 수 없다. 랑그의 관점에서는 자의적이지만, 이 관계가 발화 주체들에게는 자의적이 아니라 강요되고 있다는 점이다. 〈대중은 있는 그대로의 언어에 매여 있다〉(*CLG* 104)고 소쉬르는 말한다. 그것은 화자들의 자유로운 선택에 따르는 것이 아니라 그들에게 필연적인 것이다. 따라서 소쉬르는 자의적이라는 표현이 이 관점에서 본다면 두 가지 의미가 있을 수 있음을 알고, 기호의 자의성의 정의를 명확하게 하기 위하여 수정을 가하게 된다. 그리하여 소쉬르는 〈이 말[자의적]은 기호 표현이 화자의 자유로운 선택에 따른다는 의미로 이해되어서는 안 된다 — 우리가 말하고자 하는 것은, 기호 표현이 〈무연적(無緣的, immotivé)〉이라는 점, 즉 기호 내용에 대해서 자의적이며, 기호 내용은 현실 속에서 아무런 자연적 관계도 없다는 점이다〉(*CLG* 101)라고 강조한다.

그러나 무연성을 통해서 자의성을 다시 설명한다고 해도 역시 문제가 있다. 그것은 기호에 앞서서 기호 내용이 존재한다는 오해를 불러 일으킬 수도 있기 때문이다. 여기서 다시 한 번 강조해 둘 것이 있다. 그것은 자의적인 관계가 기호를 만들어 냄으로써 기호 내용과 기호 표현이 형성되는 것이다. 그러므로 기호에 의해서 기호 내용과 기호 표현이 동시에 산출되는 것이다. 기호 내용과 기호 표현은 기호 이전에는 존재하지 않는다.

1.3 기호의 제2원리 : 기호 표현의 선적(線的) 특성

소쉬르 언어학의 제2원리는 기호 표현의 선형성(線形性)이
다. CLG에 의하면 이들 두 원리가 동등하게 중요하다고 말
하고 있으나 자의성 원리만큼은 논란의 대상이 되지 않고 있
다. 그러나 CLG(103)는 이것이 그 결과를 헤아릴 수 없는 기
본적인 원리이며, 언어 메커니즘 전체가 이 원리에 의존한다
고 한다(CLG 170 참조). 이러한 설명에 입각해서 본다면 소
쉬르 연구가들이 CLG에서 〈선형성〉이 의미하는 것을 좀더
자세하게 고찰하지 않은 것이 이상할 정도이다. 그 원인은
〈이 원리는 분명하다. 그러나 여태껏 그것을 기술하는 것이
경시된 듯한데 이는 아마도 너무도 기본적인 사실로 여겼기
때문일 것이다〉고 말한 데 있을지도 모른다. 그러나 소쉬르
의 〈언어학의 원리〉가 의미하는 것은 언어의 기본적 진리이
고 모든 언어학자는 어떤 형태로든 그것을 받아들여야 한다
고 시사했던 것을 상기할 필요가 있다. CLG의 독창성은 하
찮고 평범하게 보이는 두 원리가 이렇게 언어학의 총체적 기
반에 필요한 것임을 보여준 데 있다.
　그렇다면 〈선형성〉이란 무엇인가? 이 성격은 기호 표현만
을 대상으로 한다. 언어 기호는 음성적인 것이기 때문에, 시
간 속에서 전개되며 또한 시간의 특질에서 비롯되는 특징을
지니고 있다(CLG 103). 그리하여 기호 표현은 시간 속에서
(선과 같이) 전개됨은 물론이요 또 이 전개는 한 차원에서만
측정이 가능하다. 즉 선(線)인 것이다. 위에서 소쉬르는 랑그
와 기호학의 관련성에 관해서 논한바 있다. 그러나 랑그를

다른 기호 체계와 구별하는 것은 기호 표현의 선형성이며 어
떤 언어 연구에서도 이것을 고려해야 한다. 기호 표현의 선
형성은 발화 연쇄체 또는 통사론에서 분석이 가능한 하나의
조건이 되는 것이다.

한편 소쉬르의 두 원리에 의하면 언어 기호는 다음과 같은
특징을 가진 기호가 된다.

자의성	+	+	−
선형성	+	+/−	+/−
	언어 기호	기호	상징

이 도표는 동시에 광의의 기호학 속에서 언어학이 차지하
는 적절한 위치를 자동적으로 표시해주는 것이 된다(Harris
1987 : 69). (한 예로 도로 교통 표시판의 기호에는 선형적 성격
이 없다.)

레프스키(Lepschy 1970 : 49)는 *CLG*의 선형성이 기호 표현
내에서의 선형성을 말하는 것인지 또는 기호 표현들 사이의
선형성을 말하는 것인지 확실하지 않다는 두 가지 문제를 제
기했다. 소쉬르의 선형성 원리는 먼저 전자의 입장에서 야콥
슨(R. Jakobson 1962 : 419-20, 631-58)에 의해서 비판된다.
소쉬르의 선형성 원리에 의하면 언어 단위는 한 선상(線上)
의 어느 위치에서도 동시적으로 나타날 수 없다. 한 예로 두
음운이 동시적으로 나타날 수 없는 것이다. 그런데 야콥슨의
음운 이론에 의하면 한 음운은 동시에 나타나는 변별적 특징

으로 이루어진 단위이다. *sœur*라는 기호 표현은 *s-ö-r*라는 음의 선적 연속체이지만 이들 세 단위는 특정된 음성적 특징으로 이루어진 비선적(非線的)인 복합체인 것이다. 이렇게 본다면 소쉬르의 선형성 원리는 비판의 대상이 될 수 있는 것이다(金芳漢 1984 : 86).

그러나 선형성을 기호 표현들 사이의 문제로 보고, 선형성 원리가 전체적으로 발화 연쇄체에 적용되는 것으로 본다면 문제는 달라진다. (이러한 입장에서 본다면 선형성에 두 가지 문제가 있는 것이 아니라 한 원리가 이중으로 오해된 것이다.) 다시 말하면, 발화 연쇄체 자체가 선적으로 구조화된다면 기호 표현의 통합적 연속체도 선적으로 구조화된다. 각 기호 표현은 발화 연쇄체에서 단 하나의 계기적인 선적 분할체이기 때문이다. 선형성에 관해서는 *CLG*(170)에 보다 분명한 설명이 있다.

담화 속에서 단어들은 연쇄에 의해서 서로 관계를 맺는데, 이 관계는 언어의 선적 특징에 바탕을 두고 있으며 언어의 선적 특성으로 말미암아 동시에 두 개의 요소를 발음할 수 없는 것이다. 이들 요소는 파롤의 연쇄 위에서 하나씩 차례로 배열된다.

이 구절은 통합 관계를 설명한 한 구절인데, 소쉬르의 선형성은 바로 이러한 뜻으로 해석되어야 한다. 그러나 더 정확하게 말한다면, 선형성은 한 단어 안에서의 결합 그리고 여러 단어의 결합을 말하는 것으로서, 발화 연쇄체가 분석되는 하나의 조건이 된다. 특히 통사론적 분석이 가능한 조건이 되는 것이다.

소쉬르의 자의성과 선형성의 두 원리는 랑그를 보는 두 관점을 반영하고 있다. 먼저 자의성에 관해서 볼 때, 사고와 음성은 현실 세계에서는 부정적(不定的)이며 불분명하다. 그리하여 여기서 자의성은 〈차이〉와 관련된다. 왜냐 하면 현실을 배제함으로써 기호는 다른 기호와의 관련에 의해서만 기능할 수밖에 없기 때문이다. 그리하여 소쉬르는 〈자의적과 차이적은 두 상관적 특질이다〉(CLG 163)라고 말하고 있다. 그리고 기호는 체계와 연관된다. 한편 언어를 활동으로 본다면, 랑그는 인간의 모든 활동이 언어외적 세계에서는 시간 속에서 일어남을 반영하는 것으로 볼 수 있다. 따라서 선형성 원리는 언어 기호의 자의성과는 무관하다. 결국 소쉬르의 이 두 원리는 언어학의 대상을 일정한 관점에서 어떻게 결정하는가를 설명하는 또 다른 예라고 할 수 있다.

2 기호의 불변성과 가변성

2.1 불변성

CLG(104-13)에서 서론 제2장 〈기호의 불변성과 가변성〉은 흔히 주의해서 읽지 않고 넘겨 버리기 쉬운 부분이다. 서론의 제1장은 소쉬르의 언어 이론에서 가장 중요한 개념인 언어 기호에 관한 설명이고, 제3장은 역시 중핵적 중요성이 있는 공시 언어학과 통시 언어학의 구별에 관한 설명이다. 이 중요한 원리를 설명한 제1장과 제3장 사이에 제2장 기호의 불변성과 가변성이 끼어 있기 때문에 자칫 제2장은 단순히 제1장과 제3장을 잇는 가교적 역할을 하는 부분으로 속단하기 쉽기 때문이다.

제2장의 기술 형식을 보면 대단히 단순해 보인다. 제2장 전반부는 언어적 현상태를 유지하려는 요인을 설명하고 있고 후반부에서는 변화를 촉진시키는 요인에 관해서 설명하고 있다. 그러나 기저를 이루는 논의는 단순히 그러한 양분(兩分)에 대응하지 않는다. 이 부분을 잘 이해하기 위해서는 이 구절 저 구절을 넘나들며 서로 참고해 가면서 읽어야 할 정도로 복잡하게 편성되어 있기 때문이다. *CLG*의 전체적 구도에 의한다면, 지금까지는 언어 기호를 순수하게 제도와 내적 구조의 관점에서 설명했기 때문에, 다음에는 언어 기호를 언어 사회와 관련된 시각에서 설명했어야 할 것이다. 그것은 공시적 관계와 통시적 관계를 엄격하게 구별하는 다음의 이론적 단계로 길을 열어 주는 데 필요하기 때문이다. 그런데 이 과도적 단계가 무시되고 있다. 전반부의 언어적 안정성과 후반부의 언어적 가변성의 중요한 구별은 분명히 다음에 전개되는 공시/통시의 구별을 예시하려는 것이다. 그럼에도 공시와 통시를 구별하는 이론적 원리가 모호하다.

Mauro(1972 : 448)에 의하면 제2장에서 중요한 점이 무시되고 있는데, 그것은 소쉬르에 관한 그릇된 생각의 중요한 원인의 하나가 되고 있다고 지적하고 있다. *CLG*의 편집자들은 소쉬르가 언어를 과거 및 현재의 사회적 존재 조건과 단절된 정적(靜的) 체계로 보는 반(反)역사주의자라고 잘못 본 것이다. 이러한 그릇된 생각은 제2장에 의해서 결정적으로 거부되어야 한다고 마우로는 강조한다. 소쉬르는 기호의 역사적 필연성과 언어 체계의 근본적 역사성을 깊이 의식하고 있었음을 제2장이 보여주고 있는 것이다.

이것은 사실이지만 소쉬르의 언어 사상에 대한 무지 혹은 왜곡에 지나치게 반발하게 되면 오히려 그릇된 곳을 강조하게 되는 위험이 있다. 제2장은 언어의 역사적 전망이다. 이것을 부인할 사람은 없다. 그러나 어느 언어학자도 *CLG* 전체를 통해서 소쉬르의 진의를 탐색하려 하지 않았다. 소쉬르는 제2장에서 역사성의 문제를 제기했지만, 그것은 충분한 기술이 아니라 다만 그 문제성을 암시한 것에 지나지 않는다. 그러므로 소쉬르 자신의 언어 이론이 충분히 성숙한 후에 비로소 새로운 해답이 가능했을 문제인 것이다. 소쉬르의 생각을 정리하면 다음과 같다.

역사성은 잠재적으로 다음 두 가지로 나타난다. 하나는 시간상의 안정성이요, 다음은 시간상의 변화이다. 얼른 보기에 언어 기호는 이 두 기준에 맞는 것 같다. 인구어 역사 언어학은 오랜 기간 변화하지 않고 남아있는 수많은 단어와 또 한편으로는 큰 변화를 입은 수많은 단어의 예를 보여주고 있기 때문이다. 그러나 이 두 경우를 주의해서 조사해 보면 생각지도 않은 곤란한 문제가 있음을 알게 된다.

언어 기호가 자의적이고 언어가 사회적 제도라면 언어 기호는 마음대로 바뀔 수 있다고 생각될지 모른다. 그러나 개인은 기호 표현이나 기호 내용 어느 것도 바꿀 만한 힘이 없으며, 또 한편 언어 기호가 바뀐 것처럼 보이는 경우(라틴어 *necane* '죽이다' 〉 프랑스어 *noyer* '익사시키다')라도 언어 사회가 그 기호의 교체를 집단적으로 결정했다고 주장할 수 없다. 그렇다면 역사는 결국 언어 기호가 자의적이 아님을 보여 준다거나 혹은 언어는 사회적 제도가 아님을 보여준다고 해야 하는가?

그러나 *CLG*는 언어 기호가 자의적이며, 또 랑그는 사회 제도임을 분명히 하고 있다. 그러나 랑그가 사회 제도라는 명제는 자의성 문제보다 상당히 불명확하다. 제도가 의미하는 것을 정확히 알 수 없다는 것이다. 소쉬르는 *CLG*에서 제도라는 용어를 정의하지 않고 있다. 제2장(*CLG* 110)에서 〈습관, 법률, 의복〉과 같은 다른 제도의 예를 세 가지 들고 있으나 이들은 특별한 도움이 되지 않는다. 이런 점에서 소쉬르에 미친 휘트니의 영향이 재조명되어야 한다.

2.2 가변성

소쉬르에게는 사회가 개인처럼 기호 표현과 기호 내용의 관계를 바꿀 만한 힘이 없으며 단 하나의 단어조차 변화시킬 수도 없는 것이다. 사회는 있는 그대로의 언어에 매여 있는 것이다(*CLG* 104). 언어 변화는 대대로 이어지며 언어적 계약을 바꾸는 세대의 문제가 아니다. 그것은 바꾸어야 할 언어적 계약이 없기 때문이다. 언어는 화자들에게 부여된 것이지 화자들의 동의에 의해서 이루어진 것이 아니기 때문이다. 소쉬르에게는 역사 자체가 그런 것이다. 〈어떤 시대를 막론하고, 그것이 아무리 먼 옛날로 거슬러 올라 간다 할지라도 언어는 항상 앞선 시대의 유산으로서 나타난다.〉(*CLG* 105)

그러나 여기서 다른 의문이 생긴다. 주어진 기호 표현과 기호 내용의 관계가 자의적이고 또 화자들은 그것을 개인적으로나 집단적으로 변화시킬 수 없다면, 왜 언어가 변화하는가?

문제는 역사적 언어 사실을 언어 기호의 자의성과 제도성에 관한 이론적 과정과 어떻게 일치시키는가에 있다. 여기에 대한 소쉬르의 반응은 다음과 같다. 첫째 랑그가 사회적 제도이기 때문에 그것은 다른 사회적 제도와 같이 기능한다고 가정하는 것이 옳은가 하는 문제이고, 둘째 역사성의 개념이 개인의 언어 기호에 적용되는 것인지가 문제인 것이다. 이 두 문제는 제2장에서 서로 뒤얽혀 있기 때문에, 이 두 문제를 따로 분리해서 다루면 보다 분명해질 것이다.

휘트니는 언어적 자의성을 제도성과 동일시하려고 했다. 더 정확히 말하면 그는 자의성을 제도성의 귀결로 보려 했던 것이다. 그러나 이러한 견해에 대해서 소쉬르는 중요한 점이 간과되었다고 한다. 소쉬르는 휘트니가 〈끝까지 밀고 가지 못했다〉(*CLG* 110)고 평하고 있다. 휘트니는 역사적 계속성과 역사적 변화가 다른 사회 제도와는 전혀 다른 언어 기호 이론의 문제임을 보지 못했던 것이다. 다른 제도에서는 〈정도의 차이는 있지만 사물들의 자연적 관계에 기반을 두고 있다〉. 그리고 〈그들 제도에서는 사용 수단이 추구하는 목적과 일치한다〉(*CLG* 110). (소쉬르는 여기서 의복의 예를 들고 있다. 우리들의 의복은 여러 면에서 자의적이지만 완전히 자의적일 수는 없다. 인간 신체에 의해 규정되는 여러 조건에서 정도 이상 벗어날 수 없는 것이기 때문이다.) 그러나 한 제도로서의 언어는 본질적으로 안정성과 불안정성의 양극적(兩極的)인 면을 지니고 있다. 기호 표현과 기호 내용의 관계가 자의적 이기 때문에 바로 이것이 언어 기호의 안정성의 모든 이유가 되는 것이다. 동시에 자의적 결합은 변화하기 쉽다. 이와 같 이 언어는 변화에 방어할 수 없는 제도인 것이다. 이것은 인 공어(人工語)인 에스페란토 Esperanto의 경우도 그렇다.

그리하여 소쉬르는 랑그는 사회 제도 중에서 독특한 경우 라고 하며, 자의적 관계에 근거한 제도 자체의 성격은 불변 과 가변에 똑같이 관여한다고 한다. (이 문제는 제2장에서 추 구되지 않고 있으나 언어학자에게는 두 가지 문제가 함축되어 있다. 첫째 문제는 언어 기호가 변화하지 않는 이유는 언어 기 호가 왜 변화하는가에 관한 설명을 요하는 것이다. 다음 문제는 안정성과 변화의 특별한 이유가 개개의 경우 극히 불투명하다 는 점이다. 따라서 언어 기호의 자의적 성격 때문에 언어 기호 의 운명이 좌우되는 것을 아무도 지적할 수 없다. 결국 랑그의 경우에는 원인과 결과의 연쇄를 추구하는 역사적 추론이, 자의 적 관계에 의거한 사회적 제도의 경우보다 더 불투명하다.)

이러한 난문의 성격은 실제적인 것이 아니라 어느 점에서 는 개념적인 것이다. 자의적 관계를 고려하지 않는 소박한 〈역사〉의 개념에 이의를 제기하는 것이다. 소박한 〈역사〉의 개념은 시간적인 선 위에서 불변과 변화의 대립을 요구한다. 이 대립 없이는 역사성은 의미가 없는 것이 되고 만다. 그러 나 자의적 관계의 특징은 주어진 영역 내에서 X를 Y로 대치하는 것은 중요하지 않다는 것이다. X가 Y로 대치되었으나 X의 가치는 그대로 유지되고 있는 것이다. 이것이 바로 자의성이 의미하는 것이다. 그리하여 자의성과 역사성 사이에 심각한 갈등이 생긴다. 자의성은 어느 차원에서 변화와 현상(現狀)이 일치하는 것(즉 변화의 결과가 현 상태)을 요구하지만 역사성은 항상 변화와 현상 사이에 대립을 요구한다.

소쉬르의 설명을 이렇게 해석한다면, 자의적인 언어 기호는 역사와 관련이 없다. 언어의 역사성은 다른 사회 제도와 관련된 역사성과는 전혀 다른 차원의 것임이 확실하다. 이것은 소쉬르가 왜 2장 전반부에서 언어 기호 자체의 〈변화〉와 〈교체〉와 같은 용어를 피하고 기호 내용과 기호 표현 사이의 관계에서 구태여 〈추이(推移)〉라는 용어를 사용했음을 설명해줄 것이다. 이것이 시사하는 것은 소박한 생각으로는 역사적 요인이 기호 내용이나 혹은 기호 표현(혹은 양자 따로따로)에 영향을 미칠 수 있으나 기호에는 미칠 수 없다는 것이다. 단어의 발음이나 의미의 변화는 여러 가지 이유로 어떤 특별한 발음을 어느 특별한 의미와 연결하는 관계와 전혀 무관하다. 어떤 관계가 역사적 시간 세계에서 물리적 상응 관계가 없으면 역사적 요인이 작용할 수 없는 것이다. 그러나 언어 사회에서는 작용한다. 그리하여 자의적 기호 체계를 역사적 과정의 작용과 관련시키는 발판을 마련하는 것은 언어 사회의 역할인 것이다. 이것이 *CLG*(112)의 다음 그림이 의미하는 것이다.

따라서 언어학에서의 역사적 중요성은 언어만이 아니라 언어+언어 사회에 있다고 하겠다.

더 중요한 것은 CLG(113)에서 그림이 다음과 같이 수정되고 있는 점이다. 시간의 화살표로 사회와 그 언어의 밀착을 표시하고 있다. CLG(113)에서는 다음과 같이 말하고 있다. 〈이렇게 되면 언어는 자유롭지 못하게 되는데, 이는 시간으로 인해 언어에 작용하는 사회적 힘이 그 효과를 발휘할 수 있게 되기 때문이다.〉

그러므로 랑그는 안정성을 촉진하는 동시에 변화를 촉진하는 관계에 입각한 독특한 사회 제도인 것이다. 언어 기호의 이 특징은 분명히 대립하는 두 경향이 있음을 시사하는 것인데 이것은 얼른 보기에 이상할지 모른다. 그러나 그 두

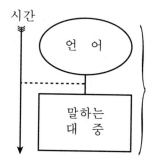

경향은 역사적 전망에서 보았을 때만 대립하는 것이다. 이렇게 본다면 언어 기호의 특징은 〈가변성〉과 〈불변성〉에 있다고 볼 수 있다. *CLG*(108)에서 역설적으로 들릴지 모르나 〈어떤 의미에서는 기호의 불변성과 가변성을 동시에 거론할 수 있게 된다〉고 말한 것도 그러한 특징을 말한 것이다.

이러한 결론은 분명히 *CLG*의 편집자들을 괴롭혔을 것이다. 그리하여 그들은 모순되게 보이는 언어 기호의 특징에 관한 소쉬르의 말을 옹호하기 위해서 각주를 달고 〈다만 화자들은 언어를 변화시킬 수 없지만 언어는 스스로 변화한다는 사실〉을 강조하려는 것이라고 말하고 있다(*CLG* 108). 그러나 이것은 이 장의 전반부에서 불충분하게나마 이미 언급한 것을 되풀이한 것이다. 그리고 편집자들의 주석에서 전적으로 간과해 버린 것이 있다. 만일 언어 변화가 개개의 기호에 적용되는 것이라면, 그런 언어 변화의 개념은 변화가 없음을 의미한다. 다시 말하면 변화는 불연속성이 아니다. 연속성으로 생각되는 것이다. 그리고 다음에는 소쉬르가 기호에서 〈옛 자료의 잔존〉이라고 부르는 것을 가정하게 된다. 만일 〈옛 자료의 잔존〉이 필요 조건이라면 기호는 어느 면에서는 〈동일한 것〉으로 남을 수 있는 동시에 다른 면에서는 〈동일하지 않은 것〉이 될 수 있는 것으로 생각되는 언어 단위여야 한다고 생각된다. 그리하여 동시적인 가변성과 불변성은 언어 기호의 특징이 되는 것이다.

3 정태(靜態) 언어학과 진화 언어학

3.1 가치를 다루는 모든 과학의 내적 이면성

CLG(140)에 다음과 같은 제3장의 결론이 있다.

〈공시 언어학은 공존하며 체계를 이루는 사항들을 연결
하는 논리적이며 심리적인 관계를, 동일한 집단 의식이 지
각하는 그대로 다루게 될 것이다.

통시 언어학은 그와 반대로 계기적 사항들을 연결하는
관계를 연구한다. 이들 사항은 동일 집단 의식에 의해 인식
되지 않으며, 그들 사이에 체계를 형성하지 않은 채 서로
대치된다.〉

소쉬르가 이 결론을 끌어내기 위해서 이론을 전개하는 것을
잠시 살펴 보자. 먼저 1절에서 공시적 synchronique과 통시적
diachronique이라는 용어를 도입하기에 앞서 〈가치 valeures〉를
연구하는 모든 과학은 〈동시성(同時性)〉의 축과 〈계기성(繼
起性)〉의 축을 구별해야 한다고 강조한다. 소쉬르는 여기서
처음으로 가치라는 용어를 사용하는데, 이 용어는 소쉬르의
언어 이론에서 가장 중요한 것 중의 하나이다. 그러나 가치
의 뜻이 정확히 무엇인지에 관해서는 아직 설명이 없다. 그
러나 미리 〈랑그는 그 사항들의 순간 상태를 떠나서는 어떤
것으로도 규정될 수 없는 순수 가치의 세계〉(*CLG* 116)라고
말하고 있다. 이와 같이 가치 체계는 분명히 동시성의 축에

관련된 것이며 동시성의 축에서는 시간이 전적으로 배제된다.

그러나 이 점에서도 소쉬르는 랑그가 다른 가치 체계와는 전혀 다르다고 강조하며, 언어 기호는 자의적이기 때문에 동시성의 축과 계기성의 축을 분리하는 것이 다른 경우보다 더욱 절대적이라고 말한다.

〈이러한 구분은 바로 언어학자에게 절대적으로 강요된다. 왜냐 하면 언어는 그 구성 요소의 순간 상태 이외에는 그 어떤 것에 의해서도 규정될 수 없는 순수한 가치 체계이기 때문이다. 하나의 가치가 어느 한 면으로든 사물과 그 자연적 관계에 근거하는 한(경제학자처럼 ─ 가령 토지는 그 수확에 비례하여 가치가 정해진다), 어느 정도까지는 시간 속에서 이 가치를 탐구할 수 있다. 물론 이 때 이 가치는 매순간 동시대적 가치 체계에 의존한다는 것을 잊으면 안 될 것이다. 이 가치가 사물과 갖는 관계는 그래도 어느 정도 이 가치에 자연적 토대를 제공하며, 따라서 이 가치에 대한 평가는 완전히 자의적일 수는 없다. 평가의 폭은 한정된다. 그러나 우리가 이미 본 바와 같이 언어학에는 자연적 여건이 들어설 여지가 전혀 없다.〉 (*CLG* 116).

다음에 소쉬르는 엄격히 구별해야 할 두 언어학 분야의 술어에 관해서 설명한다. 먼저 일반적으로 사용되고 있는 〈역사 언어학〉 대신에 〈통시 언어학 linguistique diachronique〉을 사용하며 〈언어 상태 état de langue〉의 과학을 지칭하기 위해서는 〈공시 언어학 linguistique synchronique〉 혹은 〈정태 언어학 linguistique statique〉이라는 명칭을 제안한다. 소쉬르가 〈역사 언어학〉이라는 일반적인 용어를 거부한 데 대해서, 그것은 단순히 용어상의 대치에 지나지 않으며 〈통시 언어학〉은 역사 언어학의 새로운 명칭에 지나지 않는 것으로 생각하는 경향이 있다. 소쉬르가 〈역사적=통시적〉을 거부한 데는 다음과 같은 이유가 있음에 주의해야 한다. 이 구별이 자주 간과되고 있다.

첫째 이유는 소쉬르가 〈통시적〉과 〈공시적〉을 대립시켜 양자를 구별하는 의도를 이해하지 못한 데서 비롯된 것이다. 〈역사〉라는 용어는 일반적으로 이해되고 있는 바와 같이 상태에 관한 사실 뿐만 아니라 진화에 관한 사실까지도 포함하고 있다. 소쉬르가 보기에 〈역사 언어학〉의 전형적인 과오는 질서가 다른 두 사실을 구별하지 못한 데 있었으며, 따라서 언어 상태를 진화적 용어로 기술하는가 하면 또 언어 발달을 정태적 용어로 기술하는 경향이 있었다.

그러나 둘째 이유는 더 중요하다. 계기적 〈언어 상태〉를 나열하여 기록하는 것은 시간의 축에 따라서 언어를 연구하는 것이 아니다. 계기성의 축에 따라서 언어 현상을 연구하기 위해서는 〈언어를 한 상태에서 다른 상태로 옮겨 가게 하는 현상들을 하나하나 따로 보아야 할 것이다〉(*CLG* 116). 소쉬르 이전의 학자들이 의식하지 못했던 것이 바로 이 점이라고 한다. 같은 취지가 *CLG*의 제2부 7장 초두에서도 보다 설득력 있게 되풀이되고 있다. 여기서 우리는 소쉬르의 관점에서는 〈역사 언어학〉이란 없다는 것을 엿볼 수 있다. 소쉬르는 다음과 같이 말한다. 〈우리에게 역사 문법이란 있을 수 없다. 역사 언어학이라고 부르고 있는 것은 실상 통시 언어학에 불과하다〉(*CLG* 185).

소쉬르의 구별을 요약하면, 시간에서의 관계와 체계에서의 관계를 동시에 연구해서는 안 된다는 것이다. 동일 대상에 관한 시간과 체계의 두 질서의 대립을 분명하게 하기 위해서 〈공시 언어학〉과 〈통시 언어학〉이라는 용어가 바람직하며 또 정태적 부분에 관한 것은 모두 〈공시론적〉이고 진화와 관계가 있는 것은 모두 〈통시론적〉이다. 이와 같이 〈공시태 synchronie〉와 〈통시태 diachronie〉는 각각 언어 상태 및 진화 위상(位相)을 가리키는 것으로 한다.

3.2 내적 이면성과 공시/통시의 구별

소쉬르는 2절에서 다시 역사 언어학에 관해서 비판한다. 먼저 역사 언어학은 언어 상태와 언어 변화를 혼동한다. 그러면서 역사 언어학은 랑그를 있는 그대로 기술하지 못하고, 오로지 언어 변화에만 열중하여 언어 상태를 단편적이고 불완전하게 원자론적으로 다룰 수밖에 없었다. 이러한 점에서 본다면 19세기 〈역사 언어학〉은 전통 언어학보다 뒤떨어진다. 전통 언어학에는 결점이 있을지라도 〈엄격한 공시태〉를 대상으로 하는 일관된 관점이 있었던 것이다. 그리하여 소쉬르는 언어학은 새로운 정신과 새로운 방법으로 전통 문법의 정적(靜的) 관점으로 되돌아 갈 것이라고 예언한다.

3절에서는 공시적 관점과 통시적 관점의 대립이 〈절대적이고 타협을 허용하지 않음〉(*CLG* 119)을 설명하기 위해서 여러 언어 변화의 예를 분석한다. 통시적 과정과 그 결과의 공시적 체계 사이에는 밀접한 관계가 있을 수 있으나 〈통시적 발달의 원인은 발달 그 자체에 있다〉(*CLG* 121). 언어 체계는 직접 바뀌지 않는다. 그것은 원래 변화하지 않는 것이다. 통시적 변화는 체계의 개별적 요소에만 영향을 미친다. 〈이것은, 태양 주위를 도는 유성 중의 하나가 그 크기와 무게가 바뀌는 것과 흡사하다. 이 고립된 현상은 보편적인 결과를 초래하여 태양계 전체의 균형을 바꿀 수도 있을 것이다〉(*CLG* 121). 이 비유에는 역사 언어학에 대한 소쉬르의 비판이 잘 요약되어 있다. 언어를 끊임없이 진화하는 〈역사적〉 체계로 보기 때문에 변화와 그 결과를 구별하지 못하게 된다. 그 결과 설명이 없다. 소쉬르의 비유에 의한다면, 유성에서 무엇이 일어났는가에 대한 설명이 없을 것이다. (이 두 경우 유성에서 일어난 것은 체계에서 일어난 것과 〈역사적으로〉 구별되지 않기 때문에 전자는 후자의 부분으로 다르다.)

여기서 이미 분명해진 것은, 공시적 관계와 통시적 관계를 절대적으로 구별하는 이론적 결과는 언어학이 〈체계〉의 개념을 요구하게 되는 것이다. 공시적으로 관련된 사항은 체계에 속하지만 통시적으로 관련된 사항은 그렇지 않다. 그러나 공시적 체계의 개념이 어떻게 정확하게 해석되어야 하는가에 문제가 있다. 여기서 단순하게 보이는 공시/통시의 구별에 따르는 이론적 문제점이 나타나게 된다. 이 점에 관해서는 뒤에 따로 언급될 것이다.

소쉬르는 공시/통시의 구별을 설명하면서 다음과 같이 말한다. 〈이들 통시적 현상은 체계를 변화시키는 경향조차도 없다. ― 변경된 것은 배열이 아니라 배열된 요소에서 일어난 것이다〉(*CLG* 121). 〈통시적인 관점에서는 체계와 아무 관련도 없는 현상들을 다룬다〉(*CLG* 122). 〈언어는 하나의 체계로서 이 체계의 모든 부분은 공시적인 유대 속에서 고찰될 수 있고 또한 고찰되어야 한다〉(*CLG* 124).

소쉬르는 위와 같은 구별을 보다 명확하게 하기 위해서 4절에서 몇 가지 비유를 들어 설명한다. 첫째, 언어 상태는 말하자면 일정한 순간에 투영(投影)된 것이다. 그리고 물체를 통시적 사건으로 연구한다고 해서 공시적 상태를 알게 되는 것은 아니다(*CLG* 125). 다음 비유는 공시태와 통시태의 차이를 식물의 줄기를 가로와 세로로 잘라보는 것과 비교하는 것이다. 식물의 줄기를 가로로 잘라보면 그 단면에 다소 복잡한 그림이 나타난다. 이것은 세로로 난 섬유들이 이룬 투명도에 지나지 않는데, 첫번째 단면에 대한 수직 단면을 만들어 보면 이들을 볼 수 있다. 여기서도 역시 한 투시도는 다른 투시도에 의존한다. 수직 단면은 식물을 구성하는 섬유 그 자체를 보여주며 수평 단면은 특정 평면 위에 있는 이들 섬유의 집합체를 보여 준다. 그러나 후자는 전자와 구별된다. 왜냐 하면 후자는 수직 단면상에서는 결코 포착될 수 없는 섬유들간의 어떤 관계를 확인시켜 주기 때문이다(*CLG* 125).

세번째로 든 것은 자주 인용되는 장기 놀이의 비유이다. 소쉬르는 이 장기 놀이의 비유에 의해서 앞에서 든 두 비유보다 언어 상태의 자율적 체계성을 보다 분명하게 강조하고 다음과 같이 말한다. 〈장기 놀이에서는 어떤 임의의 [장기판 위의] 상태가 그것에 앞선 상태에서 해방되어 있는 묘한 특

징이 있다. 즉 어떤 경로를 통해서 그러한 상태에 이르렀는
가는 전혀 중요하지 않다. 장기 놀이를 처음부터 지켜 본 사
람이라 해서 결정적인 순간에 와서 놀이의 상태를 살피는 훈
수꾼보다 더 유리할 것이 없다. 즉, 그 순간의 상태를 기술하
기 위해서는 10초 전에 일어난 것도 상기할 필요가 없다. 이
모든 것이 언어에도 적용되며 통시 언어학적인 것과 공시 언
어학적인 것과의 근본적 구별을 분명히 해준다〉(*CLG* 126-
7). 그리고 장기와 언어의 비교가 불가능한 점이 단 한 가지
있다고 한다. 〈장기를 두는 사람은 말을 이동시킴으로써 영
향을 주려는 의도가 있다. 반면 언어는 아무 것도 미리 생각
하는 것이 없다. 언어의 말(=사항)이 이동하는 것은 자생적
이며 우발적이다〉(*CLG* 127). 소쉬르의 이러한 주장이 모두
정확하다고는 할 수 없다. 장기 놀이가 하나에서 열까지 모
두 언어와 맞는 것은 아니다. 특히 3장에서의 장기의 비유는
소쉬르의 언어 〈체계〉의 개념을 밝히는 데 부담이 된다. 그
러나 우리는 여기서 소쉬르 언어 이론의 중요한 개념의 하나
가 되어 있는 통시/공시의 구별이 강조되고 있는 것에 주목
해야 할 것이다.

다음 5절에서는 공시태의 개념에 중요한 수정이 가해진다.
공시적 연구와 통시적 연구는 동등한 기반에 서 있지 않다고
시사한 바 있다. 전자는 후자에 우선한다. 〈그것은 말하는 대
중에게는 공시태가 유일한 현실이기 때문이다〉(*CLG* 122).
말하는 사람에게는 시간의 계기(繼起)가 존재하지 않는다.
통시적 관점을 취하는 언어학자가 보는 것은 〈랑그가 아니라
랑그를 변경시키는 일련의 사건이다〉(*CLG* 128). 공시 언어

학과 통시 언어학의 방법은 크게 두 가지 면이 다르다. 먼저 〈공시태는 하나의 관점, 즉 화자의 관점만을 인정하며, 그 방법은 전적으로 화자들의 증언을 수집하는 데 있다〉(*CLG* 128). 한편 통시 언어학에서는 두 가지 관점이 구별된다. 시간의 흐름에 따르는 〈전망적 prospectif〉 관점과 시간의 흐름을 거슬러 올라 가는 〈회고적 rétrospectif〉 관점(*CLG* 128)으로 정반대의 방향이다. 두번째 차이로 통시 언어학은 동일한 언어에 속하는 사항들의 계기성에만 제한되어 있지 않다. 예를 들면 프랑스어에서 라틴어와 인구 조어(印歐祖語)까지 거슬러 올라갈 수 있다. 이와 반대로 공시적 연구는 언어의 경계를 넘을 수 없다. 〈공시적 연구는 동시적인 것 모두를 그 대상으로 하는 것이 아니라, 단지 각 언어에 대응하는 사실들의 총체만 다룬다. 필요하다면 그러한 분리는 방언과 하위 방언에까지 이를 수 있다. 요컨대 공시적이라는 용어는 그리 정확한 것은 아니다. 다소 길지만 '특정 공시적 idiosyn-chronique'이라는 용어로 대체해야 할 것이다〉(*CLG* 128).

여기서 우리는 공시태의 개념에 중요한 두 가지 변경이 가해지고 있음을 볼 수 있다. 그리하여 어느 면에서는 원래의 공시/통시의 구별을 새로 해석해야 할 필요조차 느낀다. 지금까지 제안된 구별의 기준은 순수한 시간적인 것이었다. 그리하여 그 실제 명칭조차 공시와 통시였다. 그런데 그 순수한 시간성에서 후퇴한다. 통시 언어학은 동일 기원의 기호(프랑스어 *est*, 독일어 *ist*)를 비교하기도 한다. 그리하여 통시적 연구의 범위에는 역사적 계기성뿐만 아니라 계기성과는 아무런 관계도 없는 역사적 친근 관계도 포함된다. 동시에 공시적 연구의 범위는 제한된다. 공시적 연구는 동시적인 것을 모두 포함하는 것이 아니라 각 랑그에 대응하는 사실들의 전체이다. 필요하면 방언이나 하위 방언까지 분할하게 된다. 단순히 공시적이라고 하면 동시대에 속하면서도 지리적으로 다른 문화 사이의 차이가 포함되지 않기 때문에 〈특정 공시적〉이라는 용어를 제안한 것이다. 〈특정 공시적〉은 한 언어에 대응하는 독자적 질서를 갖는 것이다. 그리하여 소쉬르는 〈공시적〉 대신에 〈특정 공시적〉이라는 용어를 제안했던 것이다. 그러나 〈특정 공시적〉이라는 용어도 충분한 타당성이 있는 것은 아니다. 그리하여 위에서 본 공시/통시에 대한 적절한 용어는 〈특정 체계적 idiosystemic〉과 〈계통 발생적 phylo-genetic〉이어야 한다고 해리스(Harris 1987 : 94)는 말한다. 그리고 소쉬르는 다소 주저하면서 공시/통시의 용어를 사용한다고 하면서, 이들 용어에는 약간의 혼동을 일으킬 소지도 없지 않다고 한다.

해리스(Harris 1987 : 95)는 다음과 같이 말한다. 동시성 대 계기성 축의 원래의 대립에서 벗어나는 결과는 이론적 문제를 야기한다. 〈언어 체계〉를 한정하는 문제를 복잡하게 한다. 공존하지만 별개의 특정 공시적 체계에 관한 사실을 하나로 처리하는 것은 통시적으로 계기적 체계에 관한 사실을 하나로 처리하는 것과 같은 중대한 과오를 범하게 되는 것이 분명하다. 그러한 하나의 체계를 공존하는 체계로 보는 것은 한 언어 상태를 그 이전의 언어 상태와 구별하지 않은 역사적 과오와도 같다. 〈공시적〉에서 〈특정 공시적〉으로 바뀜으로써 소쉬르는 새로운 언어 이론 문제에 당면하게 된다.

특정 공시적 관계가 어떤 기준에 의해서 인정되어야 하는가? *CLG*에는 여기에 대한 해답이 하나밖에 없다. 그 기준은 언어 체계가 화자들에게 사회적 현실이 되는가의 여부에 있다. 따라서 앞 장에서 왜 소쉬르가 〈언어가 존재하기 위해서는 말하는 대중이 있어야 한다〉고 강조했는지가 분명해진다. 그것은 그다지 평범한 말이 아니다. 사실상 어떤 〈언어 상태〉를 객관적으로 확인할 수 있는 체계로 다루기 위한 이론적 요구인 것이다. 그렇지 않으면 개개의 연구가들은 모두 주관적으로 적절하다고 생각되는 기준을 각기 들 것이다. 그러나 이렇게 되면 언어 연구가 하나의 과학으로 성립될 기반을 잃게 된다. 그러므로 언어 사회의 이론적 역할은 특정 공시적 체계가 단순히 언어학자가 발견한 추상이 아님을 보장하는 것이어야 할 것이다.

그렇다면 언어 사회는 어떤 기준에 의해서 특정 공시적 관계를 인정하게 되는가? 이것은 아마도 언어학자가 발견해야 할 것이다. 그러나 언어학자는 언어 사회의 구성원들을 어떻게 확인하는가? 그것은 동일한 언어 체계의 집단적 사용이 근거가 될 것이다. 소쉬르는 사실상 여기에서 언어 이론의 한계를 긋고 있다. 특정 공시태의 개념은 그것이 집단적 의식과의 관련에서 인식되지 않으면 공허한 것이 되고 말 것이다. 그러나 집단적 의식에 관한 개념은 *CLG*에서 더 설명되지 않고 있다.

3.3 공시적 법칙과 통시적 법칙

소쉬르는 공시적 법칙과 통시적 법칙을 구별한다. 여기서 중요한 것은 소쉬르의 이론적 전제이다. 언어는 하나의 사회적 제도이기 때문에 집단을 지배하는 규정과 같은 것에 의해서 규제된다고 생각할 수 있다. 그런데 모든 사회 법칙에는 다음과 같은 두 가지 기본적인 특성이 있다. 그것은 〈명령적 impérative이고 일반적 générale이다〉(*CLG* 130). 소쉬르에 의하면, 문제는 공시적 법칙과 통시적 법칙인 이른바 언어 법칙이 위의 두 조건을 충족시키는가에 있다.

공시적 법칙은 이들 조건을 충족시키지 못한다. 왜냐 하면 공시적 법칙은 〈일반적이지만 명령적이 아니기 때문이다〉(*CLG* 131). 물론 이 법칙은 집단적 용법이라는 제약으로 말미암아 개인에 강요되긴 하지만 여기서 우리는 화자의 의무를 말하는 것이 아니다(*CLG* 131). 〈명령적〉을 거부하는 것은 화자가 따를 의무가 없다는 것을 의미하는 것이 아니라, 어떤 점에서 규칙성이 작용하고 있어도 그 규칙성이 유지되도록 보장해 주는 것이 없다는 이유 때문이다. 소쉬르가 의미하는 공시적 규칙은 일정한 〈언어 상태〉에 맞는 일반화인 것이다. 예컨대 라틴어 단어에서 액센트가 놓이는 음절을 결정하는 법칙과 같은 것이다.(이것은 음절의 수에 입각해서 규칙적으로 예측할 수 있다.) 그런데 이 라틴어 악센트 법칙이 〈명령적〉이 아니라는 것은, 시간이 경과하면 그 법칙도 변한다는 사실에 의해서 입증된다고 소쉬르는 말한다. 그리하여 다시 다음과 같이 말한다. 〈공시적 법칙은 지금 있는 질서의 표현이고 한 사태를 확증하는 것이다 — 그것이 정의하는 것은 일시적인 것이다. 그것은 전혀 명령적이 아니기 때문이다〉(*CLG* 131).

〈가령 위에서 말한 라틴어의 악센트를 지배하는 법칙만큼 규칙적인 것이 없다. 그런데도 불구하고 이 악센트 체계는 변화의 요인을 견디지 못하고 새로운 법칙, 즉 프랑스어의 법칙에 굴복했다. 요컨대 공시태에서의 법칙이라고 할 때는, 배열 또는 규칙성의 원리라는 의미에서이다〉(*CLG* 131).

통시적 〈법칙〉도 두번째 조건, 즉 〈일반적〉 조건을 충족시키는 것이 못 되어 거부한다. 명령적이지만 일반적이 아니기 때문이다. 일련의 사실들이 동일한 규칙에 의해서 지배될 때 비로소 법칙이 있다. 그러나 통시적 사건에는 반드시 우연적이며 특이한 특질이 있다(*CLG* 131). 소쉬르는 의미 변화의 예를 들어 입증하려고 한다. 프랑스어 단어 *poutre*는 〈암말〉을 의미했으나 뒤에 〈나무토막, 대들보〉를 의미하게 되었는데, 이것은 하나의 고립된 사실이며 프랑스어의 다른 어휘에는 영향을 미치지 않는 요인에 의한 것이다.

형태적 또는 통사적 변화의 경우에는 일반적 변화의 예로 보이는 것이 있다. 예컨대 고대 프랑스어의 주격 형태가 어느 시기에 소멸하는 예이다. 그러나 소쉬르는 이 반례를 거부한다. 그것은 그 많은 형태가 다소 같은 시기에 소멸하는 것은 고립된 단독 사실(즉 고대 프랑스어 주격 소멸)이 다양하게 나타나는 예에 지나지 않다고 보기 때문이다. 그것은 한 체계 내에서 실현되기 때문에 법칙으로 보일 따름이다. 이와 유사한 것이 이른바 〈음운 법칙〉이다. 이 법칙은 많은 단어에 동시에 영향을 미친다. 그러나 이것은 문제의 단어들이 모두 변화를 입는 특별한 음운을 포함하고 있기 때문이다. 그리하여 음운 법칙이 실증되는 예가 아무리 많을지라도, 그들이 포함되는 모든 사실은 단 하나의 특이한 사실이 여러 모로 나타나는 것에 지나지 않는 것이다(*CLG* 133).

소쉬르는 이렇게 해서 공시적 〈법칙〉과 통시적 〈법칙〉은 각기 이유가 다르지만 법칙이 아니라고 한다. 그런데 소쉬르의 전제인 사회 법칙의 명령성과 일반성이 이 문제를 논의하는 데 있어서 적합한 것인가 하는 문제가 제기되고 있다 (Harris 1987 : 97). 그러나 이 문제에 관해서는 언급하지 않기로 한다.

소쉬르가 언어 법칙을 부인하는 설명에는 문제가 없지 않다. 소쉬르가 고대 프랑스어의 많은 주격 형태를 단일한 통시적 사실—즉 주격 자체의 소멸로 보는 것은 다소 이상한 느낌을 준다. 소쉬르는 그러한 언어 체계는 변화하지 않을 뿐만 아니라(*CLG* 121) 또 문법의 격은 기호 사이의 관계에 입각해서 〈추상적 본질체〉(*CLG* 190)라고 말하고 있기 때문이다. 만일 한 문법 격 전체가 소멸한 것이 문법 체계 내에서의 통시적 변화의 예가 아니라면 우리는 이것을 어떻게 보아야 할 것인가. 소쉬르는 언어 변화가 그러한 체계에 직접 영향을 미치지 않는다고 했는데 그렇다면 위의 예와 같은 예외가 있어야 할 것이다. 여기에 *CLG*가 다루려고 하지 않는 한 이론적 문제가 있다.

소쉬르는 언어 법칙에 관한 자기 의견을 다음과 같이 요약하고 있다. 〈공시적 현상은 그 무엇이건 간에 어떤 규칙성을 보여 주고 있으나 전혀 강압성이 없다. 이와 반대로, 통시적 현상은 언어에 강요되나 전혀 일반성이 없다〉(*CLG* 134).

3.4 범시적(汎時的, panchronique) 관점이 있을 수 있는가?

음운 변화는 항상 일어난다는 것과 같이 언어의 보편적 특징을 일반화할 수는 있지만 특이한 언어 사실에 대해서는 범시적 관점이 없다(*CLG* 135). 범시적 설명을 할 수 있는 구체적 사실은 랑그의 부분이 될 수 없다. 예를 들면, 프랑스어 *chose*라는 단어는 같은 언어 상태에 속하는 다른 단어와 공시적으로 구별되고, 또 통시적으로는 옛 언어 상태의 단어(예를 들면, 어원적으로 프랑스어 *chose*가 파생한 라틴어 *causa*)들과도 구별될 수 있다. 그런데 이 단어의 음 자체 *šǫz*는 범시적으로 관찰할 수 있다. 그러나 이들 음에는 언어 가치가 없다. 또 왜 하필이면 *ǫza*나 *nšǫ*가 아닌 *šǫz*란 말인가? 그것은 의미를 지니지 않기 때문에 가치가 없다. 범시적으로는 언어의 개별 현상을 다룰 수 없다(*CLG* 195).

3.5 공시태와 통시대의 구별에 관한 논란

이론적 견지에서 본다면, 랑그와 파롤의 구별은 공시적 연구와 통시적 연구의 구별에 앞선 1차적인 것이다. 그것은 언어학의 정당한 대상을 정의하는 것이, 언어 현상의 연구를 명확하게 규정하는 데 필수 조건이 되기 때문이다. 그럼에도 흥미로운 것은 소쉬르가 제1차 강의에서 공시태와 통시태의 구별에 관해서는 설명하고 있으면서도, 랑그와 파롤의 구별은 하고 있지 않은 점이다. 소쉬르가 처음에 공시적 연구와 통시적 연구를 구별한 것은 방법론적 원리를 세우기 위한 것이었다. 다시 말하면, 당시의 전통적 연구에 의해서는 동일 시기의 동일 체계에 속하는 언어 단위의 관계와 시간적으로 다른 계기적인 변화 단계에 있는 단위들을 명백히 구별해서 기술할 만한 이론과 방법이 없었기 때문이다. 그러나 이 구별의 결과, 언어에 대한 명백한 개념을 가질 필요성을 느끼게 되었다. 랑그와 파롤의 구별은 언어 현실, 즉 인간의 언어에 대한 구별인 동시에 언어학의 진정한 연구 대상을 규정하는 것인 데 대해서, 공시와 통시의 구별은 언어학의 방법론적인 것이다. 그리하여 랑그의 기본 개념으로 언어 기호와 가치 등의 일반 이론이 발전하게 되고 한편 방법론적 기본 이론으로 특히 공시적 연구에서의 동일성과 대립, 그리고 통합적/연합적 관계에 관한 이론이 발전하게 된다(여기에 관해서는 제3부 참고).

공시 언어학은 공존하며 체계를 이루는 사항 사이의 논리적 그리고 심리적 관계를 다루는 반면, 통시 언어학은 차례로 일어나는 계기적인 사항, 시간적으로 서로 대치되지만 체계를 이루지 않는 사항 사이의 관계를 연구한다는 것이 소쉬르의 결론이었다. 여기서 중요한 것은 공시론에서는 체계라는 개념이 결정적인 전제 조건이고 공시적 접근에 의해서만 언어의 체계가 밝혀진다고 하며, 통시론에서는 체계와는 관계없이 어떤 한 사항의 변화만을 연구하는 것이라는 소쉬르의 견해이다. 그리하여 공시론과 통시론의 엄격한 구별을 요구하며 그것을 강조한 것으로 생각되고 있다. 그러나 여기에는 복잡한 문제가 숨어 있다.

*CLG*에 보이는 때로는 과장된 표현은 소쉬르의 참다운 이해를 방해하는 난점의 하나로 지적되고 있는데, 실은 그 과장된 표현이 *CLG*의 편집자들의 가필인 경우가 있음을 엥글러의 교정판에서 확인할 수 있다. 한 예를 들면, *CLG*(129)에 〈진화적 사실과 정태적 사실과의 근본적인 이율 배반 l'anti-nomie radical〉이라는 표현이 있는데 수강생들의 노트에서는 〈이율 배반〉 대신에 〈차이 différence〉라는 말만이 보일 따름이다. 그리고 교정판에 의하면, 소쉬르는 공시적 진리와 통시적 진리가 서로 배타적인 것이 아니라는 생각을 가지고 있었다고 한다(Koerner 1973 : §2.2.2.2). 다시 말하면 양자는 상보적인 것이라는 뜻이다. 여기서 엿볼 수 있는 바와 같이 *CLG*의 편집자들은 소쉬르의 생각 중에서 신선하고 특히 중요하다고 생각되는 곳을 강조하려는 나머지, 자료를 마음대로 고치고 소쉬르의 생각에서 이탈하는 경우도 없지 않았다.

공시태와 통시태의 관계에 관한 문제는 아직도 완전히 해결되지 않고 있다. 1928년 제1차 국제 언어학자 회의에서 야콥슨Jakobson은 음운 연구에 있어서 공시성과 통시성의 이율배반이라는 견해는, 언어 변화의 체계적이며 기능적인 생각을 이해하기 위해서는 포기되어야 한다고 비판했다. 일반적으로 랑그와 파롤의 구별을 이어받은 프라그 학파도 공시태와 통시태의 양분에는 소극적이었다. 여기에는 두 가지 이유가 있다. 음운 체계를 고려하지 않으면 음운 변화를 설명하기 어렵고 따라서 소쉬르의 〈공시태 : 통시태＝체계적 : 비체계적〉이라는 생각은 받아들일 수 없다는 것이 그들의 견해이다. *CLG*가 출판된 이래 지금까지 이 구별은 아직도 논의의 대상이 되고 있다(공시/통시의 구별에 관한 논란은 金芳漢 1988 : 17-23 참조).

제3부

『일반 언어학 강의』—공시 언어학

제 1 장 공시태: 개관

1.1 언어 상태

앞에서(*CLG* 141) 소쉬르는 일반 공시 언어학의 목적은 〈모든 특정 공시론적 체계의 근본 원리, 즉 모든 언어 상태의 구성 요인을 정립하는 데 있다〉고 했다. 그러면 특정 공시적 체계와 언어 상태는 정확히 어떤 관계가 있는가? 제2부의 3.2에서 독자들이 양자간에 차이가 있을지라도 그것은 미미한 것이라는 인상을 받았다면 이것은 곧 다른 문제를 제기하게 된다.

〈언어 상태〉라는 것은 언어발달에서 시간상 어느 한 특정된 점에서 자르기만 하면 나타나는 것이라고 생각해서는 안 된다(*CLG* 125, 그림 참조). 언어 상태는 오히려 그 자체가 언어 발달의 한 면인 것이다. 그것은 시간상 다소 긴 시기에 걸쳐 있으며 그 사이에 일어난 변화는 미미하다. 그 시간적 간격은 10년일 수도 있고 한 세대일 수도 있다. 더 길게는 한 세기 혹은 그보다 더 길 수도 있다.

여기서 공시/통시의 대립에 관한 두번째 중요한 수정이 가해진다. 사학자들은 시간의 한 점인 〈시대〉와 어느 정도의 기간에 해당하는 〈시기〉를 구별한다. 그러나 역사가가 안토니우스 시대 또는 십자군 시대에 관해서 논할 때는, 시대라고 부르는 기간 사이에 변하지 않고 지속된 일련의 특성을 고려한 것이다(*CLG* 142). 이렇게 해서 정태 언어학 또한 시대와 관련된 뜻으로 사용될 수 있다. 그러나 〈상태〉라는 말이 더 바람직하다. 요는 〈언어 상태〉는 어느 정도의 기간 동안 동질적으로 나타나는 상태이며, 만일 그 기간 동안에 변화가 있을지라도 그것은 미미한 것이어서 고려하지 않는다. 다시 말하면 한 언어 상태를 연구한다는 것은 미미한 변화를 무시해 버리는 것이 된다. 그러므로 언어 상태의 개념은 대략적일 수밖에 없다. 자료를 단순화하지 않고서는 어떠한 논증도 불가능하다.

1.2 공시태와 통시태

통시적 연구는 정의상 언어 상태의 분석을 포함하지 않기 때문에 언어사에서 변화가 일어나지 않은 시기는 통시 언어학의 범위에서 제외된다. 따라서 통시적 연구는 언어사에서 안정된 시기 사이에 존재하는 시기를 연구하는 데 제한된다. *CLG*는 이 점에 관해서 의심할 여지가 없다. 〈동일 시기에 공존하는 두 언어 중, 하나는 크게 진화하는데 또 다른 언어는 거의 진화하지 않을 수도 있다. 후자의 경우 연구는 필연적으로 공시적일 것이며, 전자의 경우는 통시적일 것이다〉(*CLG* 142). 그리하여 시간 자체는 안정과 변화의 시기로 구별된다. 한편 〈공시〉와 〈통시〉는 서로 대립되는 조사 양식이다. 언어 상태의 새 개념에 의하면, 연구 시기와 연구 양식 사이에 일 대 일의 대응 관계가 있을 것이다. 그것은 시간의 축에 따른 변천 추이가 안정에서 변화로의 추이일 수도 있고, 또 변화에서 안정으로의 추이일 수도 있기 때문이다.

위에서 설명한 관점에서 본다면, *CLG*(115)에 보이는 교차하는 두 축의 단순한 도시보다는 다음과 같이 도시하는 것이 바람직하다고 한다(Harris 1987 : 105).

*CLG*의 도표에서 가로의 축과 세로의 축이 교차하는 것은 순간적인 짧은 시간을 의미하는 것이 아니다. 이것은 장기

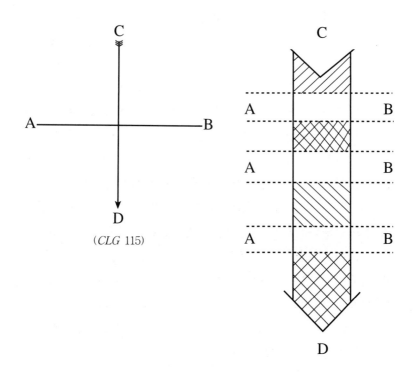

(*CLG* 115)

놀이에서 한 장면 한 장면이 계속되는 것과 똑같다. 한 말을 움직이고 다음 말을 움직일 때 그 사이에 얼마 동안 시간적 여유가 있다면 장기판의 상태는 그 동안 변화하지 않은 것이다. 어떤 상태에서 말을 한 번 움직이면 다음 상태로 변하여, 장기판 위에서는 전과 동일한 상태가 지속되지 않는다. 장기판의 각 상태는 어느 정도의 시간적 간격을 두고 다음 상태로 변한다. 그리고 그 시간적 길이는 다소 길 수도 있고 또 대단히 짧을 수도 있다. 이렇게 해서 장기 놀이는 상태와 변화가 규칙적으로 교체되면서 진행된다. 이것은 *CLG*의 제2부와 제3부에서 설명된 언어 변화의 모형이다.

여기서 다시 한두 문제가 제기된다. 하나는 시간상의 한정이다(*CLG* 143). 말하자면 주어진 언어 상태의 연대적 한계를 결정하는 문제이다. 그러나 이 문제는 여기서는 다루어지지 않고 있다. 시간상의 한정과 꼭 같이 공간상의 한계에 관한 지리적 문제가 다시 제기되기 때문에 언어 상태의 개념은 대략적인 것일 수밖에 없다는 것을 지적하고 있을 따름이다. 언어 상태는 시기, 그것도 지리적 지역과 관련된 시기이다. 연대적 한정과 지리적 한정 문제를 연결시키는 것을 대부분의 독자들은 단순히 다음과 같은 질문에 대한 간략한 답변으로 받아들일 수도 있을 것이다. 언어 x가 정확히 어디서 사용되었고 또 언어 x가 정확히 언제 사용되었는가? 이에 대한 위의 답변은 *CLG*를 피상적으로 읽은 결과일 것이다. 언어 상태를 정의하는 데는 큰 어려움이 있다(*CLG* 143). 시간 이외의 다른 차원이 언어 이론에 관련되는 것을 *CLG*에서는 여기서 처음으로 언급하고 있다.

*CLG*는 제4부 〈지리 언어학〉에서 다시 위의 문제를 논의한다. 그러나 여기서 지리적 한정 문제가 어떤 의미에서 관련이 있는가를 간단히 생각해 볼 필요가 있다. 연대적 넓이와 지리적 넓이의 양면이 있는 언어 상태의 개념은, 그것을 특정 공시 체계의 개념을 파롤의 면에 투영시킨 결과라고 생각한다면 이해가 갈 것이다. 여기서 우리는 소쉬르 언어학에 숨겨져 있는 다른 전제가 있음을 알게 된다. 그것은 통시적 계속성의 메커니즘이 화자 개개인 사이의 접촉에 있다는 것이다. 여기에 관해서는 *CLG*(138)에서 이미 다음과 같이 예고되고 있다. 〈랑그에서 통시적인 것은 모두 파롤에 의해서만 통시적일 수 있다.〉 그러나 거기서는 개인에게서 나타난 잘못이 언어 변화의 원인임을 어떻게 설명하는가 하는 문제에 고찰 범위가 한정되어 있는 것 같다. 사실상 소쉬르의 견해는 주목할 만하다. 파롤의 개인적 활동은 시간과 공간적으로 한정된 맥락에서 행해지기 때문에 통시태는 시간과 공간적으로 한정되는 것이 된다. 특히 개인 사이의 접촉은 통시적 계기성을 보장하는 것이며 이러한 접촉은 어디에선가 행해지고 있다고 보아야 한다. 그리하여 파롤을 통한 접촉이 없다면 통시적 연속성도 없다.

제 2 장 언어의 구체적 본질체

1.1 〈구체적〉 본질체

〈언어를 구성하는 기호는 추상물이 아니라 현실적 대상
이다. 언어학이 연구하는 것은 바로 이 기호들과 이들 사이
의 관계이다. 이들을 언어학의 구체적 본질체라 할 수 있
다.〉 (*CLG* 114).

제2장 제1절은 이렇게 시작된다. 그런데 이 구절에는 미리
그 개념을 분명히 해 둘 용어가 있다. 그것은 〈구체적〉이라
는 용어이다. 소쉬르는 이 용어를 다음 두 가지 뜻으로 사용
하고 있다. 1) 랑그에서는 발화 주체의 의식에 나타나는 것
은 모두 구체적이다. 또는 발화 주체의 감각에 부합하는 것
으로 〈현실적 réel〉과 같은 뜻이다. 위의 인용문에서 언어 기
호가 추상물이 아니라 〈현실적〉 대상이라는 것과 언어 기호
가 언어학의 〈구체적〉 본질체라는 것을 대조해 보면 알 수
있을 것이다. 2) 한편 한계가 확정되어 있는 단위 또는 음성
적 뒷받침이 있는 개념의 단위는 〈구체적 단위〉이다(Engler

1968 : 17). 영어에서 단수와 복수의 형태가 같은 경우(예. *sheep*) 복수형에는 형태 영(零)이 붙어 있다고 한다. 이런 경우 시니피앙의 뒷받침이 없는 단위는 추상적 단위이다.

1.2 단위 설정과 그 어려움

언어학자는 특정 공시 체계에 속하는 언어 기호를 어떻게 식별하는가? 소쉬르가 이 문제를 먼저 든 것은, 이 문제에 대한 해명 없이는 공시적 분석을 시작조차 할 수 없다는 이유 때문이다. 체계는 그것을 구성하는 기호를 고려하지 않고서는 식별되지 않으며 또 그 구성 기호를 식별하는 것은 곧 체계를 분석하는 것이 된다.

제2부의 1.1에서 언어학에서 〈구체적 본질체〉는 언어 기호이며 또 언어 기호는 기호 표현과 기호 내용의 연합에 의해서만 존재한다고 말할 것을 상기할 필요가 있다. 그래서 언어학자는 음과 의미를 분리해서 분석할 수 없다. 실행 가능한 유일한 방법은 각 발화체의 계속된 음 연쇄를 마디로 분할하되, 각 마디는 기호 내용에 대응하는 것이어야 한다. 이 방법을 *CLG*(146)에서 다음과 같이 도시하고 있다.

이것을 다음과 같이 설명한다. 〈기호의 정확한 한계 설정

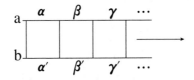

은 음 연쇄(α', β', γ'……)에서의 구분과 개념 연쇄(α, β, γ……)에서의 구분이 일치함을 요한다〉(*CLG* 146).

이 방법의 한 예로 다음과 같은 분석을 들었다. 프랑스어 sižlaprã은 si-ž-la-prã(=*si je la prends* '그것을 잡으면') 혹은 si-ž-l-aprã(=*si je l'apprends* '내가 그것을 배우면')으로 분석되지만 다른 방도는 없다. 그것은 음 연쇄를 다르게 분할하면 그 의미를 알 수 없기 때문이다. 이 분석 결과를 검증하고 추출된 단위를 확인하기 위해서는 동일한 단위가 나타나는 일련의 구를 비교해 보아야 하는데, 문제의 단위가 의미를 고려하여 문맥에서 분리될 수 있어야 하는 것이다. 다음 두 구 laforsdüvã(=*la force du vent* '바람의 힘'), abudfors(=*à bout de force* '힘이 다하여')에서 〈두 경우, 동일한 개념이 동일한 음 분할체 fors와 일치한다. 그리하여 그것은 분명히 언어 단위이다〉(*CLG* 147). 그러나 ilməforsaparlę(=*il me force à parler* '그는 나에게 말하도록 강요한다')에서는 〈fors의 의미가 전혀 다르다. 그러므로 다른 단위이다〉(*CLG* 147).

위에서 소쉬르가 말하는 〈구체적 본질체〉나 〈구체적 단위〉가 전통적 단위인 〈단어〉에 해당하지 않은 것은 분명하다. 예컨대 프랑스어 단수형 *cheval*('말')과 그 복수형 *chevaux*('말들')은, 전통적으로 단일 단어의 형태로 보지만, 소쉬르는 두 개의 서로 다른 〈구체적 단위〉로 보게 된다. 이와 마찬가지로 프랑스어에서 〈월(月)〉을 의미하는 단어인 mwa와 후속 모음과 리애종한 mwaz을 소쉬르는 두 개의 다른 기호로 본다. 분명하게 식별되는 의미가 있는 접미사, 접두사, 어간 등도 구체적 단위가 된다. 전통적으로는 이들을 별개의 단위로 보지 않은 것이다. 한편 단일 단어보다 큰 구체적 단위 (복합어)도 있다.

음 연쇄를 이렇게 분석할 때, 어떤 단위가 나타나는가를 결정하기가 매우 어려운 경우가 많이 있음을 소쉬르는 지적하고 있다. 소쉬르 자신 〈이들 단위의 구분이 너무나 미묘한 것이어서 이들이 현실적으로 있는지를 자문하게 될 정도이다〉(CLG 149)라고 그 어려움을 시인하고 있다. 그러나 이것은 언어를 다른 모든 기호학적 제도와 구별하는 한 특징으로 생각된다. 〈그리하여 언어는 기이하고 놀라운 특징을 보여주고 있으며 바로 지각될 수 있는 본질체가 아니다〉(CLG 149).

위에서 본 sižlaprã을 si-ž-la-prã으로 분석했을 때, 소쉬르는 la를 l와 a로 더 분석할 수 있는지에 관해서는 언급하지 않았다. 말하자면 대명사 la의 정서법적 형태에서 분석이 끝난 것이다. 이것은 분명히 이 대명사 형태가 단일 개념에 대응한다고 생각했기 때문일 것이다. 그러나 프랑스어에서 la는 le와 대립하기 때문에 la가 더 분석될 수 있는지 문제가 된다. 왜냐 하면, l는 대명사 인칭(전통적으로는 3인칭)을 표시하고 모음은 성(la는 여성이고 le는 남성)을 표시하는 것으로도 분석이 가능하기 때문이다.

소쉬르가 si-ž-l-aprã로 분석했을 때 자음 l만으로 부정성(不定性)의 3인칭 대명사가 표시되고 있다. 그러나 CLG에서는 그러한 분석 가능성이 다만 설명되지 않았는지 또는 어떤 이유 때문에 거부되었는지 확실하지 않다.

제2장에서 소쉬르가 예를 들어 설명할 때 그 기저에 어떤 전제가 있었던 것으로 보인다. 그것은 랑그에 관한 토박이

화자들의 지식과 관련된 것이다. 그러나 그 전제의 내용과 이론적 성격을 정확하게 결정하기는 용이하지 않다. 그 이유는 다음에 밝혀질 것이다.

소쉬르는 기본적으로 토박이 화자는 잠시만 생각하면 언어 구조의 특징을 정확하게 식별할 수 있다고 전제하고 있는 것 같다. 이 전제는 이론적으로 대단히 중요하다. 이 전제대로라면 소쉬르가 언어 기호를 식별하는 절차를 체계적으로 설명하고 있지 않고 있는 이유를 알 것 같다. 프랑스어의 토박이 화자 같으면 sižlaprã을 위에서와 같이 분석하는 데 이의가 없을 것이며 또 그러한 분석에 필요한 증거를 제시할 필요조차 없을 것이다. 그리하여 토박이 지식인이면 누구나 언어학자와 같은 결론에 이른다고 보아야 할 것이다. 이와 같이 소쉬르도 토박이 화자는 *la foce du vent*의 fǫrs와 *il me force a parle*의 fǫrs는 의미가 전혀 다름을 거의 직관적으로 알 수 있다고 생각했을 것이다. 그러나 화자의 그러한 언어 능력은 간단히 해명될 수 있는 문제가 아니다.

여기서 소쉬르의 언어 단위에 관한 견해를 요약하면 다음과 같다. 〈언어의 요소가 존재한다는 것은 그것을 발화 주체가 부여하는 가치 — 분명한 의미 — 와 더불어 앞 뒤 어느 쪽으로도 한계가 그어지는 것이다〉(Godel 1957 : 24). 즉 언어의 요소는 아프리오리하게 분절되는 실체가 아니라, 발화 주체의 의식이 말의 연쇄체를 분절했을 때 비로소 존재한다는 것이다.

제 3 장 동일성, 실재, 가치

1.1 동일성

소쉬르는 공시 언어학의 모든 것은 언어 단위의 동일성에 의존한다고 강조한다. 이것은 사소한 방법론적 문제가 아니다. 〈정태 언어학에서 그 어떤 근본적 개념도 단위의 생각에 직접 의존하거나 심지어 이 생각과 일치하기까지 한다〉(*CLG* 150)고 소쉬르는 강조한다. 제3장은 이 명제를 논증하려고 하는 것이다. 그런데 언어 단위의 문제는 다음 세 가지로 구별된다. 1) 공시적 동일성은 무엇인가? 2) 공시적 현실은 무엇인가? 3) 공시적 가치는 무엇인가? 다음에 이들 세 가지 문제를 차례로 보기로 한다.

두 언어 요소의 동일성을 정의하면서 소쉬르는 두 가지 종류의 동일성을 구별하고 있다. 그것은 〈자료적 matériel 동일성〉과 〈관계적 relationnel 동일성〉이다. 이것은 설명하기 위해서 소쉬르는 다음과 같은 예를 들었다. 〈주네브 발 파리행 오후 8시 45분 급행 열차〉가 24시간 간격으로 출발할 때 우리는 이들 열차가 〈동일〉하다고 한다. 24시간 간격으로 출발하는 두 열차에는 승무원, 승객, 기관사 등 동일한 것이 하나도 없다. 그럼에도 그들은 같은 열차라고 한다. 왜 그런가? 그들 열차는 주네브 발 디종Dijon 행의 지방 열차도 아니고 또 파리 발 주네브 행 열차도 아니다. 다시 말하면 열차 운행 체계에서 다른 열차와 구별되기 때문이다. 체계 내에 있어서의 그 위치는 그 이외의 위치와의 대립에 의해서 동일하기 때문인 것이다. 이러한 동일성을 관계적 동일성이라고 한다(Godel 1987 : 60).

위와 다른 경우로서 내가 옷을 도둑 맞은 후 헌 옷 가게 진열대에서 되찾은 경우를 생각해 보자. 이 경우는 천, 안감, 단 등이 모두 같다. 이런 경우를 자료적 동일성이라고 한다. 먼저의 옷과 아무리 비슷하더라도 딴 옷은 내 옷일 수가 없다. 그러나 언어의 동일성은 옷의 물질적 혹은 자료적 동일성이 아니라 급행 열차의 동일성과 같다. 즉 언어학적 동일성은 관계적 동일성이다. 다시 언어의 예를 보자. 언어의 두 요소가 자료적으로는 동일하지만, 체계 내에서 다른 위치에 있는 경우가 있다. 예를 들면 *dent* '이(齒)'와 *dans* '…내에'은 모두 [dã]으로 발음되는 자료적 동일성이 있으나 그것이 다른 단어인 이상 관계적 동일성은 없다. 한편 체계에서는 같은 관계에서 생긴 하나의 사항이 자료적으로는 다른 음성적 단편으로 나타나는 경우가 있다. *dans*이 자음 앞에서는 [dã]으로 발음되고 모음 앞에서는 연음 현상에 의해서 [dãz]로 발음된다. *dent* - *dans*는 자료적 동일성이고 [dã]과 [dãz]에는 자료적으로는 다르나 관계적 동일성이 있다.

소쉬르는 다시 *messieurs* [*monsieur* '남성에 대한 정중한

호칭'의 복수형]의 예를 들고 있다(*CLG* 152). 이 단어는 발음할 때마다 그리고 장소에 따라서 상당히 변이한다. 그것은 동일한 단어가 여러 가지로 실현되는 것에 지나지 않는다. 실제로 발음된 것에는 자료적 유사성이 있을 따름이다. 그리고 그 하나하나에는 다른 단어가 될 수 있는 차이가 없다. 중요한 것은 다른 단어와 구별되는 차이가 없다는 사실이다. 따라서 그들에는 관계적 동일성이 없다. 그 발음은 다른 단어와 혼동되지 않는 범위 내에서 변이할 수 있다. 의미 면에서도 다른 단어의 의미와 혼동되지 않는 범위에서 변이할 수 있다. 중요한 것은 그러한 변이가 있더라도 그 단어가 다른 단어와 구별된다는 사실이다(*CLG* 162). 다시 말하면 그 단어를 다른 단어와 구별하는 〈차이〉가 중요한 것이다. 그리하여 소쉬르는 〈랑그에는 차이만이 있다〉고 한다(*CLG* 166). 이 차이와 동일성에 의해서 언어의 전체 체계가 조직된다. 고델(Godel 1957 : 259), 엥글러(Engler 1968 : 19)는 소쉬르가 동일성과 차이에 관해서 몇몇 자료에서 언급한 것을 정리하고 있다. 그 중에서 한두 예를 보기로 한다.

〈가치, 동일성, 단위, 실재는 같은 것이다.〉
〈A와 A가 아닌 것의 차이는 곧 양자가 대립하는 것이 된다. 이것은 랑그의 단위와 불가분의 관계에 있다. 이것이 랑그의 유일한 현실이고 주체의 의식에 도달하는 유일한 구체적 요소이기도 하다.〉
〈랑그의 모든 메커니즘은 동일성과 차이를 둘러싸고 움직이고 있다. 단위의 문제와 동일성의 문제는 같은 것이다.〉

1.2 실재

다음 문제는 〈공시적 실재는 무엇인가?〉이다. 체계적 분석만으로는 언어 구조의 실재가 드러나지 않는 것을 알고 있기 때문이다. 소쉬르는 전통적인 〈품사 분류〉와 같은 체계적 분류가 랑그의 단위 표를 어느 정도까지 이룰 수 있는가를 묻고 있다. 소쉬르는 말하기를 〈실사, 동사, 형용사 등의 단어 구분은 부인할 수 없는 언어 실재가 아니다〉(*CLG* 153)라고 한다. 품사 분류는 불완전하고 결함이 있는 유별(類別)인 것이다. 체계적 분류는, 언어 단위의 특징에 입각했을 때라도, 구조적이며 공시론적 실재를 밝힌다는 보장이 없다.

〈이처럼 언어학은 문법학자들이 만들어 낸 개념을 끊임없이 다루는데, 이들 개념이 과연 언어 체계의 구성 요인에 대응하는지는 알 수 없다. 그러면 어떻게 알아 낼 수 있는가? 그리고 이들 개념이 유령에 불과하다면, 어떤 실재를 그것과 바꾸어야 하는가?〉 (*CLG* 153)

이 질문에 대한 소쉬르 자신의 해답은 다음과 같다.

〈오류에서 벗어나려면 우선, 언어의 구체적 실재는 스스로 우리 눈 앞에 나타나지 않는다는 것을 납득해야 한다. (이 실재를 파악하고자 노력한다면, 언어 현실에 도달하게 될 것이다. 이를 바탕으로, 언어학은 자기 영역에 속하는 현상들을 정리하는 데 필요한 분류법을 만들어 낼 수 있을

것이다.)〉(*CLG* 153)

이것은 다소 막연한 해답이다. 그러나 중요한 것은 〈언어의 구체적 실재는 스스로 우리 앞에 나타나지 않는다는 것〉이다. 우리는 그것을 파악해야 하는 것이다. 참고로 고델(Godel 1957 : 116)에 의하면 위의 인용문에서 ( )속의 부분은 편집자들이 삽입한 것이다.

1.3 가치

우리는 앞에서도 〈가치〉라는 용어를 사전 설명 없이 사용했다. 그런데 *CLG*(153) 제3장에서 사용되는 가치의 개념은 다른 곳에서 사용되는 것과 같다고 한다. 공시론적 가치에 관해서는 다음 제4장에서 상세하게 설명될 것이고 2절에서 설명하는 것은 제4장에 대한 도입 부분이라고 할 수 있다.

예를 들어 영어의 *foot* '발(단수)'와 *feet*(복수)는 그 차이에 의해서 가치를 갖는다고 한다. 즉 단위 A가 가치를 가지는 것은 A가 아닌 것과의 차이에 의해서다. 언어 체계를 이루는 요소는 각기 다른 것과의 차이에 의해서 각자의 가치를 지닌다. 그리하여 소쉬르는 〈랑그 내에는 차이밖에 없다〉(*CLG* 166)고 말한 바 있다.

가치를 설명하기 위해서 소쉬르는 다시 장기 놀이의 예를 들었다. 만일 어느 말이 없어지면 옆에 있는 아무거나 적당한 것을 대용해서 쓸 수 있다. 이와 같이 말의 순수한 자료적인 것은 중요하지 않다. 중요한 것은 다른 말과의 차이에 의한 가치인 것이다. 그러므로 가치는 직접적으로는 알 수 없는 관계라고 할 수 있다. 말의 자료가 무엇이든 같은 가치를 부여하면 어느 요소는 다른 요소와 동일한 것이 된다. 이것과 관련해서 소쉬르는 다음과 같이 설명하고 있다.

〈언어와 같은 기호 체계에서는 특정 규칙에 따라 요소들이 상호 연관되어 균형을 이루므로, 동일성의 개념은 가치의 개념이고 가치의 개념은 곧 동일성의 개념임을 알 수 있다.〉(*CLG* 154)

여기서 동일성과 차이의 개념은 종이의 앞뒤 면과 같은 관계임을 잊어서는 안 될 것이다.

제4장 언어 가치

1 언어 가치 이론의 전개

1.1 개관

고델(Godel 1957)이 밝힌 바에 의하면, 가치의 개념은 소쉬르의 언어 이론 전개에서 다소 늦은 단계에서 도입된다. 그러나 소쉬르는 예민한 관심을 보여주고 있다. 가치의 개념은 연역의 결과가 아니고 근본 원리로서 부각되고 있으며, 그 중요성은 *CLG* 전체를 통해서 확인된다. 그것은 몇 가지 다른 시각에서도 고찰되고 있는데 그 중 하나가 위에서 본 동일성에 대한 답변이다.

*CLG*의 제2부 제2, 3장에서는 가치의 개념의 논리적 필연성을 도입했는데, 그 이론이 전개되는 것은 *CLG*에서 가장 독창적이고 주목할 만한 부분으로 평가되는 제4장에서이다.

제4장에서는 〈언어란 무엇인가?〉의 문제가 다시 논의의 초점이 되고 있다. 이것은 공시 언어학에 관한 가장 중요한 문제이며 따라서 *CLG* 전체를 통해서 가장 중요한 부분이

바로 제4장임을 알 수 있다. 여기서 공시론적 분석이 무엇을 분석해야 할 것인가를 해명하려고 한다.

1.2 사항 terme

CLG에는 사전 설명 없이 여러 용어가 사용되고 있다. 이 책에서도 앞에서 수차 사용한 〈사항〉이라는 용어도 그 한 예이다. 제4장부터는 체계와 관련해서 이 용어가 자주 사용되고 있기 때문에 이에 관한 개념을 정리해 둘 필요가 있다.

소쉬르는 체계에 관해서 언급할 때 체계를 이루는 요소들을 지칭하기 위해서 사항이라는 용어를 사용한다. 그러나 CLG의 편집자들이나 주석자들은 사항이라는 용어에 별다른 관심을 갖지 않았다. 그러나 고델(Godel 1957 : 220)에 의하면 〈그것은 소쉬르 언어학에서 중심적 키워드의 하나이다〉라고 지적하고 있다. 소쉬르는 사항이라는 단어와 기호라는 용어를 혼동하지 않았다. 그것은 소쉬르가 〈우리들이 단어라는 말 대신에 사항이라고 하는 경우는 체계를 암시하고 있다〉는 것을 알고 있었기 때문이라고 강조하고 있다(Godel 1957 : 228). 그리고 소쉬르는 체계를 추출하기 위해서 사항부터 시작해서는 안된다고 설명하고 있다. 반대로 체계부터 시작해야 한다. 그것은 단어가 미리 가치를 지니고 있다고 생각하기 쉽기 때문이다. 사항이 존재하는 곳에는 가치도 또한 존재하는 것이다. 요약하면 체계를 이루는 요소를 사항이라고 한다.

1.3 형식 forme과 실질 substance

가치의 개념이 공시 언어학의 문제를 해명하려는 소쉬르의 중추적 열쇠임은 이미 위에서 언급한 바와 같다. 그러면 언어 가치란 정확히 어떤 것인가. 이 개념을 정의하기 위해서 소쉬르는 대립되는 두 문제를 든다. 하나는 출발점으로서 〈형식〉과 〈실질〉의 구별을 들고 〈가치〉를 형식에 의해서 설명하려고 한다.

소쉬르는 실질과 형식을 다음과 같이 설명한다. 심리적으로 보아 우리의 사상은 아무런 형태도 없고 불분명한 덩어리에 불과하다. 다시 말하면 사상 그 자체는 성운(星雲)과 같아서 그 속에 아무 것도 구분이 되어 있지 않다. 이것이 사상면의 〈실질〉이다. 다음 그림에서(*CLG* 156) A로 표시되는 것이다. 한편 음도 그 자체는 아무런 형태도 없고 불분명한 것에 지나지 않는다. 이것이 음성 면의 〈실질〉이다. 다음 그림에서 B로 표시되는 것이다.

그런데 A면에서 공시론적으로 단위가 구분되면 그것이

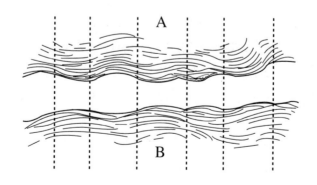

〈형식〉이다. 또 B면에서도 시차적 차이가 있는 단위로 구별되면 그것이 〈형식〉이 된다.

형식과 실질의 양분은 유럽 철학에서 오랜 역사를 가진 문제이다. 그런데 그 양분에 관한 소쉬르의 견해는 고전 철학의 그것과 다르다. 그러나 우연한 유사성이 엿보인다. 형식이 실질 속에 내재하지 않는다는 것이 철학계의 상식이다. (비록 형식이 실질로 구현되지만.) 예를 들면, 책상은 그것을 만드는 나무(실질) 없이는 존재하지 않는다. 그러나 실질적 성분은 책상을 구성하기 위해서 어떤 형태로든 존재해야 한다. 책상을 책상으로 만드는 것은 책상을 책상이 아닌 다른 가구들과 구별하는 차이이다. 이 예와 같이 *Chaise*라는 발화체를 발화체로 만드는 것은 우리가 분절하는 음도 아니요, 또 마음속의 사고도 아니다. 그 발화체는 〈프랑스어〉라고 부르는 공시론적 가치 체계에 의해서 결정된 형식인 것이다.

소쉬르의 이 이론은 근본적으로 언어 분석(랑그의 형식적 분석)과 그리고 실질적으로 관계가 있는 것에 관한 연구를 혼동하지 말라는 것이다. 무엇보다도 음성학이 그것이다. 이 문제에 관해서 제4장의 제3절(자료의 관점에서 본 언어 가치)은 대단히 돋보인다. 〈음이 자료적 요소로서는 스스로 랑그의 부분이 될 수 없다〉(*CLG* 164). 더 분명하게 말한다면, 기호 표현은 〈본질적으로 음성적인 것이 아니다〉. 기호 표현은 자료적 실질에 의해서 구성되는 것이 아니라 다른 기호 표현과 구별하는 차이에 의해서만 구성된다. 〈말소리는 무엇보다도 대립적, 상대적, 소극적 본질체이다〉(*CLG* 164). 한편 기호 내용도 마음의 사상과 혼동해서는 안 된다. 그리하여 프랑스어 단어 *mouton* '양'과 영어 단어 *sheep*는 의미가 같다고 할 수 있으나 두 단어의 가치는 서로 다르다. 영어 *sheep*은 프랑스어 *mouton*과 대립하기 때문이다. 프랑스어에서는 *mouton*이 가축과 그 가축의 고기를 의미하지만 영어의 *sheep*은 그 가축만을 의미한다.

기호 내용과 기호 표현의 관계를 여기서 다시 생각해 보기로 하자. 양자는 불가분의 관계에 있다. 그것은 마치 종이의 앞뒤 면과 같은 것이다. 가위로 종이를 자를 때 뒷면을 자르지 않고 앞면만 자를 수 없고 그와 반대의 경우도 같다. 이렇게 비유할 때, 종이는 〈실질〉이고 가위로 자른 모형이 〈형식〉인 것이다. 그 모양은 다른 단편의 모양과 대립적이고 상대적이다. 참고로 〈단어〉라는 용어에 유의할 필요가 있다. 단어를 정의하기는 대단히 어려우나 소쉬르는 다음과 같은 뜻으로 사용하고 있다. 〈단어는 언어 단위의 정의에 정확하게 부합하는 것은 아니지만, 적어도 언어 단위에 대해 대강은 짐작할 수 있으며, 이 짐작은 구체적이라는 이점이 있다. 따라서 우리는 단어를 공시적 체계의 실재적 사항에 준하는 표본으로 간주한다〉(*CLG* 158). 소쉬르가 사용하는 용어, 단어와 사항 또는 단위에는 이러한 미묘한 차이가 있다. 단위에 관해서는 앞에서 이미 설명한 바 있다.

2 개념의 관점에서 본 언어 가치

2.1 가치와 의미

랑그는 사항들의 여러 관계에 의해서 조직화되는 체계이다. 이들 사항이 가치를 산출한다. 그러면 가치란 무엇인가? 가치는 체계 내의 다른 사항과의 대립 관계에서 생기는 차이라고 할 수 있다. 이런 가치에 의해서 의미가 형성된다. 언어의 본질체는 체계의 사항이기 때문에 곧 가치인 것이다.

그런데 의미는 기호의 정의에서도 이미 문제가 되었다. 기호 내용은 기호 표현의 표의적(表意的) 상태 면이다. 그렇다면 기호 내용과 의미와 가치 사이에는 어떤 관련성이 있는가? 의미는 단어를 독립적이고 자족적인 것으로 보았을 때 기호 표현과 기호 내용의 관계에서 나타난다. 이 관계는 이미 다음과 같이 도시한 바 있다. (위에서 〈의미〉는 원문의 signification을 번역한 것이다. 고델(Godel 1957 : 241-2, 276)은 signification과 sens을 동의어로 본다.)

한편 차이의 원리에 의하면, 기호는 〈랑그의 다른 기호와

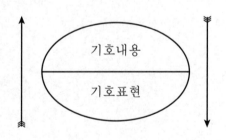

상대적인 것〉이다. 이러한 기호들의 상호 의존 관계를 소쉬르는 다음과 같이 도시하고 있다. 여기서 수평의 화살표는 기호 사이의 여러 관계, 즉 가치의 성립을 나타내고 있다.

〈랑그는 하나의 조직이며 그 사항은 모두 연대적인데, 거기서 한 사항의 가치는 다른 사항들이 동시에 존재하는 데서 생긴다〉(*CLG* 159). 이것을 증명하기 위해서 영어 *sheep*와 프랑스어 *mouton*의 예를 다시 생각해 보자. 양자는 의미는 같으나 가치는 다르다. 영어에서 *sheep*은 *mutton*과 대립하지만 프랑스어에서는 후자도 *mouton*으로 번역되기 때문이다. *mouton*의 가치를 정하기 위해서는 *mouton*이 *bélier* '숫양'도 아니고 *brébis* '암양'도 아님을 제시할 필요가 있다. *sheep*의 가치도 그와 같은 대립 관계에 의해서 구성된다. 이와 같이 개개의 의미는 그러한 대립 관계에 의해서 한계가 정해져 있는 것이다.

이러한 사실을 통해서 차이는 어느 단위에 이차적으로 부여될 수 있는 성격의 것이 아니라 그 단위를 구성하는 것임을 알 수 있다. 단위 a의 의미를 확정하기 위해서는 그 단위를 〈적극적〉인 여러 성질에 의해서 고찰하지 않는 것이 아니라, 그와 반대로 a가 b도 아니고 c도 아니라는 것을 〈소극적〉으로 고찰해야 한다.

[적극적, 소극적은 각각 positif, négatif의 역어이다. 음운을 예로 들어 이 용어의 뜻을 보기로 한다. 음운을 분류할 때 그들이 무엇으로 이루어져 있는가를 아는 것보다는 그들이 어느 점에서 서로 다른가를 고찰하는 것이 중요하다. 이런 경우 〈적극적〉인 요인보다 〈소극적〉인 요인이 중요하다고 한다. 다시 말하면, 가치는 차이적인 것이며 그 내용에 의해서 소극적으로 정의되는 것이다. 이러한 뜻에서 소쉬르는 〈음운은 대립적, 상대적, 소극적 본질체〉(*CLG* 164)라고 한다.]

한편 소쉬르는 모든 가치에 이중적 성격이 있음을 설명한다. 가치는 1) 교환할 수 있는 두 개의 다른 사물과 2) 비교할 수 있는 두 개의 같은 사물과의 관계에서 생긴다. 소쉬르는 이 정의를 화폐와 비교해서 설명한다. 1)은 화폐를 다른 것, 가령 일정량의 빵과 교환할 수 있다. 2)는 같은 체계에 속하는 유사한 가치, 가령 프랑스의 1프랑짜리 동전은 다른 체계의 화폐(미국의 1달러)와 비교할 수 있다. 〈마찬가지로 하나의 단어도 상이한 것, 하나의 개념과 비교할 수 있다. 뿐만 아니라 동질적인 다른 사물, 즉 다른 단어와 비교할 수 있다. 따라서 단어가 어떠어떠한 개념, 즉 어떠어떠한 의미와 교환될 수 있다는 것을 확인하는 데 그치는 한, 단어의 가치는 미정인 것이다. 그 단어를 유사한 가치, 즉 이와 대립 가능한 다른 단어들과도 비교해 보아야 하는 것이다. 단어의 내용은 자기 외부에 있는 것의 도움을 받아야만 진정으로 결정된다. 단어는 체계에 속하므로 의미뿐만 아니라 무엇보다도 가치를 지니는데, 이는 전혀 별개의 것이다〉(*CLG* 160).

이상 설명한 바에서 의미는 두 각도에서 접근할 수 있으며 그리고 그들은 합치하는 것임을 알 수 있다.

가치는 어휘와 문법 면에서도 그렇다. 어휘 면에서 보면, 의미가 상호 한정의 산물임을 용이하게 알 수 있다. 따라서 절대적 동의어는 결코 존재하지 않으며 개개의 사항은 그 이외의 사항에 의해서 한정되는 것이다. 문법 면에서도 같다. 소쉬르는 복수의 예를 들어 설명한다. 복수는, 그것이 단수와만 대립하는 프랑스어에서와, 쌍수를 포함한 형태론적 체계를 가진 산스크리트어나 그리스어에서는 가치가 다르다. 또한 게르만 조어에는 미래의 고유한 어형이 없고 현재형이 대신한다. 그러므로 게르만어에서의 현재형의 가치는 현재형과 미래형이 있는 언어에서의 가치와 다르다. 이러한 사실들을 요약하면, 가치는 체계에서 나오는 것이며, 가치가 개념에 해당한다고 하나 가치는 차이적인 것이다. 그리고 가치는 〈그 내용에 의해서 적극적으로 정의되지 않고, 체계 내의 다른 사항들과의 관계에 의해서 소극적으로 정의되는 것이다〉(*CLG* 162).

2.2 소쉬르와 가치 이론

언어 기호의 가치 이론은 소쉬르 언어학에서 중요한 위치에 있으며 그것은 소쉬르에 의해서 언어학의 가장 중요한 부분에 도입된 새로운 개념이다. 실제로 소쉬르 이전에 어느 언어학설에서도 가치의 개념이 거론된 바 없다.

소쉬르 언어 이론에서 가치의 이론이 형성되는 것은 두 가지 각도에서 볼 수 있다. 하나는 소쉬르의 인구어 비교 언어학에 관한 여러 연구와 관련이 있다. 이러한 연구에서 이미 체계의 이론이 싹 트는 것은 잘 알려진 사실이다. 여기서 가치 이론의 근원을 엿볼 수 있다. 그 뒤 첫번째 일반 언어학 강의에서 그의 유명한 가치에 관한 정의가 나타난다. 소쉬르는 〈절대적 가치가 아니라 상관적, 대립적, 상대적, 소극적 가치를 고찰할〉(Godel 1957 : 65) 필요성을 강조한다. 한편 소쉬르의 언어 이론에서 가치의 원리가 형성되는 또 다른 계기가 된 것은 그가 경제학 영역에도 밝았다는 사실이다.

당시 경제학에서 논의되던 두 가지 형의 가치, 즉 〈소비 가치〉와 〈교환 가치〉를 소쉬르도 채용했던 것이다(*CLG* 161-2 참조).

소쉬르가 가치의 두 면, 즉 개념적 관점에서 본 가치와 자료적 관점에서 본 가치(후자는 다음 3장에서 설명된다)를 고찰했을 때, 소쉬르는 실제로는 체계 내부에서 다른 사항과의 상관 관계에 의해서 규명된 가치의 해석만을 고려하고 이것은 그의 모든 연구에서 지배적이었다. 바로 이 해석이 소쉬르 시대의 다른 이론과 다른 점이고 또 후대의 언어학 발전에 영향을 미치게 된다.

여기서 한 가지 유의할 것은 *CLG*에는 편집자에 의해서 생긴 모순된 부분이 있다는 점이며 여기에 관해서는 이미 언급한 바 있다. 그러한 모순의 하나는 의미(=signification)와 의미(=sens)를 분명하게 구별하지 않은 데서 비롯된다. 어느 곳에서는 〈가치는 의미(=signification)가 아니다〉라고 하고, 그것은 체계 내에서의 그들의 상관 관계에 의해서 존재하는 것이라고 지적하고 있다. 그런데 또 다른 곳에서는 〈가치는 모든 의미(=sens) 요소이지만, 의미(=sens)를 가치와 다르게 생각하지 않는 것이 중요하다〉(Godel 1957 : 236)고 말하고 있다.

3 자료의 관점에서 본 가치

3.1 자료 면의 가치

〈가치의 개념 부분이 언어에 있는 다른 사항들과의 관계와 차이에 의해서만 구성된다면, 가치의 자료적 부분 역시 마찬가지이다. 단어에서 중요한 것은 소리 그 자체가 아니라, 그 단어를 그 외의 모든 단어와 구별시켜 주는 음적 차이이다. 왜냐 하면 의미를 지니는 것은 바로 이 차이이기 때문이다. …… 하나의 언어 단편은 궁극적으로 그 나머지 것과의 불일치에 근거해서 있을 뿐이라는 것은 선험적으로도 명백하다. 자의적이라는 것과 차이적이라는 것은 두 개의 상관적 성질이다〉(*CLG* 163). 소쉬르는 이와 같이 자료 면에서 가치를 설명하면서 〈자의적과 차이적 성질〉이라고 하는데 이것은 다음 3.2에서 다시 설명될 것이다.

소쉬르는 위와 같은 설명을 논증하기 위해서 다음과 같이 말한다. 〈언어 기호의 변천은 이런 상관 관계를 잘 보여 준다. 사항 a와 b가 그 자체로서는 의식의 영역에 도달하는 것이 근본적으로 불가능하다는 바로 그 이유 때문에 — 의식은

항상 a/b의 차이만을 인식한다 — 이 두 사항은 각각 자신의
의미 기능과는 하등 관계가 없는 법칙에 따라서 마음대로 변
할 수 있는 것이다. 체코어의 복수 속격 žen '아내'에는 어떠
한 적극적 기호에 의해서도 [복수가] 표시되지 않는다. 그런
데 이것이 단수 대격 žena와 대립하는 것은 그들의 차이 —
즉 žen은 복수가 형태 영으로 표시되는 — 에 의한 것이다.
(원문 일부를 의역함)〉(*CLG* 163)

　기호 표현은 그 본질에서 자료적 실질에 의해서 구성되는
것이 아니라, 단지 자신의 청각 영상과 그 외의 모든 청각
영상을 구별하는 차이에 의해서 구성된 것이다. 〈이 원칙은
본질적인 것이어서 언어의 모든 자료적 요소에 적용되며, 음
운도 물론 이에 포함된다. 각 고유 언어는 음성 요소 체계를
토대로 하여 자신의 단어들을 구성하는데, 이들 음성 요소는
뚜렷이 구분되는 단위를 이루고 그 수도 완전히 한정되어 있
다. 그런데 이들 음성 요소의 특성은, 보통 생각하게 되듯이
이들의 고유하고 적극적 특질에 있지 않고, 단순히 이들이
서로 혼동되지 않는다는 사실에 있다. 음운은 무엇보다, 대립
적, 상대적, 소극적 본질체이다〉(*CLG* 164).

　이상은 그 내용을 이해하는 데 어려운 점이 없을 것이다.
따라서 *CLG*의 원문을 그대로 고찰하는 데서 그쳤다.

3.2 가치와 자의성

　자의성에는 두 가지 면이 있다. 자의성 1은 기호 내부의
기호 표현과 기호 내용의 관계에서 볼 수 있는 것이다. 즉

기호가 지니고 있는 개념과 청각 영상 사이에 자연적 또는 논리적 관계가 없다는, 말하자면 한 기호 내에서의 관계라고 할 수 있다. 이에 관해서는 언어 기호에 관한 제2장 1.2에서 이미 소상히 설명한 바 있다. 이것을 제1의 자의성이라고 한다면, 제2의 자의성은 〈개개의 사항이 지닌 가치가 그 체계 내에 공존하는 다른 사항과의 대립 관계에서 결정된다〉는 자의성으로서, 한 언어 체계 내의 기호들의 상호 관계에서 나타나는 것이다. 다시 말하면 어느 한 기호의 기호 내용은 다른 기호들과의 상호 한정에 의해서 형성되는데 그 상호 한정 관계가 자의적이라는 것이다. 소쉬르가 제2의 자의성을 가치의 개념과 더불어 도입한 것에서도 알 수 있는 바와 같이, 제1의 자의성은 제2의 자의성의 이차적 산물이라고 할 수 있다. 그리고 기호의 상호 한정에 의해서 차이가 생기는 것은 당연하다. 그러므로 〈자의적〉과 〈차이적〉은 두 개의 상관적 성질이다(*CLG* 163).

4 전체에서 본 가치

4.1 차이

위에서 고찰한 것을 요약하면 결국, 언어에는 차이만이 존재한다는 사실이다. 차이는 일반적으로 적극적 사항을 전제하고 이들 사이에서 성립된다고 생각하기 쉽다. 그러나 언어에는 적극적 사항이 없고 차이만이 존재한다. 언어가 내포하는 것은 언어 체계에 선행해서 존재하는 개념이나 소리가 아니라, 단지 언어 체계에서 나온 개념적 차이와 음적 차이일 뿐이다. 기호가 갖는 개념이나 음적 자료보다는 〈그 기호의 주위에 있는 것〉, 즉 다른 기호들 속에 있는 개념이나 음적 자료가 더 중요하다. 그 증거로 한 사항의 의미와 소리를 손대지 않았는데도, 단지 인접한 다른 사항이 변했다는 사실만으로 그 가치가 변할 수 있는 것이다(CLG 166).

위에서 〈그 기호의 주위〉라고 했는데 주위란 구체적으로 무엇을 의미하는가?

소쉬르는 언어 사항 사이의 관계와 차이는 분명히 다른 영역 속에서 전개되며, 각각 어떤 질서의 가치를 가지게 된다고 하고, 통합 관계와 연합 관계라는 두 가지 관계를 들었다. (이 두 관계는 다음 장의 주제가 될 것이다.) 요소가 발화 연쇄상에 순서대로 배열될 때 이것을 통합이라 하며, 사항이 통합 내에 있을 때 각 사항은 그것에 선행하는 것과 후속하는 것에 의해서 비로소 가치를 가지게 된다. 이러한 배열상의 관계를 통합 관계라고 한다. 이러한 관계에 대해서 연합 관계는 의미, 형태에 공통성이 있어서, 기억 속에서 서로 연상되어 여러 가지 종류의 무리를 이룰 때의 관계이다. 개개의 사항은 이러한 두 관계에 둘러싸여 있는 것이다. 그것을 앞에서 〈그 기호의 주위〉라고 표현했던 것이다.

소쉬르가 가치의 두 면, 즉 개념적인 것과 자료적인 것을 논의할 때, 그는 실제로 체계 내부에서 다른 사항과의 상관에 의해서 규명되는 가치만을 고려했던 것이며 이러한 이론은 그의 모든 연구에서 지배적인 것이었다. 바로 이 이론이

소쉬르 시대의 다른 이론과 다른 점이고 후대에 지대한 영향
을 미치게 된다.

4.2 소극적 사실과 적극적 사실

기호 내용과 기호 표현을 각각 분리해서 볼 때는 모든 것
이 소극적이지만, 기호 전체를 보면 어떤 적극적인 것이 있
음을 알게 된다. 언어 체계는 일련의 소리 차이와 일련의 개
념 차이가 결합된 것이다. 그러나 몇 개의 청각 기호와 사고
라는 덩어리를 동등한 수로 세분한 것을 짝지어 보면 하나의
가치 체계가 생성된다. 그리고 바로 이 가치 체계가 각 기호
의 내부에서 음적 요소와 정신적 요소 사이에 실제적인 연결
관계를 형성해 주는 것이다. 기호 표현과 기호 내용을 각각
별도로 본다면 순전히 차이적이고 소극적이지만, 이들이 결
합하면 하나의 적극적 형상이 된다(*CLG* 166).

통사론적 사실 중에는 이 특징을 잘 보여 주는 것이 있다.
그것은, 기호 표현의 변천이 개념의 변천을 유발시키고, 구별
된 개념의 수가 차별적(差別的) 기호의 수에 대응하는 것처
럼 보이는 사례가 무수히 있다는 것이다. 두 사항이 음운 변
천의 결과 혼동될 때, 개념도 혼동되는 경우가 있다. 이때 개
념에 그럴 만한 계기가 약간이라도 있어야 함은 물론이다.
하나의 사항이 분화하면(예를 들어 *chaise* '의자'와 *chaire* '강
단'), 막 생겨난 차이는 어김없이 의미적 차이가 되는 경향을
보일 것이다. 그러나 항상 그렇게 되는 것도 아니고, 단번에
그렇게 되는 것도 아니다. 역으로, 정신에 의해 지각된 개념

적 차이는 상이한 기호 표현으로 표현되려 하며, 혼동되어 정신이 구별하지 못하게 된 두 개의 개념은 동일한 기호 표현이 되려고 한다.

　기호들 — 즉 적극적 사항들 — 끼리 비교하면, 이미 차이라고 할 수 없게 된다. 이 표현은 적절하지 못할 것이다. 왜냐하면, 이 두 표현은 두 청각 영상의 비교(예를 들어 *père*[pɛʀ]와 *mère*[mɛʀ])나 두 개념의 비교(예를 들어 〈*père* '아버지'〉의 개념과 〈*mère* '어머니'〉의 개념)에만 적용될 수 있기 때문이다. 각기 하나의 기호 내용과 하나의 기호 표현을 지닌 두 기호는 상이한 것이 아니고 단지 구별되는 것이다. 이들 사이에는 대립만이 있을 뿐이다. 뒤에 언급될 언어 활동의 메커니즘은 모두 이런 종류의 대립과 이들이 내포하는 음적 차이와 개념적 차이에 근거를 두고 있다(*CLG* 167).

4.3 가치와 문법 사실

　가치에 대해 적용될 수 있는 것은 단위에도 적용된다. 그런데 보통 〈문법 사실〉이라고 부르는 것도 궁극적으로는 단위의 정의에 부합되는데, 그 이유는 문법 사실이 항상 사항들의 대립을 나타내 주고 있기 때문이다. 다만 이러한 대립은 각별한 의미를 띠고 있는데, 예를 들어 독일어 *Nacht* : *Nächte* 유형의 복수 형성이 그렇다. 문법 사실에 속하는 이들 사항 각각(움라우트와 어말 *-e*가 있는 복수에 대립되는 움라우트와 *-e*가 없는 단수)은 바로 체계 내의 대립 작용에 의해서 구성된다. 하나씩 떼어놓고 보면 *Nacht*나 *Nächte*는 아무 의의도 없다. 따라서 모든 것은 대립이다. 다시 말하면, *Nacht* : *Nächte*의 관계는 대수 공식 a/b로 나타낼 수 있는데, 여기서 a와 b는 단순한 사항들이 아니라 각자 여러 관계에서 비롯된 것이다. 말하자면, 언어는 복합 사항들로만 이루어진 대수학이라 할 수 있다(*CLG* 168).

제 5 장 통합 관계와 연합 관계

1 두 가지 형의 관계

1.1 통합 관계 rapport syntagmatique

소쉬르는 랑그를 체계로 규정했는데, 체계란 그것에 속하는 사항들 사이의 관계의 그물이라고 할 수 있다. 여기에 소쉬르는 두 가지 관계형을 도입했다. 〈언어 사항간의 관계와 차이는 두 개의 분명한 영역에서 전개된다. 그 하나하나는 어떤 질서의 가치를 산출하는 것이다〉(*CLG* 170).

발화 연쇄상에 요소가 순서대로 배열되어 있을 때 이 연쇄체를 〈통합체 syntagme〉라고 하며, 사항이 통합체 내에 있을 때 〈각 사항은 그것에 선행하는 것과 후속하는 것 혹은 쌍방과 대립하는 것에 의해서 비로소 가치를 가지게 된다〉(*CLG* 171). 이러한 배열상의 관계를 통합 관계라고 한다. 이러한 점에서 볼 때, 언어의 단위는 거의 전부 발화 연쇄상에서 그전, 후의 것에 의존하고 있으며, 전체는 부분에 의해서 가치를 얻고 또한 부분은 전체 속에서 점하는 위치에 의해서 가치를 얻는다. 이와 같이 통합 관계에는 요소의 연쇄상에서의 부분 : 부분과 부분 : 전체의 관계가 있다. 그리고 이러한 통합 관계는 언어의 선적 특징에 의한 것이다.

CLG에서 〈통합〉이라는 용어는 복합어에서 문장에 이르기까지 그것이 분석 가능한 한, 모든 언어 요소의 연쇄에 적용된다. 어느 경우라도 통합적 조직은 요소간의 연대 관계를 보여주고 있다. 즉 보다 큰 단위는 상호 연대 관계에 의해서 작은 단위로 구성된다. 그리고 독립 단위라는 희귀한 경우도 있으나 이 원리를 부정할 만한 근거는 되지 못한다. 왜냐 하면 우리는 기호들의 그룹에 대해서 말하고 있기 때문이다. 〈랑그에서는 모든 것이 차이에 귀착되는데 모든 것은 그룹화 groupement에도 귀착되기 때문이다〉(CLG 177). 그러므로 통합적 조직은 결정적인 것이다.

같은 연대 관계의 원리가 문장에까지 적용되는 이상, 문장에 관한 근본 문제가 제기되지 않을 수 없다. 문장의 성격이 소쉬르에게 미묘한 문제였던 것은 의심할 수 없다. 소쉬르는 〈문장이 어느 정도까지 랑그에 속하는가? 만일 그것이 파롤에 속한다면 언어 단위가 될 수 없다〉(CLG 148)라고 말하고 있다. 그러나 다시 〈문장은 통합의 전형이다. 그런데 문장은 파롤에 속하는 것이지 랑그에는 속하지 않는다〉(CLG 172)고 말하고 있다. 이것은 동요하고 있는 소쉬르의 생각을 반영하는 것이다. 소쉬르는 주저하면서 문장은 파롤에 속한다고 했다. 소쉬르에게 어려운 문제는 랑그와 파롤에 부여된 구속과 자유의 정도에 있다. 그런데 문장이란, 구속적이며(그것은 랑그의 제규칙에 따라야 한다) 동시에 창의적이기도 한다(단어의 합성보다는 문장의 형성에 보다 자유로운 여지가 있다). 이 두 측면을 연결시키는 해석은, 랑그의 내부에 하나의 중간적 추상 측면을 상정하는 것, 즉 파롤에서 나타나는 요소 연쇄의 잠재 가능성 레벨을 상정하는 것이다. 이런 상정은 문장 내에 랑그에 속하는 것과 파롤에 속하는 것을 구별하는 것이 된다(Gade 1987 : 93).

1.2 연합 관계 rapport associatif

형태나 의미, 또는 형태와 의미의 양면에 어떤 공통성이 있다면 그것은 기억 속에서 서로 연상되어 여러 가지 종류의 그룹이 이루어진다. 이런 경우 연상되는 각 요소 사이에 있는 관계를 연합적이라고 한다. 그런데 연상이 일어나는 곳은 뇌 속에 있다. 그러므로 연합 관계는 잠재적인 것에 반하여 통합 관계는 현재적(顯在的)인 것이다. 또 이들 양 관계의 특징을 소쉬르는 다음과 같이 설명하고 있다. 〈하나의 통합체는 계기적인 순서와 일정한 수의 요소를 생각하게 되지만, 반면 연합(연상)된 단어군의 사항들은 한정된 수가 있는 것도 아니고 일정한 순서가 있는 것도 아니다〉(*CLG* 174). 여기서 우리는 연합 관계를 기술하기가 대단히 곤란할 것이라고 생각하게 된다. 여기에 관해서는 뒤에 다시 언급되겠지만, 소쉬르가 두 가지 관계형을 설정한 것은 후대에 많은 영향을 미친다.

연합 관계가, 이 용어가 시사하는 것처럼, 단순히 심리적 연상 관계에 불과하다면 그것이 언어적 관계가 될 수 있는가 하는 문제가 제기될 수 있다. 많은 사항들은 언어적 이유 아닌 다른 이유에 의해서도 마음속에서 연상되기 때문이다. 만일 그렇다면, 언어적 기반이 있는 기억 사항들과 언어적 기반이 없는 사항들을 구별해야 할 필요가 있다. 그러나 이것을 구별한다는 것은 용이한 일이 아니다.

2 소쉬르와 심리주의

2.1 심리주의의 배경

소쉬르는 언어학의 연구 대상은 랑그이며, 이것은 본질적으로 사회적인 것으로, 개인과는 독립된 것인데 〈그 연구는 전적으로 심리적〉(CLG 37)인 것이라고 한다. 또한 언어 기호는 기호 내용과 기호 표현의 양면이 있는 심적 실재라고 한다(CLG 98-9). 여기서 우리는 언어 기호를 이루는 두 성분을 비롯하여 언어 기호 자체도 심적 실재라 하여 심리적 정의를 내리고 있음을 알 수 있다. 이러한 예에서도 엿볼 수 있듯이 소쉬르 언어 사상의 기저에는 심리주의가 짙게 깔려 있음을 알 수 있다.

체계를 이루는 사항들의 관계는 어떠한가? 소쉬르는 여기에 통합 관계와 연합 관계를 도입한 것이다. 후자의 경우 심리적 연상에 의한 관계는 실로 수많은 요소가 여러 이유에 의해서 끊임없이 서로 연상된다. 〈뇌리의 연합에 의해서 형성된 무리는, 어떤 공통적인 것을 보여 주는 사항들을 끌어 당길 뿐만 아니라, 정신은 또 개개의 경우에 그것을 연결하는 관계의 성질을 파악하고 여기에 의해서 여러 가지 관계와 같은 수의 연합 계열을 이룬다〉(*CLG* 171). 이와 같이 언어 기호의 상호 대립이 심리적 기반 위에서 이루어진다면 자율적인 언어 기술이 불가능해질 것이다. 소쉬르는 〈연합 관계는 잠재적 기억 계열 중에 잠재하는 사항을 연결한다〉(*CLG* 174)고 분명히 심리적인 면을 들고 있다. 언어적 관계의 설정에 심리성을 개입시킨 것은 중요한 결과를 가져온다. 먼저 〈통합은 곧 계기의 순서와 일정수의 요소라는 생각을 상기시키는데 연상군(群)의 사항들은 일정한 수로도 또 일정한 순서로도 나타나지 않는다〉(Spang-Hanssen 1954 : 100-3 참조). 요소가 유한수로 정해지지도 않고 또 일정한 순서도 없다면, 그것은 어떻게 체계화할 수 있는가? 체계화에는 일정수의 요소와 일정한 과정이 요구된다. 그러므로 소쉬르의 말대로 본다면, 심리적 연상에 의한 관계를 언어학적으로 어떻게 체계화할 수 있는지 의심하지 않을 수 없다(Wells 1947 : 6). 연합은 같은 형의 통합체를 상기시킬 수 있기 때문에, 각 형태소는 같은 형의 통합체를 형성하기 위해서 대치될 수 있는 모든 다른 형태소와도 또한 연상적으로 연결된다. 이와 같이 연합 관계는 음운에서 문장에 걸쳐 실로 무한하게 작용한다. 또한 연합은 위와 같이 무한하게 요소간에서 작용할 뿐만 아니라 일정한 수의 요소끼리만 작용하기도 한다. 그러기 때문에 여기 사용 빈도의 관계가 필요하게 되는데, 소쉬르에게는 이것이 파롤에 속하는 것으로 생각되었을지도 모르나, 이것은 중요한 것이라고 웰즈(Wells 1947 : 17)는 말하고 있다. 소쉬르와 같은 연합 관계를 드는 한, 빈도와 직접적인 관계가 있는 것만은 부인할 수 없을 것이다(Wells 1947 : 6, Siertsema 1955 : 77). 그러나 빈도의 결정 그 자체가 또한 여러 가지 문제를 내포하고 있다. 위와 같은 문제가 있으나 소쉬르가 최초로 두 가지 관계형을 제시한 점이 주목되며, 또한 통합 관계에 대한 또 하나의 관계형을 설정하여 여기서 다른 관계형이 발전하는 하나의 계기가 되었다.

2.2 계열 관계 paradigmatic relation

소쉬르의 연합 관계는 후대에 〈계열 관계〉로 대치된다. 통합 관계는 위에서 설명한 것처럼 어떤 연쇄체를 형성하는 요소들 사이에 있는 것이다. 예를 들면 *take*와 *care*는 /teik/와 /kε/로 사음하든가 또 더 추상적으로는 CVVC, CVV와 같이 표기하는 것 그리고 동사+명사와 같이 문법적으로 배치될 때 이것들은 모두 통합적 관계에 의한 연쇄체인 것이다. 여기에 대해서 계열적 관계는 요소의 연쇄체 내의 어느 위치에서 서로 대치될 수 있는 요소 사이에 존재하는 것이다. 다음 예에서와 같이 더 일반적으로 말하면 계열 관계는 요소들의 연쇄체 내에서 서로 대치될 수 있는 요소가 부류(모음, 자음, 명사, 동사 등)로 나누어지는 요소 사이에 존재하는 것이다.

take /t e i k/(통합적)	*take care* (통합적)
m--- / m--- /	*pains*
b--- / b--- /	*counsel*
(계열적)	(계열적)

이 계열 관계는 퍼스와 옐름스레우 L. Hjelmslev에 의해서 제안되어 통용되고 있는 것이다. 소쉬르의 무한한 연합 관계는 이렇게 계열 관계로 대치된다. 이러한 대치는 고도의 형식화를 지양하는 현대 언어학의 일면을 반영하는 것이다(金芳漢 1984 : 242-3, 250-3).

제6장 **언어의 메커니즘**

1 언어 체계와 관계

1.1 통합적 연대

소쉬르는 언어가 상호 연관된 기호의 체계라고 기술하는
데 만족하지 않고, 그러한 관계의 성질과 그것을 지배하는
일반 원리를 수립하려고 했음은 위에서 시사한 바 있다. 고
델(Godel 1969 : 115)은 소쉬르의 통합이라는 개념과 용어가
통사론에 관한 생각에서 비롯된 것이 아니라, 무엇이 언어를
체계화시키고 있는가 하는 문제에서 비롯된 것이라고 지적
하고 있다. 이러한 점에서 볼 때, 소쉬르가 왜 통합 관계와
연합 관계의 쌍방의 연대성을 강조했는가를 이해할 수 있다.
관계의 총체가 언어를 구성하고 그 기능을 주도하고 있는 것
이다.

이 조직에서 제일 눈에 띄는 것은 바로 통합적 연대이다.
거의 모든 언어는 발화 연쇄에서 그 전후에 있는 요소에 의존
하거나, 단위 그 자체를 구성하는 계기적 부분들에 의존한다.

이 점은 조어법을 보아도 충분히 알 수 있다. *désireux* '갈망하는'와 같은 단위는 두 개의 하위단위 *désir-eux*로 구분되지만, 이것은 단순히 독립된 두 부분이 결합한 것이 아니다. 이것은 연대적 두 요소가 만든 산물, 즉 désir×eur와 같은 결합으로서, 이 두 요소는 상위 단위 속에서의 상호 작용에 의해서만 그 가치가 있다. 접미사도 홀로 존재할 수 없다. 접미사가 언어 속에 자리를 차지할 수 있는 것은 *chaleur-eux* '열렬한', *chance-eux* ' 운이 좋은'와 같은 관용적 사항의 계열이 있기 때문이다. 어간은 어간대로 자율적이 아니다. 접미사와의 결합에 의해서만 존재하는 것이다. 이와 같이 전체는 부분에 의해서 그 가치가 있고, 부분 역시 전체 속에서의 그 위치에 의해서 가치가 있는 것이다. 그렇기 때문에 부분과 전체 사이의 통합 관계는 각 부분 사이의 관계와 꼭 같이 중요하다.

이것은 일반적 원칙으로서, 큰 단위는 보다 작은 요소들로 구성되고 있으며, 이들 양자는 상호 연대 관계에 있다(*CLG* 176-7).

1.2 통합 관계와 연합 관계의 동시 작용

다음에는 발화 연쇄가 나타날 때 통합 관계와 연합 관계가 어떻게 개입하는가를 보기로 한다. 그것은, 일정한 의미 요소와 형태 요소를 포함함과 동시에, 의미와 형태가 변이하는 요소를 포함하는 여러 연쇄체를 비교해 보면 알 수 있을 것이다. *dé-faire* '부수다'라는 통합체가 있다고 하자. 이것은 두 연합 계열에 의거하고 있다. 첫째 계열은 *dé*를 추출할 수 있는 것이다. 이 계열은 *dé-coller* '벗기다', *dé-placer* '옮겨 놓다'와 같은 형태를 포함하는데, *désirer* '바라다'는 제외된다. 그것은 -*sirer*라는 어기(語基)가 존재하지 않기 때문이다. 두번째 계열은 *faire* '만들다', *re-faire* '고치다', *par-faire* '완성하다', *contre-faire* '위조하다'에서 어기 *faire*를 추출할 수 있다. 그러므로 통합적 연쇄를 이룰 수 있는 것은 연합 가능성임을 알 수 있다. 즉 통합이 존재하는 것은 연합이 존재하기 때문이다. 따라서 만일 *décoller*의 계열이나 *refaire*의 계열이 소실한다면 *défaire*는 *dé-faire*로 분석할 수 없게 된다. 사람이 어떤 형태를 선택하는 것은 그 형태가 자기가 말하려는 것을 기호화하는 것이 아니라 더 복잡한 과정을 밟는다. 〈관념이 환기시키는 것은 하나의 형태가 아니라 잠재적 체계 전체인데, 이 체계 덕분에 기호의 구성에 필요한 대립을 얻는다〉(*CLG* 179). 기호 또는 기호의 합성에 의한 통합은 그 요소들이 연합 관계와 교차한다. 이 원리는 단순한 단어에서 통사론의 영역인 문장에까지 적용된다. 언어의 체계는 이렇게 통합 관계와 연합 관계의 동시적 작용에 의해서 이해되는 것이다. 그리고 이것은 문법학에 관해서 두 가지 귀결을 가져온다(Gade 1987 : 97-8).

1) 발화 주체가 문법을 알고 있는 것을 관찰할 수 있다. 그들은 공시적인 랑그를 사용하면서, 자발적으로 〈주관적 분석〉을 하고 언어의 역사에 관한 지식을 가진 언어학자의 〈객관적 분석〉과도 연관지을 수 있다. 대체로 두 분석은 합치한다. 그러나 다음 예에서와 같이 상이한 경우도 있다. 예를 들면,

공시적으로 프랑스어의 *enfant* '아이'에서 라틴어의 *in-fans* '말하지-않음'을 지각할 수 없다. 주관적인 분석만이 〈직접적으로 랑그 사실에 입각하고 있다〉(*CLG* 252). 그러기 때문에 공시적 연구에서는 주관적 분석에 우선권이 부여된다.

2) 모든 공시적 사실은 근본적으로 같은 것이고 어휘와 문법의 구별도 불가결한 것이 아니다. 〈연합 관계와 통합 관계의 구별만이 하나의 자명한 분류 양식을 시사하며 이 분류 방식이 문법 체계의 바탕으로 삼을 수 있는 유일한 것이다〉(*CLG* 187).

2 절대적 자의성과 상대적 자의성

2.1 자의성의 정도

이 절은 별로 문제될 것이 없어서 원문을 간단히 요약해서 고찰하기로 한다. 소쉬르는 언어의 메커니즘을 또 다른 중요한 각도에서 고찰할 수 있다면서 자의성을 들었다.

기호의 자의성은 각 언어에서 철저하게 자의적인 것 즉 무연적(無緣的)인 것과 상대적으로 자의적인 것으로 구별된다. 기호 중 일부만이 절대적으로 자의적이다. 다른 기호들에서는 자의성의 정도를 인정할 수 있다. 즉 기호는 상대적으로 유연적(有緣的)일 수 있다. 다음 예를 들면 이해하기 용이할 것이다.

가령 *vingt* '20'은 무연적이지만 *dix-neuf* '19'는 같은 정도

로 무연적이 아니다. 왜냐 하면 *dix-neuf*는 자신을 구성하는 사항들과 자신과 연합되는 다른 사항들, 예를 들면 *dix* '10', *neuf* '9', *vingt-neuf* '29', *dix-huit* '18', *soixante-dix* '70' 등을 환기시켜 주기 때문이다. *dix*와 *neuf*가 따로 떨어지면 *vingt* 와 같으나, *dix-neuf*는 상대적으로 유연적인 것이다. *poirier* '배나무'도 마찬가지인데 *poire* '배'라는 단순어를 상기시키고 그 어미 *-ier*은 *cerisier* '버찌나무', *pommier* '사과나무' 등을 상기시킨다. 이 예들은 상대적 유연화의 예다.

상대적으로 유연적이라는 것은 다음과 같은 사실을 내포하고 있다. 1) 주어진 사항의 분석, 즉 통합 관계. 2) 하나 또는 그 이상의 다른 사항의 상기, 즉 연합 관계. 그것은 바로 어떤 사항이 한 개념의 표현에 적응하는 근거가 되는 메커니즘이다. 지금까지 단위를 그것을 특히 대립 면에서 고찰했다. 이제 우리는 이들을 연결하는 연대성을 인식하고 있다. 이 연대성은 통합적이고 연합적인데, 그것이 바로 자의성을 제한하고 있다. *dix-neuf*는 *dix-huit*, *soixante-dix*와 연합적인 연대 관계가 있고, 그 요소인 *dix*, *neuf*와는 통합 관계에 있다. 이 이중 관계가 *dix-neuf*에게 가치의 일부를 부여할 것이다.

2.2 자의성과 언어 유형론

유연적 요소가 하나도 없는 언어는 존재하지 않는다. 또 모든 요소가 유연적인 언어도 정의상 불가능하다. 〈최소의 조직화와 최소의 자의성〉(*CLG* 183) ― 이 두 극한 사이에 여러 유형이 있다. 각 개별어는 항상 두 차원의 요소 ― 근본적으로 자의적인 것과 상대적으로 유연적인 것 — 를 포함하는데, 그 비율이 아주 다양하며 개별어를 분류할 때 참작할 수 있는 중요한 특성이 된다.

어떤 의미에서 무연성이 극도에 이르는 언어는 더 〈어휘적〉이고 최소한으로 떨어지는 언어는 〈문법적〉이라고 말할 수 있는 것이다(*CLG* 183).

〈예를 들어, 영어는 독일어보다 무연성에 훨씬 중요한 위치를 부여하는 것을 볼 수 있다. 그러나 초(超)어휘적 언어의 전형은 중국어이며, 반면에 인도 유럽어나 산스크리트어는 초문법적 언어의 표본이다. 한 언어의 내부에서, 모든 발달 과정은 무연성으로부터 자의성으로, 자의성으로부터 무연성으로의 계속적 이동으로 규정될 수 있다. 이 왕복 운동으로 말미암아 종종 이 두 범주에 속하는 기호의 비율이 현저하게 변한다〉(*CLG* 183).

제 7 장 문법과 그 하위 구분

1.1 정의 : 전통적 구분

제7장은 전통적 문법 개념에 대한 간단하지만 명확한 비판이다. 첫째는, 어떤 체계도 동시에 여러 시대에 걸쳐 있는 것이 아니기 때문에 〈역사 언어학〉이라는 것은 없다. 일반적으로 그렇게 불리는 것은 실은 〈통시 언어학〉인 것이다. 이 결론은 소쉬르의 가치 체계 개념의 당연한 귀결이다. 프랑스어의 문장과 라틴어의 문장은 다른 가치 체계에 속하는 것이기 때문에 양 언어의 사항 사이에서 문법 관계를 찾아볼 수 없는 것은 당연하다.

그러나 소쉬르의 관점에서 본다면, 문법은 공시적 관계이기 때문에 형태론과 통사론을 구별하고 어휘론을 제외하는 전통적 구분에는 문제가 있다. 무엇보다도 〈형태와 기능은 상호 의존적〉(*CLG* 186)이기 때문에 형태론과 통사론을 구별하는 것은 〈환상〉이라고 한다. 형태와 기능은 연대적이어서, 그것을 분리하기가 불가능하지는 않으나 대단히 곤란하다. 언어학에서 형태론은 현실적이고 자율적인 대상이 없다. 그

191

것은 통사론에서 분리된 하나의 분야를 이룰 수 없다. 한편 문법과 어휘론을 구별하는 것도 문제다. 예를 들어 라틴어 *fio*(=I become)은 *facio*(=I make)와 대립하는데, 이것은 수동형 *dicor*(=I am said)가 그 능동형 *dico*(=I say)와 대립하는 것과 같다. 이와 같이 라틴어에서는 통사론과 어휘론이 겹친다. 그리하여 소쉬르는 문법이 다른 토대 위에 수립되어야 한다고 한다.

1.2 합리적 구분

형태론, 통사론, 어휘론 사이에는 미리 그어진 한계가 없다. 위에서 설명한 통합 관계와 연합 관계의 구별만이 하나의 분명한 분류 방식임을 시사하는데 이 분류 방식이 문법 체계의 바탕으로 삼을 수 있는 유일한 것이다.

어떤 문법 사항을 보더라도 각 문제를 이 두 관점에서 연구하는 것이 얼마나 중요한가를 알 수 있는 것이다. 가령 단어란 개념도 연합적으로 보는가 또는 통합적으로 보는가에 따라 두 개의 상이한 문제를 제기하고 있다. 형용사 *grand*은 통합체에서 이중 형태(grã garsõn=*grand garçon*과 grãt ãfã=*grand enfant*)를 보여 주고 있는데, 연합적으로도 또 하나의 이중성을 보여 주고 있다(남성 grã=*grand*, 여성 grãd=*grande*).

이렇게 각 현상을 통합적 또는 연합적 범주로 귀속시키고, 문법의 모든 소재를 두 개의 자연스러운 축에 따라서 정리할 수 있을 것이다.

제8장 문법에서의 추상적 본질체

1.1 추상적 본질체와 연합

지금까지 언급하지 않았으나, 왜 위에서 구분한 두 개의 관점에서 문법 문제를 고찰하는 것이 필요한가를 보여 주는 중요한 주제가 있다. 그것은 문법에서의 추상적 본질체이다. 다음 설명에서 〈추상적인 것은 발화 주체의 조작에 의해서 간접적으로 떠받쳐지고 있는 것이고, 구체적인 것은 개념이 음성적 단위에 의해서 직접적으로 떠받쳐지고 있는 경우이다〉(Gade 1987 : 104). 그러면 추상적 본질체를 연합적인 측면에서 보기로 한다.

〈두 형태를 연합하는 것은 이들 형태가 어떤 공통성이 있는 것을 느끼는 것뿐만 아니라, 연합을 지배하는 여러 관계의 성격을 식별하는 것도 뜻한다. 가령 언어 행위의 주체는 *enseigner* '가르치다'와 *enseigement* '가르침', 혹은 *juger* '재판하다'와 *jugement* '재판'을 연결해 주는 관계가 *enseigement*과 *jugement* 사이에서 보는 관계와 동일한 것이 아님을 의식하고 있다. 바로 이 점에서 연합 관계와 문법 체계가 일

맥상통하게 된다. 말하자면 역사성을 개입시키지 않고 언어 상태를 연구하는 학자가 만드는 의식적이며 조직적인 분류의 합계가, 의식적이건 무의식적이건 파롤에서 사용되는 연합의 합계와 일치하는 것이다. 바로 이들 연합이 단어족, 굴절의 범례, 그리고 어간, 접미사, 어미 등의 형성 요소를 우리 정신 속에 정해 준다〉(*CLG* 189).

그러나 연합은 음성적 요소만 가려내는 것이 아니라, 의미로만 연결된 단어들도 접근시켜 준다. 문법에서도 마찬가지다. 세 개의 라틴어 속격, 즉 *domin-i, reg-is, ros-arum*을 보자. 이들 어미에는 어떠한 유사성도 없다. 그럼에도 이들 세 어미가 연결되는 것은, 이들이 공통 가치를 지녔으므로 동일한 용법을 가져야 한다고 느껴지기 때문이다. 이렇게 해서 속격이라는 개념이 언어 속에 자리를 차지하게 된다. 여기서 격과 격 어미와 같은 일반적 개념이 생긴다. 또 보다 큰 연합에 의해서 모든 실사, 형용사 등이 각각 연결되고, 품사의 개념이 정해진다.

1.2 추상적 본질체와 통합

이번에는 통합적 관점에서 보자. 화자가 한 통합체를 분석할 때, 그 구성 성분만 보는 것이 아니라 이들 부분의 배열 순서를 확인해야 한다. 프랑스어 *désir-eux* '갈망하는'의 의미는 그 하위 단위들의 순서에 달려 있다. *eux-désir*라고는 할 수 없다. 또 프랑스어에서 *je dois* '나는 …해야 한다'와 *dois-je?* '나는 …해야 하는가?'의 의미가 다르다면, 그것은 단어의 순서에서 비롯된 것이다.

어순이 추상적 본질체임은 틀림없더라도, 이 추상적 본질체가 존재하는 것은 단지 구체적 단위들 때문이다. 이들 구체적 단위는 이 본질체를 내포하고 있으며 단일 차원에서 작용하고 있다. 공간 속에 배치되어 있는 이들 자료적 단위와 상관없이, 무형의 통사론이 있다고 생각하는 것은 잘못이다. 영어의 *the man I have seen* '내가 본 사람'과 프랑스어 *l'homme que j'ai vu* '내가 본 사람'을 비교해 보면 관계 대명사가 전자에는 없고 후자에는 있다. 그리하여 영어에서 형태 영도 어떤 개념을 표현해 줄 수 있다고 생각하기 쉽다. 그러나 어떤 순서에 따라서 나열된 자료적 단위들이 이러한 가치를 만드는 것이다.

제2차 일반 언어학 강의록

[해제]

소쉬르의 제2차 일반 언어학 강의는 1908년 11월 첫 주(날짜 미상)부터 1909년 6월 24일까지 행해진다. 이 강의 내용은 두 서론으로 이루어지고 있다. 하나는 여기 번역한 일반 언어학 이론의 서설이고 다른 하나는 〈일반 언어학 서론으로서의 인도-유럽 언어학 개론〉이다. 강의 분량을 보면 후자가 전자보다 3배 정도 많으나 일반 언어학 이론으로서는 전자가 보다 중요하다. 이 전자의 서론에는 소쉬르의 일반 언어 이론이 응축되어 제시되고 있다. 이 〈서론〉을 고델은 『소쉬르 연구지 *Cahiers Ferdinand de Saussure*』 15호(1957)에 게재했다. 이것은 우리들의 소쉬르 연구에 중요한 자료 하나를 추가한 것이다.

소쉬르의 이 강의에 출석한 다섯 명의 강의 속기록이 있는데 그 중에서 가장 자세한 것이 리들렝제 A. Riedlinger의 노트이다. 따라서 리들렝제의 속기록이 토대가 되었는데 이 속기록은 내용이 항목별로 분석되어 있지 않고 처음부터 끝까지가 하나로 계속되어 있다. 그리하여 고델이 그 강의의 구성 내용을 분석한 바 있다(본문 제1부 제2장 2.2 참조). 그러므로 독자들은 고델의 분석을 참고하면서 리들렝제의 노트를 읽어야 할 것이다. 그리고 고티에 L. Gautier의 노트에는 유일하게 강의 날짜가 기록되어 있어서 이 번역에서도 이것을 보충했다. 한편 리들렝제의 노트에는 없고 다른 수강자 노트에서 부분적으로 보충한 구절이 있는데 이 번역에서는 고려하지 않았다. 내용이 중복되고 번역이 복잡해지기 때문이다. 그리고 이 번역에서 강의 날짜 뒤에 있는 강의 내용의 제목은 역자의 판단에 의한 보충이다.

이 리들렝제의 속기록 앞에 편자 고델의 간단한 서문이 있다. 그 중에서 이 강의록을 발표하는 이유를 들어 다음 구절과 같이 말하고 있다.

〈이 서론은 소쉬르가 고찰한 모든 원리적 문제를 다루고 있고 옛 수고(手稿)나 제3차 최종 강의와 흥미로운 관련이 있고 또 그것들과 비교되기 때문이다. 또 하나의 이유는 바이이와 세쉬에가 이 서론을 단편적으로만 이용한 것을 들 수 있다. …… 그리고 이 서론의 원문은 *CLG*의 여러 곳에 분산되어 제1차 강의와 제3차 강의의 원문과 혼합되어 있다.〉

고델의 이 말은 제2차 강의의 중요성을 지적하고 있다. 또 소쉬르가 제2차 강의에서 이미 〈기호론〉에 관해서 말하고 있는 것도 주목된다. 그리고 가치의 개념, 공시와 통시의 구별, 연합 관계와 통합 관계 등 그의 중심 개념이 제시되고 〈랑그에는 차이밖에 없다〉는 결론에 이르는 것을 알게 된다.

이 강의록을 번역함에 있어서 원문을 떠나 의역한 부분이 많음을 밝혀둔다.

제 2 차 일반 언어학 강의록

[11월. 서론]

언어학은 그 원리, 방법, 연구 전체가 단순하지 않다. 언어가 단순하지 않기 때문이다. 언어는 용이한 연구 대상이 아니다. 먼저 이것은 반대로 나타난다. 언어는 우리들 코 앞에 나타나며 아마도 베일(막스 뮐러 Max Müller)이나 망원경의 렌즈(소쉬르)처럼 너무 가까이 있을 것이다. 우리들은 다른 여러 사물을 그것에 의해서 그리고 그것을 통해서 파악한다. 여기에 한 환각(幻覺)이 있다. 언어는 그것을 어느 한 측면에서 파악하려는 사람에게 가장 짜증스런 역설을 제시한다. 단어는 자의적으로 선택되고 있다. 언어 중의 단어처럼 자의적인 것이 있을까? *fuir* '도망가다'는 〈앞으로 가다〉를 의미할 수도 있을 것이다. 그런데 *fuir*의 사소한 발음상의 변화가 그 의미를 이해하지 못하도록 변하기도 한다. 좋은 예가 *trois* '3'이다. 이것을 길게 발음하면 *Troie* '트로이(고대 지명)'와 혼동되고 만다.

그러므로 자의적 선택도 보다 고정된 것으로 보인다. 미세한 세부에까지 걸친 이 고정성에도 불구하고 우리들은 수 세기 전의 언어를 모른다. 또 다른 역설. 말하기 위해서는 언어의 기관을 사용할 필연성이 있는가? 그렇다면 맹아자는 …… 그러므로 언어에는 많은 측면이 있고 그들은 자주 모순된다.

언어는 어디에도 분류되지 않는다. 그것과 비교될 만한 것이 없다. 거기에는 어떤 특수한 것이 있으며, 그것을 증명하기 위해서는 50년 동안의 언어학을 생각해 보면 충분하다. 이 것은 보프의 비교 문법에서 비롯된 것이다. 1840년부터 60년 경의 학자들이 언어학의 대상의 성격에 관해서 가지고 있던 공상적이고 신화적인 생각은 놀랄 만하다. 그 대상이 단순하지 않기 때문에 그런 것이다. 1875년경의 앞선 학자들의 관점을 시정한 세대도 밝은 곳을 찾기까지는 아직도 멀었다. 가장 기본적인 문제조차도 모두가 인정하도록 해명되기까지는 멀었다. 이러한 곤란성의 이유.

언어는 어느 면에서 보더라도 항상 이중의 측면이 있으며 그것은 영구히 대응한다. 한쪽은 다른 한쪽에 의해서 가치를 갖는다.

가령 발음된 음절은 음 속에, 귀가 지각하는 것 속에 있는 것일까? 그러지만 음은 발음 기관이 없으면 존재하지 않는다. 그러므로 언어를 음으로 환원시키고 싶어도 그것은 입의 발음에서 떼어 놓을 수 없다. 또 역으로 청각 영상을 고려하지 않는다면 발음 기관의 운동을 정의할 수 없다. 이러한 대응이 한 올가미다. 때로는 이중성을 간과하든가 어느 한 측면만을 생각하게 된다(가령 음운 k에는 두 측면이 있는데 그들은 대응에 의해서만 하나가 된다).

그러나 음을 단순한 것이라고 인정하자. 언어를 이루는 것은 발성된 음인가? 그것은 사고의 도구이며(이 말이 또 하나의 올가미가 된다. 음을 이렇게 부른다고 해서 음에 독립성을 부여하지 않는다), 그 자체로서 사고에서 독립해서 존재하는 것은 아니다. 여기에는 또 다른 무서운 대응이 있다. 발음된 음은 단어이다. 그러나 여기에 엄밀하게 의미가 결합되어 있

202

기에 그런 것이다. 이 대응은 언어학의 모든 곳에서 밝혀질 것이고 음과 의미를 동시에 파악하지 않으면 형태가 무엇인가를 말할 수 없다.

$$\frac{x}{o} \qquad \frac{\square}{A}$$

A. 청각-발성적   심적-생리적
   복합 단위   복합 단위

그러나 이것도 한 사람을 관찰해서 내적으로 생각된 언어이다. 이 복합 단위는 적어도 두 개인 사이에 있어야 하는 것이다. 그러므로 제3의 복합 단위는 [다음과 같다].

A의 입에서 B의 귀로, 혹은 그와 반대의 이행(移行)은 언어의 모든 삶일 것이다. 그것은 발화 주체의 정신에 의한 이행을 포함한다. 이중의 복합 단위를 사용하기 위해서는 적어도 두 사람이 있어야 하고 혼자로서는 언어는 아무런 역할을 하지 못할 것이다. 언어는 사람들과 소통하기 위해서 이루어진 것이다. 결국 언어는 사회 생활에 의해서만 존속되는 것이다. 그렇기 때문에 언어에는 항상 대응하는 이중적 측면이

있다. 그것은 [다음과 같다.]

$$\frac{사회적}{개인적}$$

  그러므로 언어가 살아 있는 곳을 고려한다면, 거기에는 항상 개인적 언어와 사회적 언어가 있을 것이다. 형태와 문법은 사회적으로만 존재하지만 변화는 개인에서 비롯된다. 두 측면의 한 쪽을 떼어 남기는 것은 추상에 의하는 수밖에 없다. 또 그렇게 하는 것은 다른 쪽에서도 그러한 것을 한 측면에만 인정하는 위험이 항상 뒤따른다.
  어디서나 같은 이중성이 있다. 가령 언어의 가장 진정하고 본질적인 곳을 묻는다면 랑가주(개인 속에서 생각되는 언어. 오로지 하나의 역량, 능력, 말하기 위한 기관, 개인은 그것만으로는 언어에 도달하지 않는다)와 현저하게 사회적인 랑그를 구별할 필요가 있다. 어떤 사실이라도 그 출발점이 무엇이든 그것이 모든 사람의 사실이 되었을 때 비로소 언어학적으로 존재하게 된다. 집단에 의한 사회적 승인만이, 앞에서 차례로 지적한 이중성 중에서 신뢰할 수 있는 유일한 통일성일 것이다. 그러나 이 통일성은 무엇에 대응하고 있는가? 미국의 휘트니 Whitney에 의하면 언어는 하나의 사회 제도이다. 이 생각은 옳다. 다만 이 제도가 발음 기관을 택한 것은 우연한 것이고 우리들이 소리로 말하는 것은, 가령 손가락을 사용하는 것보다 편리해서라고 보는 데 불과하다고 말하는 것은 지나치다. 그렇다고 내가 언어의 자연적 측면을 강조하려는 것은 아니다. 이 제도는 무엇보다도 하나의 〈약정〉이다. 그러나 언어를 다른 모든 제도와 곧 구별하는 것은, 언어가 매일 끊임없이 사용되는 방대한 기호에 의한다는 사실이다. 그것은 작용하는 조각의 수가 극도로 복잡한 체계이다.

그러므로 언어는 개인이 말의 능력을 발휘하기 위해서 사회가 채용한 필요한 약정의 총체인 것이다. 랑가주의 능력은, 언어와는 다른 것인데 그것도 언어 없이는 행사될 수 없다.

파롤은 개인이 사회적 약정을 수단으로 그 능력을 실현하는 행위인데 그 약정이 언어이다. 파롤에는 사회적 약정이 가능케 하는 것의 실현이라는 관념이 있다.

우리는 제 과학에서 언어학의 위치를 정하기 위해서 약간의 준비를 했다. 그러나 위에서 고찰해 온 것과는 별도로, 또 그것과 평행해서 또 다른 몇 가지 측면이 언어에 있다. 우리는 언어를 개인과 사회 속에서 고찰했는데 사회가 다르면 언어도 다르다. 그것은 지리적으로 다르다.

두 종류의 다양성.

(1) 상대적 다양성 : 통일성 안의 다양성.

로만스 제어라는 통일성은 프랑스어, 이탈리아어와 같은 분할을 포함하고 있으며, 프랑스어는 말할 것도 없이 수많은 지역적 방언으로 분할된다. 또 그러한 방언의 하나를 들어 그것이 하나라고 생각하는 것은 착각이다.

(2) 근본적 다양성. 예컨대 인구 제어와 중국어 사이의 다양성. 사고의 표현 기반이 이들 언어 사이에서 다르다. 여기에는 민족의 문제가 있고 민족학과 여러 가지 관계가 있다.

이러한 다양성은 언어가 보여 주는 까다로운 이중적 측면의 하나가 아니다. 지리적 다양성에는 제반사가 더 단순하다. 이 다양성은 다른 것의 산물임이 분명하다.

프랑스어와 라틴어의 차이를 생각한다면, 이 다양성은 시간의 결과임을 알게 된다. 그러므로 언어는 시간과 관련이 있다. 언어는 역사를 가지고 있다. 이것은 가장 단순한 말이다. 실제로 이 사실은 단순하게 보인다. 그런데 언어학이 출발점에서 범한 많은 과오는 실은 역사적 관점에 대한 고찰이 불충분했던 데서 비롯된 것이다. 그 관점은 극단으로 흐른 것이었다. 지금 필요한 것은 그들과 싸우는 것이다. 언어는 시간과의 이러한 관계와 별개의 것이다. 언어의 역사와 언어 그 자체를, 또 변화와 현 상태를 구별하는 것은 대단히 단순하게 보일 것이다. 그러나 양자 사이의 관계는 거의 구별할 수 없을 정도로 깊다. 거기에는 이중의 측면이 풀기 어렵게 얽혀 있다. 그렇기 때문에 두 측면이 구별되어야 한다. 한 시점에서 일어난 것과 시간 속에서 연속된 시기에 일어난 것을 구별하는 것이다. 이 두 측면은 다른 두 분야를 구성한다. 하나의 규칙을 세울 때 항상 두 관점이 혼동된다. 그러므로 시간 속에서 진행되는 법칙(동태적)과 그것과 다른 정태적 법칙을 구별한다.

두 법칙의 간단한 예. 라틴어의 악센트와 프랑스어에서의 결과. 〈프랑스어의 강세 악센트는 항상 라틴어와 같은 음절에 있다.〉 또 한편 〈악센트 앞에서는 음절이 탈락한다〉. 이 이중적 측면은 언어의 내적 분류에 도움이 된다.

언어의 위치를 정하고 분류할 수 있는 것이 또 따로 있을

까? 시간 속에서 언어의 분류가 가능한 것은 언어가 쓰여지기 때문에 가능한 것이다. 따라서 문자의 중요성을 누구도 부정할 수 없다. 그러나 초기의 언어학이 범한 그 수많은 유치한 과오는 쓰여진 언어와 말하는 언어를 혼동하는 데서 비롯된 것이다. 분명히 실어증에 걸린 사람은 쓸 수 없고 또 그 반대이기도 하다. 두 능력은 뇌 속에서 인접하는 두 구역과 대응한다. 따라서 문자와 언어의 관계를 무시할 수 없다. 말하는 언어만이 언어학의 대상이라는 것을 잊어서는 안 된다. 역사를 보면 쓰여진 적이 없는 언어가 많이 있고 거기에는 이상한 것이 없다. 그뿐만 아니라 한 번도 쓰여지지 않은 언어가 오히려 정상적이다. 한편 말하는 언어에 대한 쓰여진 언어의 영향은 한이 없다. 예를 들면 사람은 선택이 불가피하게 되면 자주 쓰여지는 단어만을 남기게 되고 그 결과 발음이 변형한다. *Sept cents* 혹은 *Lefèvre*에 대한 *Lefébure* 등. 이러한 영향은 언어의 병적 측면으로 볼 수 있지만 무시할 수 없다.

서기되는 언어와 말하는 언어. 여기에 있는 것도 또 언어 속의 여러 가지 대조, 이중 측면의 하나이다. 여기서 서로 대응하는 이중의 기호 체계가 추출된다. 이 대응은 이전에 한심스런 결과를 가져왔는데 지금도 그렇다. 쓰여진 단어에의 집착은 끊기 어렵다.

두 가지 것을 분리하기 어려운 놀랄 만한 예로서, 중국인에게는 문자가 제2의 언어가 된 것이다. 쓰여진 단어는 별개의 단어가 되어 버렸고 그것은 말하는 언어를 설명하기 위해서 회화에 개입시키기까지 한다. 말하는 단어가 혼동될 때는 중국인은 그것을 문자로 쓴다.

서기되는 언어만이 문학어가 되었다. 언어에 대한 문자의 중요성은, 언어학이 하나의 문헌학으로 생각되는 정도이다. 아베 L. Havet는 언어학은 항상 문헌학에 접근하고 그것과 융합해 왔다고 말하고 있다. 아베는 문헌학자이지만 언어학에서도 크게 존경받을 만하다. 여러 언어 집단 중에서 쓰여진 언어의 한 형(型)이 창출(創出)되고 이것이 규범이 된다. 방언과 더불어 이것도 알아야 한다. 이것이 쓰여지면 곧 인위적인 무엇인가가 개입하게 된다. 그러나 그것을 언어 그 자체와 구별할 수는 없다. 쓰여진 그리스어는 방언에 따라서 네다섯 가지의 인위적인 언어의 예를 보여준다. 문자와 예술적, 문학적인 발달은 일체이고 그 때문에 우리들은 쓰여진 문학어를 고려해야 한다.

[11월 12일. 기호로서의 언어학]

언어학에 하나의 위치를 부여하기 위해서는 언어를 모든 측면에서 보아서는 안 된다. 여러 학문, 가령 심리학, 인류학, 문헌학 등이 각기 대상으로서 언어를 요구할 수 있는 것은 분명하다. 그러므로 분석적 방법은 아무런 소용이 없다. 우리들은 종합적 방도를 좇을 것이다. 감성적으로 본질적인 것으로 보이는 것을 취해야 한다. 그렇게 되면 나머지 것이 언어에서 차지할 위치도 알게 될 것이다.

그것은 그렇게 어려운 것인가? 언어는 무엇보다도 〈기호체계〉임이 분명하다. 그렇다면 기호가 그 법칙이 무엇인가를 가르쳐 주는 기호의 학문이 아닌가. 이 학문은 이미 알고 있는 영역에는 존재하지 않는다. 이것은 기호론 sémiologie이 될 것이다. (그러나 의미론 sémantique과는 관계가 없다. 의미론은 언어 중의 단어의 의미를 다루며 형태론과 대립한다.) 언어가 모든 종류의 기호를 포함하고 있지 않음은 분명하다. 그러므로 언어학보다 넓은 기호의 학문이 존재해야 한다. (가령, 항해나 맹아인의 기호 체계, 그리고 가장 중요한 것은 문자 체계!) 그러나 언어가 이 학문의 중심 영역이라고 일러둘 필요가 있다. 언어만이 이 학문의 일반적인 형이다. 그러나 그것은 우연한 것이며 이론적으로는 언어는 그 중의 한 특이한 예에 지나지 않다. 이러한 기호의 학문이 장차 어떻게 될지 말할 수 없다. 다만 이 기호론적 학문들에는 언어학과 같은 존재 권리가 있다. 그것을 연구할 가치가 있다고 판단되며 미리 그 위치를 요구한다.

문자에도 분명히 언어의 체계와 유사한 기호 체계가 있다. 그 원리적 성격은 다음과 같다.

1) 기호의 자의적 성격(기호와 그것이 가리키는 것 사이에 관련이 없다).

2) 순수한 소극적이며 시차적(示差的)인 기호의 가치. 기호는 그 가치를 차이에서 얻는다. (가령 같은 사람이 T를 Γ로, t를 ✔로도 쓴다. 요구되는 것은 그것이 l나 n와 같은 것이 되지 않는 것이다!)

3) 문자의 가치는 일정한 체계 내에서 대립하는 한계 내에서만 작용한다. 그것은 대립적이고 대립에 의해서만 가치를 갖는다. 제 가치의 수에는 하나의 한계가 있다. (이것은 2)와

같지 않으나 궁극적으로는 소극적 가치에 귀착한다. 2)와 3)은 1)의 필연적 귀결이다.

4) 기호의 〈생산 수단의 전적 무관여〉. (이것도 1)에서 비롯된다.) 내가 문자를 희게 쓰든 검게 쓰든 또는 파든 돋을 새김을 하든 아무런 관계가 없다.

이들 성격은 언어에서도 모두 볼 것이다.

1) *Apfel*[독일어 '사과']와 *pomme*[프랑스어 '사과']는 다 같이 그 과일을 표시한다. 기호와 관념의 연합에서는 원래 이 기호와 관념을 결합시키는 것이 없다. 상징이라는 용어도 피해야 하는 이유의 하나가 여기에 있다. 상징은 원래 그 반대인 것이다. (가령 저울은 정의의 상징이다. 거기에는 기호와 관념 사이에 하나의 연관이 있다.)

2)와 3)으로서 모든 것은 차이와 대립으로 이루어진다.

2)와 3)에 공통된, 그러나 엄밀하게는 3)에 관한 예. "$\,\overset{\prime}{\varepsilon}\varphi\eta\nu$" '나는 말하고 있다'는 반과거인데 $\overset{\prime}{\varepsilon}\sigma\tau\eta\nu$ '나는 멈췄다'는 무한정 과거이다. 왜냐 하면, '$\overset{\prime}{\varepsilon}\varphi\eta\nu$'의 옆에는 $\varphi\eta\mu\iota$ '나는 말하고 있다'가 있고 $\overset{\prime}{\varepsilon}\sigma\tau\eta\nu$ 옆에는 $\sigma\tau\eta\mu\iota$가 없기 때문이다. 즉 이들의 기호가 작용하는 것은 그 내재적 가치에 의하는 것이 아니라 장기 놀이에서와 같은 상호 위치에 의하는 것이다.

4) (이것은 덜 분명하다.) 언어가 발음 기관에 의해서 발음되는 것은 그렇게 필요한 것인가? 그렇지 않다. 단어는 문자로 바꿀 수 있다. 도구는 아무 것도 아니다. 언어와 다른 기호 체계를 비교하면 언어의 본질이 거기에 있지 않다고 단언할 수 있다.

문자에는 다음과 같은 일련의 외적 성격이 있다.

210

1) 문자는 공동체의 동의, 거기 속하는 여러 구성원 사이의 계약을 전제로 하고 있다. 그러나 약정의 필요성을 말하자마자 또 하나의 다른 사실이 이 약정의 진정한 성격을 상기시킨다. 문자는 어느 협정, 하나의 자의적인 것에 입각하고 있다. 그러나, 2) 한 개인은 그것을 바꿀 수 없고 또 공통체도 그것을 바꿀 수 없다. 일단 채용되면 그것을 숙명적이라고 부를 수 있는 일종의 변화만 있다. 사회적 또는 개인적인 어떤 의사에 의해서도 아무 것도 바꿀 수 없는 것이다. 기원적으로는 임의적이었을 이 약정이 최초의 세대를 지나면 그런 것이 아니게 된다. 다른 세대는 그것을 수동적으로 받아 들인다. 이러한 두 가지 성격은 또 언어에도 보인다.

1) 사회적 약정. 이것이 존재하는 것은 분명하지만 우리들이 원초적인 동의에 머물러 있지 않는 것도 분명하다. 이러한 동의는, 이론적인 것에 지나지 않는다. 따라서 완전히 자유로운 이 약정도 일단 성립되면 제2의 성격이 나타난다. 즉 어느 때라도 후대에서는 어느 것도 바꿀 수 없게 된다.

이러한 비교는 세부에 걸쳐서는 더 멀리까지 밀고 갈 수 있다. 그러면 문자 이외의 여러 가지 기호 체계(해양 신호의 체계 등)도 언어의 체계와 유사하게 보이게 된다. 거기 있는 것은 동일 차원의 것으로 느껴지게 된다. 그러나 완전한 동일성을 찾으려고 해서는 안 된다. 어느 장관이 해양 신호를 바꿀 수도 있기 때문이다. 그러나 그 자체로서만 생각한다면, 그런 것은 모두 언어학에서 일어나는 것과 같다. 맹아자의 언어에도 그것과 같은 유사성이 발견될 것이다. 언어에서 그 둘레의 선이 어디까지 확대되든지 우리들 눈앞에 있는 것은 인간의 일종의 사회 활동이고 이것은 하나의 학문을 형성하는 것이다.

그리고 이러한 모든 사실은 하나의 학문, 심리학과 사회학에 속하는 제 학문의 한 분야의 대상이 될 것이다. 그 정확한 위치는 심리학자에게 맡겨져 있다. (나빌 A. Naville『제 과학의 새로운 분류〈*Nouvelle*〉 *classification des sciences*』(1901, 104쪽) 참조. 소쉬르씨의 이념을 들고 있다.) 여러 가지 기호론적 체계 중에서 언어를 별도의 한 체계로 만들도록 규정하는 것은 우리들에게 맡겨진 것이다. 만일 우리들이 언어를 분류할 수 있고 언어가 하늘에서 떨어졌다고 생각하지 않게 된다면, 그것은 우리들이 언어를 기호론에 결합시켰기 때문이다.

[11월 16일. 기호론]

기호론은 어디에서 그치는가? 이것을 말하기는 어렵다. 이 학문은 할수록 그 영역이 점점 확대하는 것을 보게 될 것이다. 여러 가지 기호, 예를 들면 예법도 그 중에 든다. 무엇인가를 의미하는 한, 그것도 하나의 말이기 때문이다. 그것은 보편적인 것으로 — 뉘앙스적 차이를 제외하면 언어 기호도 같다 — 누구도 그것을 변경하지 못하고 또 개인의 외부에 존속한다. 이러한 것에 관해서 정도와 차이를 지적하는 것이 기호론의 한 임무다. 예를 들면 언어 기호는 완전히 자의적인 데 비하여, 예의 범절의 어느 것(황제 앞에서 땅에 엎드려 아홉 번 절하는 중국인과 같은)은 자의성을 벗어나 상징에 가까워진다. 모든 형식, 의식, 습관은 그 사회적 성격에 의해서 하나의 기호론적 성격을 가지고 있다. 습관으로서의 의미가 완전히 없어지는 것은, 언어에서는 단어가 발화 주체에 의해서 이해 불가능하게 되는 것(즉 단어가 이미 이해되는 의미를 가지지 않거나 또는 처음과는 전혀 다른 의미를 갖는 것)이다.

그러나 왜 지금까지 이 학문은 다른 학문처럼 명확한 대상을 가진 독립된 학문으로 인정되지 않고 있는가? 의식이나 관습 등을 다른 기호와 동등하게 본다면 그러한 의식 등은 다르게 나타날 것이다. 그리고 이렇게 나타남으로써 보다 확실하게 그들의 통일이 보이고 기호론에서 그리고 기호론을 위해서 그들은 통일해야 할 필요성을 실감하게 될 것이다.

기호론을 독립된 학문으로 하지 않은 것은 무엇 때문인가? 그것은 제 기호의 중심적 체계가 언어라는 바로 그 사실이다. 기호의 본질적 측면, 즉 그 삶을 알고자 한다면 언어 속의 기호가 검토되어야 한다. 그런데 언어학자 이외의 사람이 언어를 연구한다는 것은 본질적인 측면과 관련이 없다. 따라서 기호론적 주제는 언어 이외의 관점에서 고찰될 때는 나타나지 않으며, 심리학자나 철학자 또는 일반인조차 언어를 연구할 때는 더욱 나타나지 않는다.

사실 그들은 언어를 일종의 명칭 목록으로 생각한다. 그리하여 공존하는 언어 가치의 상호 규정이라는 사실을 묵살한다. 그런데 그 가치의 크기는 모든 것이 서로 의존하고 있다. 가령 프랑스어에서 *jugement*이 무엇인가를 분명히 하려고 한다면, 그것을 정의할 때 그것을 둘러싸고 있는 것을 볼 수밖에 없다. 그것 자체를 말할 때나 그 이외의 것을 말할 때나 그렇다. 다른 언어로 번역하려고 할 때도 그렇다. 이 기호, 이 단어는 체계 전체 속에서 생각해야 한다. 혹은 *craindre* '무서 워하다', *redouter* '겁내다'의 동의어는 서로 인접함으로서만 존재한다. 그러므로 *redouter*가 존재하지 않게 되면 *craindre* 는 *redouter*의 모든 내용을 흡수하며 의미가 풍부해질 것이 다. 〈개〉나 〈늑대〉도 같으며 다만 그들이 고립된 기호처럼 생각되고 있을 뿐이다.

다음에 기호가 구명될 때는 개인 속의 메커니즘이 검토되 고, 개인 속에서 파악할 수 있는 심적, 생리적 작용이 분석되 게 된다. 그런데, 그러한 것은 기호의 연주에 지나지 않으며 따라서 그 본질적 성격은 아니다. (베토벤Beethoven의 소나 타 연주가 소나타 그 자체가 아닌 것과 같다.) 왜 개인을 선택 했는가? 개인은 한층 우리들 가까이 있고 우리들의 의사에 달려 있기 때문이다.

기호는 사회적으로 고찰할 것을 인정하지만, 사람들은 항 상 우리의 의사(意思)에 달려 있는 것만을 취하고 싶어한다. 그런 것만을 하고 그것이 바로 본질이라고 생각한다. 언어를 협약이나 협정처럼 말하는 것은 그 때문인 것이다. 그러나 기호를 연구해서 가장 재미있는 것은 그것이 우리들의 의사 에서 빠져 나가는 측면이다. 바로 거기에 기호의 참다운 영 역이 있다. 왜냐 하면 우리가 그것을 환원할 수 없기 때문이 다. 분명히 언어를 법률처럼 생각하는 사람이 있어서, 그들은 18세기 철학자처럼 언어가 우리들 의사에 달려 있다고 본다. 그런데 언어는 법률과 비교하면 만들어진 것이라기보다는 부과된 것이다. 언어에는 최소한의 발의성(發意性)도 없다.

214

기호에 관해 의견이 일치한 순간은 현실적으로 존재하지 않고 다만 관념적인 것에 불과하다. 만일 그런 것이 있다고 하더라도 그것은 언어의 정연한 생태에 비하면 아무 것도 아니다. 제 언어의 기원이라는 문제에는 왈가왈부할 만한 중요성이 없으며 그러한 문제는 존재하지도 않는다.

발생의 순간 자체는 파악할 수도 볼 수도 없다. 원초적 협약은 언어에서 매일 일어나는 것, 언어의 항구적 조건과 합쳐진다. 언어의 기호를 하나 증가시키면 다른 기호의 의미가 그만큼 감소한다. 역으로 처음에 두 개의 기호만 있었다고 하면 모든 의미가 이 두 기호에 배분되어 있었을 것이다. 한 단어가 사물의 절반을, 또 다른 기호는 나머지 절반을 표시했을 것이다. 협약의 순간은 다른 순간과 다를 바 없다. 거기 구애된다면 본질적인 측면을 간과하게 된다.

1) 언어와 같은 기호 체계는 후속 세대에 의해서 수동적으로 인계된다는 사실. (이것을 사람들은 무언가 숙고된 행위처럼, 능동적인 언어의 발명처럼 생각하고 있었다.)

2) 어느 때나 기호 체계는 그 구성 조건과는 아무런 관계가 없는 조건에 의해서 전승된다는 사실. (가령 그 체계가 에스페란토Esperanto와 같이 의사에 의한 성과라고 인정될 때도.) 언어는 암탉이 부화한 오리와 같은 것이다. 최초의 순간이 지나면 언어는 그 고유한 기호학적 생태에 들어가고 아무도 거기서 되돌릴 수 없다. 그것이 전승되는 것은 창조의 법칙과는 아무런 관련도 없는 법칙에 의해서이다.

3) 이 체계는 전승되면서 그 중의 자료적인 것을 바꾸어간다. 이것이 기호와 사고의 관계를 변화시킨다. 모든 기호 체

계에 대해서 이와 같이 말할 수 있다.

예. *quoi qu'il en ait* '그가 어떻든'라는 말에 대해서 한 편에 *malgré que j'en aie* '내가 어떻든'가 있고, 또 한편에 *malgré* '…이지만'=*quoique* '이지만'이 있다. 여기서 *quoique j'en aie*가 생긴다. 이러한 말이 갖는 관념은, 자료적인 것의 변화, *malgré*와 *quoique*가 일치하는 데서 비롯된 것이다. 다른 예. *de par le roi* '국왕의 이름으로'=*de la part du roi* '국왕의 이름으로'. *part*에 대한 *par*, 전에는 *le roi*는 속격으로 기능하고 있었다. 두 단어가 하나가 되어버릴 때는 예가 대단히 단순하고, 오해를 불러 일으키며, 의미의 변화가 일어난다. 위의 세 가지 일은 어디서나 볼 수 있다.

4) 기호에서 사고로의 이러한 관계가 바로 기호이다. 그것은 음절의 연속이 아니다. 어떤 의미가 거기에 결합하는 한도에서 일련의 음절로 이루어진 이중적 존재이다.

기호는 이중적이다.

$$\frac{의미}{음절}$$

여기서 기호론의 가장 곤란한 점이 있는데 이러한 측면은 문제를 보는 관점에 따라서 무시될 것이다. 이 대응을 다음과 같은 비유에 의해서 표시해도 좋을 것이다. 종이 조각의 앞면은 뒷면을 자르지 않고서는 자를 수 없다. 추상에 의해서만 두 면 중에서 한 면만을 취할 수 있다.

그러므로 기호의 성질은 언어에서만 볼 수 있고 이 성질은 누구에게나 가장 무관심한 것들로 이루어져 있다. 기호론적 학문의 필요성 또는 유효성이 처음에는 전혀 눈에 띄지 않았던 것은 그 때문이다. 철학자처럼 일반적 관점에서 언어를 문제 삼을 때나, 다른 것을 언어와 같이 검토할 때도 그렇다. 언어에서 개인적, 사회적 의사에서 빠져 나가는 것, 그것이 기호의 본질적 성격이고 더구나 감추어져 있는 것이다. 의식(儀式)이나 다른 것을 연구해서 기호가 드러난다면 생각지도 못했던 측면이 계속해서 모습을 나타낼 것이다. 그리고 그들이 모두 공통된 연구에 포함되는 것을 이해하게 될 것이다. 그 연구는, 기호의 특수한 생태의 연구, 즉 기호론이다. 따라서 언어는 그 자체만이 아니라 좀더 넓은 명칭, 즉 언어와 더불어 검토할 필요가 있는 여러 가지 것인 사회 제도라는 이름으로 불리고 있는 것에 둘러싸여 있다는 것이다.

[11월 23일. 기호 가치]

언어를 다른 기호론적 체계에서 멀리 하는 것은 일견하여 중요하게 생각될지 몰라도, 그것은 본질에서 가장 거리가 멀기 때문에 피해야 한다. 언어의 성질을 연구하기 위해서는 그렇게 할 수밖에 없다. 가령 발성 기관의 작용이 그런 것이다. (그것을 이용하지 않은, 다른 기반에 선 기호론적 체계가 얼마든지 있다). 다음에 원초적 약정, 최초의 협약도 그다지 중요하지 않다. 기호론적 체계에 관련된 사실들의 기반은 그런 데 있는 것이 아니다. 기호론적 체계가 공동체의 것이 되었을 때, 그룹의 성격에서 비롯된 것과 무관하게 그것을 평가해도 아무런 의미가 없다. 그 본질을 포착하기 위해서는 그것이 그룹과 직면하고 있는 점만을 검토하면 된다. 요는 그것이 내면적, 직접적 성격에 의해서 평가될 수 없다는 것이다. 왜냐 하면, 기호와 관념의 관계를 지배하는 것은 개인의 이성이라고 보증해 줄 만한 것이 아무 것도 없기 때문이다.

기호 체계에 어떤 힘이 작용하는지 선험적으로는 알 수 없다. (기호 체계는 조선소에 있는 배가 아니라 바다에 떠있는 배다. 선체의 모양 등에 의해서 그 항로를 결정할 수 없다.)

그리고 언어는 집단적, 사회적인 어떤 것으로 생각하면 된다. 연구해야 할 배는 바다 위의 배일 뿐이다. 기호 체계의 이름에 걸맞고 기호 체계인 것은 공동체의 체계뿐이다. 이렇게 공동체에 도달하기 전의 성격, 즉 순수하게 개인적인 요소에는 중요성이 없다. 기호 체계가 이루어진 것은 집단에 대해서이지 개인에 대해서가 아니다. 그것은 배가 바다에 대해서 만들어진 것과 같다. 그러므로 기호론적 현상은 보기와는 반대로 사회 집단의 사실이다. 그리고 이 사회적 성질은 내재적 요소의 하나이지 외재적인 것은 결코 아니다. 따라서 우리들은 사회적 소산의 특징을 가지고 나타난 현상만을 기호론적인 것으로 인정한다. 개인에게만 속하는 것은 기호론적인 것으로 보기를 거부한다. 이 사회적 소산이 정의되었을 때는 기호론적 소산도 또 정의되어 있어야 한다. 그리고 그때는 언어도 그렇다. 즉 언어는 기호론적 소산이고 기호론적 소산은 사회적 소산이다. 그러나 이 소산이란 무엇인가?

어떤 기호학적 체계나 일정량의 단위(접미사 등 복잡하고 다양한 차원의 제 단위)로 이루어지고 있다. 이러한 단위를 다른 사물들과 구별해 주는 진정한 성질은 바로 가치의 존재이다. 기호 체계라는 단위의 체계는 가치 체계인 것이다. 가치로부터 정의되는 것은 모두 일반적으로 기호인 단위에도 적용된다.

가치는 여러 차원에서 — 가령 경제학 — 정의하기가 실로 어렵다. 그리고 곧 분명해지는 것도 아니다. 그러나 우리들은 적어도 외부적으로 한계가 그어져 있는 곳에 있다. 단어를 마구 단순화해서 보게 될 위험은 없다. 가치는 일반적으로 극히 복잡하고 단어는 아마 가장 복잡한 측면의 하나라고 생각한다면, 여기에서 복잡하다는 것은 여러 의미인데 그 중에서 다음 점이 중요하다. 가치가 논의되면 문제가 되는 것은 그들의 관계인데(어느 가치도 그것만으로는 존재하지 않는다), 이것이야말로 기호가 집단의 승인에 의해서만 가치를 갖는 원인이다. 가치에는 마치 두 종류의 가치가 있는 것처럼 보인다. 그것은 가치 그 자체와 그룹에서 오는 가치다. 그러나 그들은 결국 같은 것이다.

따라서 몇 가지 잘못에 대해서 우리들은 예방할 수 있다. 기호 체계 내에 존재하는 것을 산출하는 것이 사회적 현상이라는 것을 전보다는 보다 확실하게 알고 있다. 가치 체계가 그룹에 의하는 것이 아니라면 임의의 차원 어디에 존재하는가? 개인 혼자로서는 어떤 가치도 정할 수 없다. 동시에 우리에게 보이는 것은 — 이것도 역시 가치의 관념에 결부되는데 — 기호가 비물질적으로 나타나는 것이다(단어 혹은 어떤 단위이든). 단어를 이루는 것의 기저로서 나타나는 것은, 발성에 의한 음의 실질이 아니다. 음의 변화를 다루지 않고 언어를 다룰 수 없다. 음은 언어의 중요한 요인이다. 그러나 또 어떤 의미로는 음성 현상은 언어의 본질과 관련이 없다. 왜 그런가? 다른 가치를 여러 가지 비교해 보라. 화폐에 사용된 물질이 화폐의 가치를 정한다고 생각하면 잘못이다. 그것을 정하는 것은 다른 것이 더 많이 작용한다. 가령 에퀴 *écu*[프랑스 경화(硬貨)]는 20프랑의 1/4의 가치가 있는데 그 금속은 1/8의 가치가 있다. 혹 동전의 그림이 다르면 경화는 아무런 가치도 없다. 국경의 이쪽과 저쪽에서도 그 가치가 다르다.

단어에서 음은 이차적이고 상대적인 것이다. 이것은 역설적으로 들릴지 모르나 단어 혹은 단위에 결합하는 관념에 대해서도 같은 말을 할 수 있다. 관념은 그 자체만으로는 가치의 한 측면(순수 심리학이 다루는 것 같은!)을 나타내는 것에 불과하다.

덧붙여 말하면,

$$\frac{\text{관념}}{\text{음}}$$

의 관계는 정해지는 것이 아니다. 두 관계는

A	B
$\dfrac{\text{관념 a}}{\text{음 a}}$	$\dfrac{\text{관념 b}}{\text{음 b}}$

가 고찰된 뒤에 관계

$$\frac{A}{B}$$

가 고찰되어야 한다.

따라서 언어의 제 기호는 가치인데, 직접적으로 파악할 수 있는 기호의 요소는 어느 하나도 가치를 정의하기에 충분하지 않다. 요소는 가치 전체를 나타내지 않는다. 가치는 더욱 복잡한 것이다. 언어가 기호론적 체계 중에서 어떤 위치에 있든 그것을 가치 체계로 볼 때, 언어가 무엇인가가 분명해진다. 그 기반은 집단 속에서 찾을 필요가 있을 것이다. 가치를 산출하는 것은 집단이다. 가치는 집단을 떠나서는 존재하지 않는다. 따라서 1) 가치가 개개인 속에서 일어난 것으로 보면 가치를 정할 수 없다. 사회적 요인에 의존하는 모든 가치가 그렇듯이 변이도 개인의 발의에 의해 시작되는 것이 아니다. 그러나 2) 기호라는 것에 대해 하나의 관념을 부여할 수 있는 것은 한 언어 기호 속에 포함되어 있는 것이 아니다. 그것은 사용되고 있는 재료에 불과하다. 가치의 요소가 변하지 않아도 가치는 변이할 수 있다. 우리는 앞에서 말한 것으로 되돌아왔다. 즉 인류학적으로 우리의 관심을 끄는 것, 언어 자신을 생산하는 데 불가결한 것(음, 그 자체로서의 관념) 중에는 언어가 없다는 것이다. 우리들 앞에 있는 것은 복잡하기 이를 데 없는 대상이다. 그러나 그 복잡성은 다른 가치 일반과 다를 바 없다.

위에서 말한 바에 의해서 언어학에 속하는 것과 속하지 않는 것이 충분히 확실해졌고 여러 가지 주제를 분류하는 것도 가능할 것이다. 먼저 충분히 분명한 것이 있다. 그것은 언어학에 속하지 않는 연구가 한 가지 있는데, 그 연구는 발음하는 법, 발성 기관을 조작하는 파롤의 생리학이라는 것이다. 그 방법은 여러 가지이다. 그것은 언어학의 보조라고 할 수 있다. 그러나 우리들이 보기에 그것은 절대적으로 언어학의 밖에 있는 것이다. 대중만이 승인하는 가치 체계 내에서는 도구가 중요하지 않다. 그와 마찬가지로 청각 인상을 만들어 내는 행위도 가치에게는 중요하지 않다. (동전의 금속을 제조하고 각인하는 과정은 금속 그 자체보다 더 중요하지 않다!) 이러한 연구를 버릴 때 비로소 언어학의 주제의 정당한 이념을 파악하게 될 것이다. 실제로 이러한 연구는 음의 변화를 잘 이해하는 데 대단히 중요하다. 그 변화는 언어학의 역사적 부분에 포함된다. 그러나 음의 역사(역사 음성학)가 언어에서 중요하다고 할지라도 변화가 생기는 방도와는 역시 무관하다. 단어(청각 인상과 관념의 연합) 내의 모든 것은 뇌 속에서 일어난다. 청각 인상을 산출하는 것을 분리했을 때도 가령 잠자고 있는 사람에게도 언어의 전체는 뇌 속에 있다. 위에서 본 바에 의해서 무엇이 언어 내에 있으며 무엇이 언어 현상인가를 알게 된다.

[11월 26일. 언어 단위]

　우리들이 여기까지 시도한 것은 언어의 성질과 위치를 밝히려는 것이었다. 그러나 그것은 외적인 시도, 언어가 아닌 것에 의한 것이었다. 언어를 기호 체계(가령 맹아자의 언어)에 결부시키거나, 보다 일반적으로 기호에, 더 일반적으로는 가치에, 그보다 더 일반적으로 사회적 소산에 결부시킨 것은 그 때문이었다. 그렇게 해서 우리는 언어가 개인의 기능이라는 것을 부정할 수 있게 되었고, 또 언어를 가치나 사회적 소산과 같은 차원에서 분류하게 되었다. 그러나 우리들은 언어의 주위를 맴도는 것이었지 그 중심에 있는 것은 아니었다. 언어의 성질과 위치를 결정하기 위해서 기초적이며 본질적인 성격을 내부에서 탐색하지는 않았다. 만일 언어라는 조직을 내부에서 포착하여 이 대상의 가장 현저한 성격을 묻게 된다면, 스스로 떠오르는 두 가지 문제를 끌어내어 제시해야 한다. 이들은 보통 일컬어지는 것과 모순되지만 누구도 지적하지 않았던 문제이다! 그것은 단위와 동일성의 문제이다.

　1) 단위의 문제.
　a) 과학을 대상으로 하는 대부분의 영역에서는 이 문제가 제기되지도 않았다. 동물학이나 식물학에서는 개체의 단위가 동물이나 식물이어서 그것은 최초의 순간부터 부여되고 하나의 기반으로 확인되고 있다. 구체적 단위는 보통 그런 것이다(즉 추상적이 아니고, 존재하기 위하여 정신적 조작을 요하지 않는 것). 탐구의 대상이 되는 것은 그러한 단위의 비교

및 그 밖의 것이고 그들의 확정détermination이 아니다. 가령 세포와 같은 단위라도 주어진 것이다. 천문학도 같다(우주 공간에 의해서 분리된 단위). 화학자도 같다(가령 중(重) 크롬산(酸) 칼륨은 절대적 단위이다. 그것이 구체적 단위임은 조금도 의심할 수 없다. 기껏 묻는다면 그것이 어떤 구성으로 이루어지고 있는가이다).

b) 다른 학문 영역에서도 구체적 단위가 분명히 나타나지 않는 경우가 있다. 그 경우는 단위가 중요하지 않다. 가령 역사학의 구체적 단위가 무엇인지 모른다(개인, 시대인가, 나라인가?). 그러나 역사학은 그 기반을 위해 구체적 단위를 취한다는 것을 절대적으로 단언할 필요 없이 연구 성과를 낼 수 있다. 구체적 단위는 학문 전체 속에서 필연적인 위치를 차지하고 있지 않다.

여기에 대해서 언어는 1) 대립에 입각한 체계라는 성격을 근본적으로 가지고 있다(상이한 말에 부여된 힘의 상이한 결합으로 이루어진 장기 놀이와 같이). 언어는 그 전체가 일정한 단위의 대립 속에 있으며 그 이외의 기저는 없다(언어는 이들의 단위로서만 이루어져 있다! 언어에 있는 것은 이들 단위의 상호 작용뿐이다). 그렇다면 이들 단위를 모르고 지나갈 수는 없다. 단위가 무엇이건, 그것을 모르고는 한 걸음도 나아갈 수 없다.

2) 단위는 분명한가? 모든 언어 현상을 구성하는 이들 단위를 파악하기만 하면 되는가. 대답은 대부분 그렇다고 할 것이다. 즉 이들 단위는 단어이다. 언어는 여러 가지 단어로 이루어진 것으로 보인다. 그렇다면 이들 단위는 동물학의 종

(種)에 속하는 개체와 같이 부여된 것인지가 문제이다. 그러나 단위의 정의를 둘러 싼 그 많은 논쟁만 보아도 우리는 곧 불신의 늪에 빠지고 만다. 단위에 관해서 생각해 보자(우리들이 제기하고 있는 것이 단어이기 때문에). *mois*를 보자. (*moi* '나'와 *mois* '(달력의) 월'가 우리들에게 다른 단어라는 것을 전제로 한다. 말하자면 끝이 없으나 아무튼 두 단어가 구별될 때에는 이미 각각 음과 관념의 결합이 있다. 즉 *moi*와 *mois*는 별개의 단위로서 직접 우리에게 주어져 있지 않다). 단수의 *mois*와 복수의 *mois*는 같은 단어인가? 그렇다면 *cheval*('말', 단수)과 *chevaux*('말', 복수)도 같은 단어이다. 그런데 거기서 한 단위로 보기 위해서는 *cheval*이나 *chevaux*를 취해서는 안 되며 두 단어의 평균을 취해야 한다. 이것은 일종의 추상이다. 우리들은 이미 직접적으로 주어진 것이 아니라 정신의 조작에서 이루어진 무엇인가를 단위로 취하고 있다.

그러나 또 하나의 해결책이 있다. 가령 발화체의 연속과 같은 다른 기반을 보기로 하자. 그 경우 단어는 파롤 연쇄의 한 구역을 이루는 것으로 의미에 의한 구분이 아니라고 본다(이것은 결국 단어에 대한 두 가지 생각이다). 그러나 거기서도 곧 생각하지 않을 수 없는 것이 있다. 외국어 등을 들을 때, 우리들은 어떤 구분도 불가능하다. 이것은 이들 단위가 음성 면에서 직접 주어진 것이 아니기 때문이다. 관념과 결합시키는 것이 불가피하다. 단어를 발화체의 단편으로 보는 것이 구체적 단위에 이르는 길인가? *chevaux* 또는 *mois*만을 보기로 하자. *le mois de décembre* '12월'을 축음기가 끊임없이 들려 주는 것 같은 음성학적 이미지를 생각해 보자. ─ 말하자면 발화체를 사진으로 찍은 그리스 비문에 쓰여져 있는 것처럼 구분하기로 하자. 여기서도 곧 알 수 있는 것은 우리들이 심적 측면과 의미를 개입시키고 있는 것이다! /mwa/는 과연 단위일 것이다. 그러나 *un mois et demi* '한달 반'에서는 단위가 /mwa/가 아니라 /mwaz/이다. 그렇다면 단위 등이 일절 없다고 보고 *mois*나 *cheval*을 단어로 보는 것은 단념해야 하든가 혹은 구체적 단위가 없다고 보든가 어느 한쪽이다. 후자의 경우 제1차적인 언어 단위를 얻기 위해서는 몇 가지 단위의 화합(化合)이 필요하다. 즉 원칙에 왜곡된 것이 있음을 알게 된다.

단어 이외에 단위로서 제시될 수 있는 것이 있을까 생각해 보는 것도 좋다. 가령 구체적 단위는 문장뿐이라는 관점이 있다. 우리들은 문장에 의해서만 말을 한다. 그 뒤에 추상에 의해서 우리들은 단어를 찾는다고 말한다. 그러나 그것은 지나친 말이다. 발화된 문장의 덩어리를 보면, 그 큰 특징은 서로 닮은 곳이 없고 연구 대상이 될 만한 공통된 토대가 없다. 여러 가지 문장의 엄청난 다양성은 여러 개체의 엄청난 다양성과 유사할지도 모른다. 그러나 개체들이 가진 공통적이고 본질적 성격은 이들의 차이보다 더 중요하다. 다른 학문에서는 일반적인 것이 개체간의 차이를 무시하고 연구되고 있다. 문장에서는 다양성이 모든 것이다. 만일 공통된 것을 찾으려면 직접적으로 구할 수 없었던 단어에 다시 봉착하게 된다.

언어 내부에서 그 자체를 보면 그것은 구체적 단위를 나타내지 않는다. 왜냐 하면 언어의 제1차적인 성격이 여기에 있기 때문이다. 그러나 그러한 단위가 존재하고 그들의 작용이 언어를 만든다는 생각을 포기할 수는 없다. 여기에 문제가 되는 하나의 특징인 중요한 점이 있는 것이다.

[11월 30일. 단위의 출현]

동일성을 말하기 전에 지금까지 유보해 둔 단위의 일면에 돌아가기로 한다. 언어학에서 기호의 자료적 수단을 생각해 볼 때, 결정적인 것은 인간의 소리이고 발성 기관의 산물이라는 성격인가? 아니다. 그러나 여기에는 충분히 부각되지 않았던 음적 자료의 중요한 성격이 있다. 그것은 음 연쇄로서 나타나는 성격이다. 이것은 곧 하나의 차원만을 가지고 있는 시간적 성격을 부각시킨다. 그것을 선형적(線形的) 성격이라고 말할 수 있다. 말의 연쇄는 하나의 선으로 우리 앞에 나타난다. 이것은 지금부터 설정하는 모든 관계에 대해서 대단히 중요하다. 여러 가지 질의 차이(모음 사이의, 혹은 악센트의 차이)는 다만 계기적으로만 나타난다. 강세 모음과 무강세 모음을 동시에 가질 수 없다. 모든 것은 음악의 경우와 같이 하나의 선을 이룬다.

언어 이외의 다른 기호는 그렇지 않다. 시각 기관에 대해서는 많은 기호가 동시에 비친다. 비교적 일반적인 기호 위에 다른 기호를 투영해서 기호를 겹치게 할 수도 있다. 모든 방향이 가능하며 결합 또한 가능하다. 동시성에서 끌어낼 수 있는 모든 방법이 기호 체계에서 내 뜻대로 될 것이다. 그러나 음성적 자료는 항상 동일한 방향을 향하고 두 기호의 동시성을 인정하지 않는다.

기호라면 우리는 곧 시각적 기호를 생각한다. 그리고 기호의 분리는 대단히 단순하고 정신의 조작을 필요로 하지 않는 것이라는 그릇된 생각을 하게 된다.

언어의 이러한 성격에서 기호의 자료적 측면은 그 자체로서는 형태가 없는 무정형의 측면임이 확실해진다. 단위가 어디 있는지 찾기 어려운 원인의 하나가 여기 있는 것이다. 언어학의 임무는 이들 모든 단위가 현실적으로 어떤 것인가를 결정하는 것이다. 언어학이 그것을 보고했다고는 할 수 없다. 불확실한 단위를 둘러싼 논쟁이 쓸모 없이 행해졌기 때문이다. 언어학이 다루는 단위의 결정은 가장 급한 임무일 뿐 아니라 만일 그것이 결정된다면 언어학은 모든 임무를 다한 것이 될 것이다. 사고에 대한 말의 특유한 역할은 음성적, 자료적 수단이 아니다. 그것은 사고와 음의 합치가 특정 단위에 불가피하게 이르게 되는 성질을 가진 중간 단계를 창출(創出)하는 것이다. 원래의 혼돈된 사고는 말에 의해서 분해되고 각 단위에 배분됨으로써 명확해진다. 그러나 말은 일종의 주형(鑄型)이라는 그릇된 생각에 빠져서는 안 된다. 그것은 말을 고정되고 견고한 것으로 보는 것인데 음성적 자료도 그 자체로선 사고와 같이 혼돈된 것이다. 주형이란 없다. 유용한 현상은 음을 이용하여 사고를 구현하는 것이 아니다. 그것은 음-사고가 언어학의 궁극적 단위인 여러 구분을 포함하고 있다는 신비로운 사실이다. 음과 사고가 결합될 수 있는 것은 오직 이들 단위에 의해서이다. (물과 공기라는 두 개의 무정형(無定形)의 덩어리의 비유. 대기의 압력이 변화하면 수면

228

이 일련의 여러 단위로 분해된다. 그것이 파도=중간 연쇄인데, 이 중간 연쇄는 실질을 이루지 않는다. 이 파동은 결합을 나타내는데, 말하자면 그 자체로서는 사고와 무정형한 그 음 연쇄의 결합이다. 그들의 결합은 하나의 형태를 산출한다.) 언어학의 영역에서 비교적 넓은 의미에서 공통 영역이라고 부를 수 있는 곳은 분절, 다시 말해서 분절된 작은 부분 articuli의 영역이다. 그것은 사고가 그 속에서 음을 통해서 의식을 얻기에 이르는 여러 부분을 말한다. 이러한 분절, 이러한 여러 단위의 밖에서는 순수 심리학(사고)이나 음성학(음)을 할 수밖에 없다.

동일성의 문제는 부분적으로 단위의 문제와 혼합된다. 이것은 단위의 문제가 복잡화한 것에 지나지 않는다. 우리들이 *calidus* '더운'(라틴어)와 *chaud* '더운'(프랑스어)가 동일하다고 하는 근거는 무엇인가? 또는 *despectus* '경멸(라틴어)'와 *dépit* '분함(프랑스어)'는 어떤가? 후자의 경우, 음 연쇄도 다르고 의미도 다르다. 이러한 동일성은 무엇에 의하는가? 그러나 여기에 큰 문제가 있다고 생각해서는 안 된다. 굳이 묻는다면 〈여러분!〉과 〈여러분!〉이 동일하다고 단언하는 근거를 묻는 것이 좋다. 분명히 거기에는 연속된 두 행동이 있다. 필요한 것은 준거(準據)할 어떤 관계이다. 그것은 무엇인가? 여기 나타나는 동일성은 12시 50분 발차 혹은 5시 발차의 나폴리Naple행 급행열차에 관해서 말할 때의 동일성과 거의 같다. 열차의 동일성은 기묘하게 생각될지 모른다. 자료가 모두 다르기 때문이다! 그러나 두 번 발화된 〈여러분〉과 사정이 같다. 그때 나는 재료를 갱신해야 했다. 따라서 눈앞에 있는 것은 똑같은 동일성이 아니다. 다른 예를 보자. 어느 시가지가 재건된다. 그것도 같은 시가지가!

이러한 동일성은 언어적 동일성과 같은 종류의 것이다. 동일성의 근거는 무엇인가라는 질문이 여기서는 가장 중요하다. 왜냐 하면, 질문이 그대로 단위의 문제에 귀착하기 때문이다. 어떤 암묵적인 조건이 미리 주어져 있지 않으면 동일성은 없다. 따라서 언어적 동일성의 관계(그 이외에도 몇 가지 있는데)는 단위의 관념 그것으로 나타날 수밖에 없다. 시가지의 예에서 이러한 단위의 성질을 물어보아도 된다. 그러면 그 동일성이 순수하게 소극적이며 대립적인 것임을 알게 될 것이다.

그러므로 동일성의 관계는 연구해야 할 여러 요소에 입각해야 하며 그것을 통해서 여러 단위에 접하게 된다. 더구나 이 동일성의 문제는 결국 언어적 실재가 된다. 언어에는 혼란스런 실재가 많다. 그것은 언어학자들이 여러 망령을 만들어내고 거기 매달려 있기 때문이다. 그러나 망령이 어디에 있고 실재가 어디에 있는가? 그것을 말하기는 어렵다. 그것을 분명히 하기 위해서는 구체적 존재가 눈앞에 없다는 것을 납득해야 한다. 품사 부류의 구별(이것도 역시 단위 문제에 되돌아가는 것을 보여주는 예인데)이 그 예이다. 이 구별의 성질을 정확하게 이해하기는 어렵다(그것은 논리적인 것인가? 언어적인 것인가? 등). ≪*ces gants sont bon marché*≫ '이 장갑은 싸다'에서 *bon marché*는 형용사인가? 여기에는 두 단어가 있는데 품사를 구별하면서 단어를 구별하고 있다고 생각한 것이 문제다. 여기서도 곧 단위의 문제가 나타난다.

230

전혀 다른 차원인데, 가령 $-\chi\alpha$로 끝나는 그리스어의 완료형에서 이 형태 자체는 동사와 아무런 관계가 없고 서서히 거기에 접합된 것으로 생각되는 이유가 많이 있다. 이러한 접합 이전에는 $\beta\acute{\epsilon}\beta\eta$-$\chi\alpha$ '나는 걸어 왔다'는 두 개이고 지금의 $\beta\acute{\epsilon}\beta\eta\chi\alpha$는 하나라고 확실히 말할 수 있는가? 우리들은 그렇게 말할 확실한 것이 없다. 혹은 *chanteur* '가수'와 같은 단어를 보자. 유추에 의해서 그것이 *chant+eur*로 끊어지는 것을 누구나 느낀다. 그러나 어원적으로 보면 이것은 *chan+teur*였을 것이다. 이것은 말하자면 순전한 분할상의 변화이고 전체는 그대로이다. 따라서 이것은 단위의 문제이며 그것을 구명하지 않는 한, 그 현상을 설명할 수 없을 것이다.

결국 실재라고 불릴 만한 것들이 무엇인가를 알기 위해서는, 그들의 상호 동일성의 관계가 무엇인가를(그들이 어떤 동일성을 포함하는가를) 그리고 그들이 어떤 범주의 단위를 이루는가를 결정해야 한다.

그러면 범주라고 부를 수 있지 않을까. 그렇게 할 수는 없다. 그 이유는 랑가주에는 음적 재료가 필요하기 때문이다. 이 재료는 선형적인 것이기 때문에 그것은 항상 끊어가야 할 것이다. 그렇게 해서 여러 단위들이 확실해진다. 언어학을 행하기 전에 일반 관념에 관해서 말하는 것은 소보다 먼저 쟁기를 들고 나오는 것과 같은 도치(倒置)이다. 그러나 필요한 것은 그러한 도치인 것이다! 그리하여 우리들의 관찰은 부족이거나 과잉 어느 한쪽의 결함에 빠지게 된다.

부수적 지적. 표의적 단위라고 하면 몇몇 사람에게는 단위의 개념이 더욱 분명해질지 모른다. 그러나 단위라는 용어에 고집할 필요가 있다. 그렇지 않으면 사람들은 그릇된 생각을 가지게 된다. 즉 단어는 단위로서 존재하고 여기에 의미가 결합된 것으로 믿게 된다. 그와 반대로 발화 덩어리 속에서 단어를 획정하는 것이 의미이다.

순전히 추상적인 것과 구체적인 것을 구별하는 기준. 언제나 추상의 위험이 제기되고 있다. 그것이 무엇인지를 설명하기 위해서는 기준이 필요하다. 이 기준은 각자의 의식 속에 있다. 발화 주체의 의식에 있는 것, 어느 정도에서 느껴지는 것, 그것이 의미이다. 그렇다면 다음과 같이 말할 수 있을 것이다. 현실적인 구상(具象)을 언어 속에서 포착하기는 어려우나 그것은 감지되고 있는 것이다. 그리고 그것이 어느 정도 표의적이라고 말할 수 있을 것이다. 표의적인 것은 단위의 획정으로 나타난다. 단위를 산출하는 것은 의미이지만 단위는 처음부터 존재하는 것이 아니다. 의미를 얻으려고 기다리고 있는 것이 단위가 아니라는 것이다. 문법학자가 *ekwos* '말(라틴어)'에서 *ekwo-*가 어기(語基)라고 한다면 이 획정은 문법학자의 추상이다. 라틴 사람이 *ekwo-*를 단위로 생각하지는 않았기 때문에 이것은 사실이다. *ewk/os*로 분리한다면 두 요소를 구별하지 않았다는 설은 더 의심스럽다. *-os*에는 *ekw-*와의 관계로 한 의미가 결합되어 있다. 두 단위는 감지되고 있었던 것이다. 인구 조어(印歐祖語)적 분리(*ekwo/s*)와

232

라틴어적 분리(*ekw/os*)의 대립은 단위의 획정으로 나타난다.

언어학에서의 내적 구분.

먼저 필요한 것은 우리가 언어학의 외적 측면이라고 부르는 것, 언어의 내적 조직과 직접 관련이 없는 것은 보류해 두는 일이다. 조직 organisme이라는 용어의 사용에는 비판이 있다. 분명히 언어는 생명체에 비교될 수 없고 어느 때라도 그 말을 쓰는 사람의 소산에 불과하다. 그러나 이 용어는, 언어가 정신의 외부에 따로 독립해서 존재한다는 의미가 아니라면 사용되어도 무방하다. 외적 언어학이라는 것이 성립하는가? 그것을 주저한다면 언어학의 내적, 외적 연구라고 해도 좋다. 외적 측면에 속하는 것은 역사나 외적 기술이다. 언어학이라는 용어는 특히 전체의 개념을 상상시킨다. 언어학이 자기 영역 밖의 여러 영역에 접하는 것은 이 측면을 통해서이다. 이것은 원래의 순수한 언어학에 포함되지 않은 측면이다. 따라서 우리들의 정의는 대단히 소극적인 것이 되어서, 내적 조직과 관련이 없는 모든 것이 된다.

첫째는 여러 언어와 민족학과의 관계로서, 이들 접점(接点)을 통해서 언어는 여러 인간 집단, 문명, 민족의 역사와 혼합된다. 관계는 여기서도 이중적이다. 가령 슬라브어를 사용하는 사람은 모두 슬라브계 종족인가? 만일 슬라브어를 유랑민이 사용한다면 그것이 이 언어에 어떤 영향을 주지 않았는가?

둘째는 민중의 정치사와의 관계로서, 이것은 어떤 종류의 것이어도 좋다. 큰 사건(아라비아나 로마에 의한 정복과 같은)

이 많은 언어적 사실에 큰 영향을 주었다. 정복 중에서 식민 지화는 한 언어를 다른 환경 밑에 두게 되고 결국 언어에 변화를 가져온다. 다른 정치적 영향의 예로, 노르웨이는 정치적 합병에 의해서 덴마크어를 채용했다. 지금은 노르웨이어가 해방되려고 하고 있으나 덴마크어의 요소가 스며들고 있다. 그리고 정치적 상태의 예로는 개별어를 방임하는 나라(스위스)도 있고 또 통일하려고 하는 나라(프랑스)도 있다. 고도로 문명화한 국가에서는 언어의 특정 면이 발달하기도 한다. 가령 법률어 등.

셋째는 모든 종류의 제도와의 관계로 학교나 교회를 예로 들 수 있다. 이것은 보다 일반적인 것과 분리하기가 어렵다. 예를 들어, 그 자체가 정치사와 분리되지 않는 만큼 더욱 일반적인 것인 언어의 문학적 발전과 분리될 수 없다는 것이다. (다만 우리들은 소극적으로 말하고 있을 뿐이다!) 문학어가 생겨서 지방어와 갈등이 생기면 큰 문제다. 문학어는 문학 이외의 다양한 것과 관계가 있다. 살롱, 궁전, 아카데미의 영향, 독일에서의 인쇄술이나 왕실의 영향 등이 모두 그렇다.

넷째로 여러 언어의 지리적 확산이 있다. 방언적 다양화라는 커다란 현상은 어디에도 있는 일이지만 지리학적 방법에 의해서만 다룰 수 있다. 먼저 필요한 것은 지도이다. 언어가 어떤 지리적 확산과 관련이 있는가를 보여 준다고 해도, 이러한 지도는 여러 방언의 하나만을 보여 줄 따름이다. 그러나 방언들의 한계는 없으며 있는 것이라고는 방언적 특징들의 한계이다.

이것은 등어선(等語線)이다. 잘못 선정된 용어다. 이 선이 〈표시하는 것〉은 방언적 요소나 다양성의 요소이지 언어 그 것이 아니기 때문이다! 바로 여기에서 내적 언어학과 외적 언어학이라는 구별에 반론이 제기되기 쉽다. 결국 이러한 것은 모두 언어의 내적 조직에 관여하지 않는다. 대상이 정착된 언어이고 일상 조건을 제시하면 그것이 언어 조직상의 조건이 아닌가? 그렇게 말해도 좋다. 그러나 이러한 것이 언어의 내적 조직에 관여하지는 않는다. 가령 올리브나 호프의 재배 지대의 한계를 지도 위에 선으로 그을 수 있다. 그러나 그 식물의 내부 조직 전체가 그러한 한계와 관계없이 연구될 수 있는 것이다.

그러나 반론은 또 있다. 엄밀한 의미에서의 언어 연구에서 모든 외적 측면을 분리할 수 없다고 하는 사람도 있을 것이다. 특히 독일인은 이 〈현실적인 것 Realia〉에 집착했다. 그리하여 한 언어의 문법이 어느 정도 외적 원인에 의하는가(식물이 지질, 기후 등의 외부 요인에 의해서 내적으로 변화하는 일이 있는 것 같이)라든가, 또는 언어는 그 기원을 모르면 설명할 수 없는 전문적 용어가 얼마나 많은가를 지적했다. 문학어는 보기에 따라서는 비정상적이지만 여러 방언과 더불어 어디서든지 발달하는 것이기 때문에 정상적이라고 주장하는 사람도 있었다. 물론 외적 현상은 연구할수록 언어 연구에 유익하다. 그러나 항상 거기에 의존할 필요가 있다고 하는 것은 잘못이다. 필요한 것은 분리이다. 명료해지기 위해서는 그것이 불가결하고, 분리할수록 명료해질 것이다. 어느 민족이 사용했는지 모르는 개별어가 몇 가지 있다(가령 젠드어 Zend, 이것은 메디아인 Mèdes의 언어인가? 혹은 고대 슬라브어는 옛 불가리아어인가 아니면 슬로베니아어인가?). 외부적으로 관련이 있는 것을 알지 못하더라도 이러한 언어의 내부를 연구하는 데 장애가 되는 것은 없다.

이 외적 측면에는 보조적인 학문과 연구는 포함하지 않는다. 언어학의 어디에도 포함되지 않는 보조적 연구가 있다. 그것은 심리학, 파롤의 생리학이다. (물론 생리학자는 우리가 알고 싶어하는 정보를 수집할 필요가 있다. 그러나 그런 것은 언어학에 속하지 않는다.)

[12월 7일. 내적 언어학]

외적 언어학과 내적 언어학을 구별할 필요가 있다는 가장 좋은 증거는 어느 쪽에도 적용되는 단일한 방법으로 그것들을 다룰 수 없다는 것이다. 여기 외적 언어학인가 아닌가를 식별하는 기준이 있다. 앞에서 말한 것들을 논의하고 있는 한, 세부적인 것이 아무리 증가할지라도 체계의 중압감을 느끼지는 못할 것이다. 언어학자에게는 비교적 안이하게 어떤 민족의 역사를 쓸 수 있다는 것보다 부러운 것이 없다. 언어의 역사를 그렇게 쓴다면 그것은 우리가 외적 언어학에 빠져 있는 증거다. 언어가 외부로 확산된 역사를 이루고 있는 세밀한 사실은 어느 정도 모을 수 있을 것이다. 마찬가지로 방언들을 대조하여 문학어를 형성한 것이 무엇인가를 조사한다면 크게 문제될 것이 없다. 더 깊이 구분하여 사실을 모은다면 거기 상응해서 명료해질 것이다.

내적 언어학에서는 그렇지 않다. 그것이 받아들이는 것은 어디에나 있는 적당한 질서가 아니다. 언어는 그 고유한 질서만을 인정하는 하나의 체계이다. 만일 마음에 들면 조직이라고 하지 말고 체계라고 할 수도 있다. 그 쪽이 더 적절하고 결과는 같다. 요컨대 외적 언어학이란 체계에 관여하지 않는 언어의 모든 것을 말한다. 여기서 장기 놀이와의 비교는 흥미가 있을 것이다. 장기의 말의 가치는 체계에서, 여러 조건이 얽힌 전체에서 나온 것으로 각 말의 고유한 가치에서 나온 것이 아니다. 장기 놀이의 역사에 대한 기록에서는 내적인 것과 외적인 것이 분명하게 보일 것이다. 가령 그것이 페르시아에서 유럽에 건너 온 것은 외적인 것이다. 내적인 것은 체계와만 관련이 있다. 그러나 체계에 관여하는 것이 항상 한 눈에 알 수 있는 것도 아니고, 외적인 것이 언제나 외적인 것으로 나타나는 것도 아니다. 가령 말이 상아인가 나무인가 하는 것은 체계와는 아무런 관련이 없기 때문에 외적이다. 말의 종류를 하나 늘리거나 장기판의 눈금을 하나 늘리는 것은 체계에 중요하며 내적인 것이다. 경우에 따라서는 내적인 것인가 외적인 것인가를 논의해야 하기도 할 것이다. 정의상, 내적인 것은 어느 정도 가치를 변화시킬 수 있다. 외적인 것은 가치를 변화시키는 범위 내에서만 이론을 위해 고찰되어야 한다. 여기서 다시 언어와 같은 체계에는 가치 이외에 아무 것도 없음을 느끼게 될 것이다.

이들 가치는 무엇으로 이루어지는가? 그것은 각 체계의 기초에 따라 다르다. 다르지 않은 점은, 어떤 가치도 결코 단순하지 않다는 것이다. 다른 어디보다도 언어에서는 단순하지 않다. 여기서는 자료적 단위가 그 가치의 밖에서 획정되는 것조차 불가능하기 때문이다.

여기서 우리는 앞에서 말한 것에 되돌아왔다. 간단히 말하면 다음 다섯 가지 즉 가치, 동일성, 단위, 실재(언어학적 의미로 즉 언어학적 실재), 구체적 언어 요소 사이에는 근본적인 차이가 없다.

이상한 것을 든다고 생각하지 않도록 장기(=체스)의 나이트를 들어보자. 이것은 장기 놀이의 구체적 요소인가? 분명히 아니다. 눈금도 다른 상황도 도외시한 단순한 물질로서의 나이트도 보편적 재료로서는 무엇인가를 나타내고 있다. 그러나 장기 놀이에서는 아무 것도 아니다. 구체적인 것은 가치를 가지고 있고 그것과 일체가 된 나이트이다. 거기에 동일성이 있는가? 그것이 가치를 가지고 있는 한 있다. 그 이외의 나이트는 물론 모양이 비슷하지 않더라도 그것이 다른 모든 것과 다르면, 같은 가치를 지닌 한, 장기 놀이에서는 같다고 분명히 말할 수 있다. 여기서 우리들이 말하고 있는 체계에서는 동일성의 척도가 다른 체계와 다름을 알게 된다. 동일성과 단위 사이에 관계가 있어서 한 쪽이 다른 쪽의 기초가 되는 것이다.

체계의 영역에서는 실재와 가치가 같고 동일성과 가치도 같으며 그 반대도 그렇다. 바로 여기에 이러한 영역 전체를 구성하는 것이 있다. 필요한 것은 이들 실재에 다른 기초를 부여하지 말 것, 가령 음절을 실재라고 생각하지 않는 것이다. 그러한 것은 이미 의미가 결부된 불충분한 것이다.

　가치는 의미가 아니다. 가치는 다른 여건을 통해서 주어진다. 그것은 의미 이외에도 다른 관념과의 관계를 통해서 주어지며, 언어 중의 [장기의]말 상호의 위치를 통해서 주어진다.

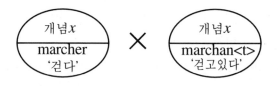

　이하도 같다. 획정을 하는 것은 가치이다. 단위는 근본부터 획정되어 있는 것이 아니다. 여기에 언어에 특유한 점이 있다.

　단어는 강력하게 획정된 단위이다. 단어라는 단위를 획정하려고 하는 언어학자는, 단어의 그러한 분리가 무엇을 기초로 하고 있는가를 물어야 할 것이다. 그런데 이것은 일 년 동안의 강의 테마가 될 수 있다. 단어의 분리를 모르는 문자 표기도 있다. 문맹(여자 요리사의 문자)은 단어의 정확한 분리를 모른다. 단위는 항상 가치와 가치에 의한 동일성에 귀결되며, 가치의 밖에 미리 존재하지 않는다.

　이러한 것은 결국 가치, 동일성, 구체적 요소가 무엇인가를 묻는 질문에 귀결된다. 언어학의 내적 구분은 이러한 가치의 본질체에 의거하게 된다. 동일성은 가치의 동일성이지 그 이외의 것이 아니다. 실체, 구체적 요소, 단위는 구별되지 않는다. 언어에는 동일성에 두 종류가 있다고 인정해야 한다. 혹은 적어도 동일성의 문제에 두 차원이 존재하는 것이 확실하다.

1) 어느 때나 우리들은 시간을 통해서의 동일성으로 정의되는 일종의 동일성에 당면하고 있다. 그것은 통시적(시간을 통한)이라고 불러도 좋다. *severer* '분리하다(프랑스어)'를 *separare* '분리하다(라틴어)'라고 하는 것은 이 동일성에 의한다. 이러한 동일성은 엄밀히 무엇에 입각하고 있는가? 언어학의 일부가 그것을 해명해야 한다. 그러나 우리들은, 가령 *fleurir* '개화하다(프랑스어)'가 *florere* '개화하다(라틴어)'와 같다고는 말하지 않을 것이다. 무엇인가가 변화했고 직선상의 동일 형태가 아니기 때문이다(어쨌든 *florire*(추정형)가 필요한 것이다. 따라서 동일성은 한 편에서 지정되면 다른 편에서는 지정되지 않는다. 통시적 동일성에서 가장 현저한 형은 (반드시 그런 것은 아니지만) 이른바 역시 음성학적 동일성이다. 이 용어는 신뢰하지 말아야 한다. 이 용어는 아무 것도 설명하지 않기 때문이다.

그러나 음이라는 개념을 개입시켰다고 해서 현상을 설명했다고 생각해서는 안 된다. 현상이 무엇으로 구성되는가를 묻는다면 음의 개념에서 출발하지 않을 수 없다. 음을 중심으로 생각하는 것은 어느 모로 보아도 위험하다. 가령 모든 음성 변화, 음운 법칙에서 변하는 것은 음인가? 그렇지 않다. *a*가 *e*로 되지는 않는다. 형태를 이탈하면서 형태를 재생한 것에 지나지 않는다. 동일성의 관계는 음 밖에 있다. 말하자면 여러분이 곡의 연주를 실패하는 것과 같다. 변화는 단위에 의해서만 그 발생 여부가 판단된다. 단위는 음성 변화보다 중요하다. 이러한 통시적 동일성의 관계가, 두 단어를 완전히 변화시키고(*calidus* '덥다'(라틴어) : *šo* '덥다'(프랑스어), 게르만어 *aiwa* '일찍이' : 독일어 *je* '일찍이') 그리고도 그들의 동일성을 단언한다. 이것은 이상한 일이다. 이러한 통시적 동일성의 관계는 무엇으로 이루어지는가? 엄밀하게! 따라서 언어학에는 해결해야 할 혹은 탐색해야 할 여러 문제의 한 계열이 있다. 그것은 통시적 동일성 내지는 단위와 관련되는 문제다.

2) 동일성의 또 다른 차원으로, 끊임없이 언어가 성립되고 하나의 상태를 이루고 있는 공시적 동일성의 차원이 존재한다. 여기서는 동일성을 이루고 있는 요소가 어디보다도 분명하지 않다. 부정의 *pas*는 명사 *pas* '한 걸음'과 동일한가? 여기 통시적 동일성과 공시적 동일성의 갈림길이 있다. 통시적으로는 이것을 의심할 바 아니다(*Je n'irai pas.* '나는 한 걸음도 가지 않을 것이다'가 있고 다음에 이 표현이 확대되었다). 그러나 공시적으로는 어떠한가? 또 다른 계량(計量) 체계가 분명히 우리 앞에 있다. 대답은 부정적일 수밖에 없다. 그 증거로 우리들은 그러한 단위를 학교에서 배울 필요가 있지 않았던가?

여기서 대립하는 두 축, 즉 공시적 균형과 통시적 균형이 있다.

[12월 10일. 통시적, 공시적]

　공시적(=언어의 일정한 시점에 속하는 것)이라는 용어는
약간 애매하다. 이것은 동시적인 것은 모두 동일한 질서를
이루는 것처럼 보인다. 특정 공시적(일정한 언어에 상응하는
특수한 질서)라는 용어가 더 좋을지 모른다. 분리는 방언 혹
은 하위 방언까지 이르는 것을 원칙으로 한다. 언어의 이러
한 여러 구분을 하나하나 다룰 필요가 있는 한은 그렇다.
〈통시적〉인 것은 그러한 한정이 필요 없을 뿐만 아니라 실제
로 그것을 허용하지도 않는다. 어떤 통시적 관점에서 가까워
진 사항들이 하나의 언어 속에 들어오지 않는다. 가령 인구
조어 *esti*와 그리스어 ἐστι, 그리고 독일어 *ist*, 프랑스어 *est*
가 그러하다. 여러 가지 개별어를 만들어 내는 것은 바로 통
시적 현상의 총체와 그 방향이다. (동시에 이런 한정이 여기서
는 요구되지 않는다. 통시적 관계가 두 사항 사이에서 성립되고
그것이 옳다면 그것으로 충분하다. 이것 이외의 다른 것을 찾지
않는다.)

　따라서 언어 사실은 두 가지 종류의 연계(통시적과 특정 공
시적)에 속하게 된다. 그것은 다음과 같은 두 축으로 도시할
수 있다.

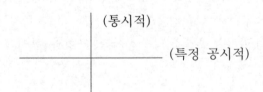

242

그러나 두 연계[통시적, 특정 공시적] 중에서 한 쪽에 따라
존재할 수 있는 엄밀한 단위가 항상 다루어져야 한다.

통시적 단위를 다음과 같이 표시하면 잘못이다.

이것은 이미 단위가 획정되어 있는 것으로 보이기 때문이
다. 이와 반대로, 통시적 단위들은 다음과 같은 연계에 의해
서 어떤 순간에서 다음 순간으로 정립된 것이다.

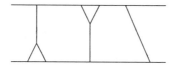

많은 사실 중에서 임의의(어느 면에서는 다소 미온적인) 예
를 든다. 이 예는 많은 생각을 명확히 해 주고 지금까지 말
한 여러 가지 점과도 관련된다. 인구 조어는 기원적으로 전
치사가 없었다. 관계는 여러 가지 격이 표시했는데 그것은
다양하고 큰 표의력(表意力)을 가지고 있었다. 그리고 조어
에는 복합 동사(동사 접두사와 동사로 된)도 없었다. 그 대신

여러 가지 접어(接語), 동작에 뉘앙스를 부여하기 위해서 붙이는 단어가 있었다. *obire mortem*도 *ire ob mortem*도 아닌 *mortem ire ob*이다. [*ob*는 동작에 뉘앙스를 부여하기 위한 접어] 그리스어의 예를 들면 최초에 ὄρεος('산으로부터'. 이 형태의 표의력은 최초에는 일반적으로 속격과 같은 탈격의 힘을 가지고 있었다) βαίνω가 있다. 이것이 의미하는 것은 '나는 산에서 왔다'뿐이다. 여기에 뉘앙스를 부여하는 것, 가령 κάτα '내려서'가 부가된다. 후대에는 κατὰ ὄρεος / βαίνω가 있다. (물론 사항의 순서에 구애되지 않는다. ὄρεος κάτα라고 해도 된다.) 여기서 κατα가 전치사의 역할을 하게 된다. 그리고 다음에는 καταβαίνω / ὄρεος가 나타난다.

이러한 것은 두세 가지 현상으로 이루어지고 있다. 그러나 모든 것은 단위의 해석에 입각하고 있다. 언어는 받아들인 것을 해석하지만 반드시 그대로 해석하는 것은 아니다. 각 사항의 가치는 변화했다. 그러나 그것은 여러 단위의 새로운 배분에 불과하다. 과거에 일어난 것을 알기 위해서는 각 단위가 포함한 자료적 실질이 그 실질에 결부된 기능만큼 중요하다. 더구나 여기서 주로 문제가 되는 것은 보통 통사론이라고 부르는 영역의 현상이다. 그러나 통사론을 다루고 있다고 해서 순수하게 의미의 영역 안에서 활동하고 있다고 생각하는 것은 환상이다. 이 환상은 많은 오류를 가져왔다. 우리들은 1) 일종의 신어를 창조하고 있다. 그러나 그것은 이해된 단위의 단순한 변동에 의한 것이다. κατὰ ὄρεος인가 ὄρεος κάτα인가는 중요하지 않다. 2) 다음에 새로 동사 유형 καταβαίνω의 창조가 있는데 이것은 한 단어인지 두 단어인지 알 수 없다. 바로 여기에 또 하나의 문제가 있는 것이다! 개별 단위가 다시 변동된 것이다. 3) $\acute{o}\rho\varepsilon o\varsigma$에서는 격의 의미가 없어지기 시작한다. 이후 이 의미를 부여하는 것은 $\varkappa\alpha\tau\alpha$이다. $-o\varsigma$는 그다지 중요하지 않다.

따라서 이미 말한 바와 같이 이들 세 가지 현상은 단위의 문제에 귀결된다.

이처럼 단순한 변동을 들어 보아도 거기에는 이미 그만큼의 통시적 현상이 있다. 그런데 이것은 음성 변화가 아니다 (어느 음도 변화하지 않는다). 따라서 역사 음성학은 그것이 아무리 중추를 이루더라도 통시적인 것을 모두 규명하지는 못한다. 음성 변화에서 변하는 것은 음의 총체이지만, 여기서는 그것이 관념이다. 그러므로 모든 것이 결국 단위에 귀결되고 그 단위는 시간의 흐름에 따라 변화하거나 변화하지 않은 채 전해지는 음성학과 공통된 점이 있다. 음성 변화 — 다시 말하면 마치 그것밖에 없었던 것처럼 항상 음성 변화를 말하고 있다. 그러나 음의 변화 없이 전해지는 단어도 있고 음적이 아닌 변동도 있다.

통시적 차원은 그것이 어디서 발생한 것이든 여러 가치의 변동이고 또 표의(表意) 단위의 변동이다.

특정 공시론적 차원은 가치의 일정한 균형으로, 이것은 시시각각 정립된다. 통시론적 차원과 공시론적 차원은 동적인 것과 정적인 것으로서 대립된다. 그러나 동적인 것이 항상 역사적이라고는 할 수 없다. 그리고 이 역사적이라는 용어가 대단히 막연하다. 한 시대의 기술도 역사라고 부르기 때문에, 시대에서 시대로의 추이와 대립되지 않는다. 언어의 정태적 힘과 통시적 힘은 영원한 접촉과 관계 속에 있을 뿐만 아니라 그들은 충돌한다. 이들의 상호 작용은 너무 밀접하기 때문에 이론은 이 두 가지를 선명하게 대립시켜야 한다. 우리가 최대한 인정할 수 있는 용어는 진화적과 정태적이다(그래도 진화적은 아직 충분히 정확하지 않으며, 이 두 역학 체계를 충분히 대립시키지 못한다).

통시적인가 공시적인가에 의해서 가치도 단위도 각각 달라진다. 그들을 선험적으로 설정하는 것은 허용되지 않는다. 예를 들면, 단어와 같은 하나의 가치가 공시적으로 존재하는가? 그와 같은 하나의 가치가 통시적 차원에 존재하는가? 그것은 같은 것인가?

그러므로 단위의 모든 범주를 미리 말하는 것은 불가능하다. 그러한 여러 단위를 두 차원의 내부에서 분간할 수 있을 뿐이다. 그들을 분간하기 전에 인식 기반으로서의 통시적 관점과 공시적 관점을 그들에게 적용해 보아야 한다. 어떤 기본적인 단위라도 두 관점의 어느 한 쪽에 있어야 확정될 것이다. 실재는 두 차원의 내부에만 있다. 두 차원에 걸친 혼성적 실재는 없다.

언어학의 관점은 이들 두 차원에서 그치는가? 언어에는 범시적(汎時的) 관점은 없는가? 그러면 처음부터 하나의 구별을 해야 한다. 단지 일반화만이 목표라면 그 일반화는 범시적일 수 있다. 그러나 범시적인 것은 일반화에 불과한 것이다. 가령 음성 변화는 그 자체로서는 통시적인 것이다. 그러나 그 변화가 지금도 그리고 지금부터도 계속해서 일어날 것이라는 의미에서 범시적이라고 해도 좋은 것이다. 그러나 구체적 현상을 말하자면 범시적 관점은 존재하지 않는다. 바로 이것이 언어적인 것과 그렇지 않은 것, 즉 범시적이라고 생각할 수 있는 것을 식별하는 표시가 된다.

가령 *chose*라는 단어는 통시적 관점에서는 라틴어 *causa*와 대립한다. 공시적 관점에서는 프랑스어 중의 다른 여러 사항들과 대면시킬 필요가 있을 것이다.

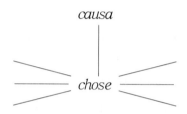

만일 내가 범시적 관점을 시도한다면 어떻게 될까? 알고 있는 것은 이 단어에서 범시적인 것은 /šoz/라는 음이라는 것이다. 말하자면 어느 때나 /šoz/를 발음하기가 가능했기 때문이다. 그러나 음의 이 자료성(資料性)에는 음향적인 가치밖에 없다. 결국 거기에는 언어적인 가치가 없다. šoz라는 음의 연속은 언어 단위가 아니다. 여기서도 너무 타협하고 있다. 범시적 관점에서도 /šoz/는 단위가 아니라 어딘가에서 잘라낸 음의 단편이다. 그것은 무정형의, 어떤 것에 의해서도 확정되어 있지 않은 덩어리에 지나지 않는다(실제로 그것은 왜 /oza/나 /šo/가 아니고 /šoz/인가?). 요컨대 의미가 없는 것은 가치가 아니라는 것이다.

세 가지 관점을 적용해도 된다. 그러나 항시 분명한 것은 범시적 관점은 언어적이 아닌 다른 것에 이르게 되는 관점이라는 것이다.

어떤 단위가 통시적인가 공시적인가를 알기 어려울 때가 있다. 예컨대 다음과 같은 세 단위

$$
\left.
\begin{array}{l}
a,\ i,\ u \\
d,\ b
\end{array}
\right\}
$$

는 언어적인 것인가, 즉 통시적인 것인가 혹은 공시적인 것인가? 가치를 부여할 수 있는 한, 이들은 언어 단위일 것이다. 그렇다고 해도 좋다(소쉬르 씨는 이 문제를 결정하려고 하지 않는다). 가령 무음 *e*는 표의(表意) 단위를 이루는 데 기여하고 다른 여러 가치와도 대립할 수 있다. 음운론적인 관점에서 잘라낸 단위에 불과하지만, 이들 단위는 공시적인 관점에서 가치를 가질 수 있다. 즉 프랑스어의 외관, 전체적 가치에 기여한다.

그리스어에서 어말에는 결코 나타나지 않는 μ, π도 같다. 이들 단위는 음운론적으로 잘라낸 것이지만 역사 음성학적으로, 즉 /šoz/처럼 잘라 낸 것이 아니다. 그럼에도 불구하고 이들 단위는 가치를 지니는 것이다. 그리고 공시적 혹은 통시적인 관점에 나타날 권리, 연어 단위로서 고찰될 권리를 지니고 있다.

[12월 14일. 현상과 관계]

따라서 모든 것은 공시적인 것과 통시적인 것에 귀착하게
될 것이다. 무엇보다도 통시적 현상과 공시적 현상이 있을
것이다. 그리고 통시적 관계와 공시적 관계가 있을 것이다.
문제는 현상을 말하는 것과 관계를 말하는 것 사이에 어떤
차이가 있는가를 아는 것이다. 관계나 현상은 일정한 수의
사항을 전제로 한다. 어느 쪽이든 사항들 사이에서 생기고
일어난다. 이러한 사항은 우리들이 주목했던 단위와 다른 것
이 아니다. 현상에서 출발해서 단위로 되돌아 오는 것이 유
익하다. 이 관점은 단위의 본성을 부각시킬 수도 있기 때문
이다.

먼저 현상 그 자체를 보자. 여기서 절대로 필요한 것은 공
시적으로 성립하는 현상과 통시적으로 성립하는 현상을 대
립시키는 것이다. 현상을 말할 때도 그것을 통시적인 것과
공시적인 것으로 구별하는 것이 그렇게 단순할까? 현상에 대
한 다른 관념에서도 그러하지만 여기서도 역시 통시와 공시
사이에 연속적인 함정이 생긴다. 수십 년 동안 언어학은 두
가지를 혼동하기만 했다. 그것은 이들 현상이 한편에서는 긴
밀하게 상호 의존적이고 또 한편에서는 완전히 독립적인 것
에 의한다. 두 가지는 서로 환원될 수 있으나 더 중요한 의
미로는 환원될 수 없다. 공시적 현상은 통시적 현상에 의해
서 결정되고 있다(그러나 창출된 것이 아니라 부분적으로 하나
의 결과일 뿐이다). 그러나 이 공시적 현상은 그 자체로선 근
본적으로 다른 별개의 성질을 지니고 있다. 임의의 예를 들

어보자(예를 보기 위해서는 문법책 한 권을 열어 보면 된다).
규칙적으로 볼 수 있는 방대한 라틴어의 현상을 보자.

> capio '잡다'   percipio   '지각(知覺)하다'
> taceo '말하지 않다'   reticeo   '대답하지 않다'
> pater '아버지'   Marspiter '아버지 마르스'

　이들을 정식화(定式化)한다고 하면, 사람들은 무의식적으
로 혹은 편견에 의해서 이렇게 말할 것이다. 즉 〈capio의 a는
비어두 위치인 percipco에서는 i가 된다〉라고 하든가 〈a는
어두를 넘으면 i가 되기 때문에 capio의 a는 percipco에서 i
로 바뀐다〉, 혹은 〈라틴어의 a는 어두 다음에 있으면 i로 변
한다. 예로 capicio : percipio가 있다〉라고 말할 것이다. 이러
한 공식에서 몇 가지 현상에 당면하게 되는가? 한 가지이다!
이 현상은 단 하나의 평면에서 일어난다. 거기에 있는 것은
하나의 평면, 하나의 시대뿐이다. 서로 대치되어 있는 사항은
몇 개인가? 두 개이다.

> capio   percapio
> capio ⟷ percipio

　사실은 capio가 percipio의 i를 부여한 바 없다. 어떤 시대
에 căpio와 percăpio, 그리고 păter와 Marspăter이 있었다.
다음에 다른 어떤 시대에 capio와 percipio, 그리고 pater와
Marspiter가 있었다. 이렇게 생각할 수밖에 없지 않은가? 시

250

대를 거치면서 *percipio*를 가져온 것은 *percapio*이지 다른 것
은 아니다.

처음 정식(定式)이 주된 오류를 모두 포함하고 있다면 이
단순한 표는 그들을 모두 수정해 준다. 이것은 공시적인 것
과 통시적인 것, 언어 자체로서 고찰하는 데 중요한 모든 것
의 기반을 포함하고 있다. 전에는 두 개의 사항이 존재했지
만, 지금은 네 개의 사항이 존재하고 있다. 전에는 하나의 표
면이 존재했지만, 지금은 두 개의 표면이 존재한다. 현상은
하나가 아니라 두 개다. 더구나 이들 현상은 다른 영역, 다른
차원, 다른 축에 들어가는 것이다.

엄밀하게는 현상이 세 개가 있다고 할 수도 있다. 즉 *capio*
와 *capio*의 사이에는 통시적 현상으로 변화 없는 전승이 있
다고 해도 된다. 그러나 지금은 그것에 집착하지 않아도 된
다. 중요한 것은 두 현상이 있는 것이다. *capio*와 *percipio* 사
이에 현상이 하나 있는 것은 아마 알기 쉽지 않을 것이다(여
기에 현상과 관계의 차이가 나타난다). 그러나 이미 하나의 현
상이 있다. 그것은 관계를 맺고 있는 단어 사이의 차이가 의
미에 기여한다는 사실에 의한다. 이러한 의미는 하나의 차이
에, 그리고 다소 규칙적인 차이에 입각한 대립이다. 이 차이
에는 하나의 표의성이 결부되기 때문에, 차이란 정도의 문제
에 지나지 않는다. 그것이 공시적 현상의 본질이다. 굴절만큼
표의적인 것은 없다. 그러나 그것은 의미가 부여된 하나의
규칙적 차이에 지나지 않는다.

이러한 공시적 현상에서 이 대립(*capio* : *percipio*)은 교체
라는 명칭으로 불릴 것이다. 두번째 현상은 첫번째 현상에

의해서 결정된다. 즉 어떤 현상이 *percapio*를 *percipio*로 변화시키지 않았다면 *capio* : *percipio*의 대립은 없을 것이다. 그 변화가 이 대립을 창출했다고는 말하지 않는다. 대립을 모두 말하기 위해서는 음의 변화와 관련된 거대한 가치 사실의 전체가 필요하다. 한편 이들 두 현상은 서로 환원이 불가능하다. 공시적 현상은 완벽하게 독립된 차원이다. 즉 교체 및 이 교체에 부여된 차이에 정신이 스스로 의미를 결합시키는 이 현상은 *percapio*〉*percipio*라는 통시적 변화와 아무런 관계가 없다. 이 두 현상은 어떻게 구별되는가? 먼저 1) 통시적 현상은 시대에서 시대로 계속되는 두 사항 사이에서 일어나며 시간을 통해서 두 사항 사이의 관계와 접합을 구성한다. 다음에 2) 계기적인 이 두 사항은 통시적이라고 부르고 있는 어느 일정한 의미에서 동일하다. 공시적 현상에서는 여러 사항이 동시적이며 또 다르다. 이들은 대립하는 것이지 동일한 것이 아니다. 따라서 두 현상은 원래 서로 이질적이므로 환원이 불가능하다.

무엇 때문에 정식(定式)이 결함이 있게 되었는가? 사실이 왜곡되고, 이원성을 통일시키기 위해 사실들을 고찰했던 역사 음성학적 성격이라는 견지가 있기 때문이다. 그 반면에 계기성을 요구하는 이 역사 음성학적 현상이 동시적인 두 사항 사이에서, 동일 평면 위에서 일어난 것으로 생각하려고 한다. *percapio*라는 중요한 사항이 소홀해진 것은 그 때문이다. 그러므로 주의하지 않으면, 한 현상이 언어학의 모든 문제에 대해서 여러 사항이 취하는 위치를 보여주는 사변형(四邊形) 속의 또 하나의 현상을 은폐하는 것이 된다.

다른 경우에는 그 반대가 된다. 어느 사람은, 다만 역사 음성학적이 아닌 측면만을 생각하려고 할 것이다. 그러나 한 평면만을 생각하려는 데 잘못이 있다. 즉 여기서는 공시적인 것만을 다루는 것이 된다. 예로 독일어에 있는 다음 사실을 보자.

Nacht / Nächte,   Gast / Gäste

여기서 성립되는 정식은 순수하게 문법적, 즉 공시적이다. 〈*a*는 복수에서 *ä*가 된다(일정한 조건 하에서.)〉〈복수에서〉먼저 분명하게 마음에 떠오르는 것은 무엇보다도 먼저 의미의 관념이다. 우리 앞에 있는 것은 일종의 교체인데, 이것은 그 근본 원리에서 보았을 때 *capio : percipio*와 동질적이다. 이것을 판정하기 위해서는 사변형을 그려 보면 되며 표의성은 고려하지 않아도 된다.

그렇다면 1세기 경까지 있었던 것은

다음에 *Nacht* ⟷ *Nächte*가 있었다는 것을 알게 된다. 이렇게 되면 *a/ä*의 대립에 하나의 표의성이 결합되어 있는 것을 부인할 수 없다. 또 하나의 사항이 변화해서 두 단어의 차이가 생긴 것이다. 따라서 통시적 현상으로서는 앞의 예와 같다. 공시적 현상으로서는 의심할 수도 있다. *Nacht :* *Nächte*에서 이 대립은 의미의 차이를 포함하고 있다. *capio :*

percipio보다 *Nacht* : *Nächte*에서 이러한 의미의 차이가 분명하다는 사실은 어디서 유래하는가? 어떤 우연한 것이 그 대립과 표의성의 정도와 관계가 있을 것이다.

이러한 정도의 차이는 또 있다.

$$\lambda\varepsilon\acute{\iota}\pi\omega \text{ '남기다'} / \lambda\acute{\varepsilon}\lambda o\iota\varphi a \text{ '남겼다'}$$
$$\tau\rho\acute{\varepsilon}\pi\omega \text{ '키우다'} / \tau\acute{\varepsilon}\tau\rho o\varphi a \text{ '키웠다'}$$

e/o의 시차성은 명백하게 표의적이다(현재형과 완료형의 차이를 느끼는 데 도움이 된다). 이것은 독일어에서도 같다.

gebe '주다' *gab* '주었다' ; *giesse* '붓다', *goss* '부었다'

두 단어의 차이는 e/a나 i/o의 대립이다. 그러나 이 교체의 표의적 가치(위에서 든 그리스어의 예와 같은데)는 독일어에서 더 크다. 이 공시적 현상이 독일어에서 보다 표의적이 되는 것은 그리스어의 완료형에 아직도 $\lambda\varepsilon\text{-}(\lambda\acute{\varepsilon}\lambda o\iota\pi a)$가 남아 있기 때문이다. 그러나 이런 것은 정도의 문제이지 근본적인 차이는 아니다. 따라서 이런 경우(*gebe, gab*)에는 그 높은 표의성 때문에 공시적, 문법적 현상만이 주목될 것이다. 그러나 그것은 통시적 현상에 의해서 결정되고 있다. 이것이 없으면 공시적 현상은 없다. 이 공시적 현상의 본질은, 통시적 현상에 의해서 이루어진 차이에 결합된 표의성의 정도에 있다. 통시적 현상을 겹쳐서 보려면 그리스어의 $\lambda\varepsilon\acute{\iota}\pi\omega/\lambda\acute{\varepsilon}\lambda o\iota\pi a$의 교체에 대해서는 인구어뿐만 아니라 선사 시대까지 소급할 필요가 있을 것이다. 그러면 다음과 같다.

[12월 17일. 형상과 단위]

앞에서 말한 것과 직접 관련된 관찰. 실제적으로나 이론적으로 일정한 시기에 언어 안에 있는 것을 이해하는 유일한 수단은 과거를 백지화하는 것이다. 이것은 통시와 공시의 이율배반에서 생긴다.

이것은 역설적인 것이다. 한 시대에 관해서는 보통 그 기원을 아는 것이 중요하다고 단정하기 때문이다. 그러나 이 역설이 진실이라는 것 또한 명백한 것이다. 두 현상의 환원 불가능성을 보면, 과거에 대한 사상(捨象)이 필연적이 아닌가! 한 쪽이 다른 쪽에 의해서 설명되지 않는다. 한 쪽이 다른 쪽의 조건이 되기는 했다. 그렇다고 그것이 두 가지를 함께 다룰 필요가 있음을 의미하지 않는다. 사상(捨象)의 필연성이 강조되어야 하는 것이다. 농담으로 저널리즘을 말했던 것처럼, 빠져 나오기만 한다면 역사적 관점이 모든 것에 통한다. 이 사상(捨象)은 여러 가치가 어느 만큼의 우연에 의하는 것인가를 보여 주며, 따라서 기호를 바르게 생각하기 위해서는 불가결한 것이다. 그러나 우리들은 현재의 여러 가치에 의해서 말하는 것이지 어원론에 의해 진화적으로 말하는 것은 아니다. 선행하는 것이 아니라 공존하는 것에서 언어 기호는 결정적인 가치를 갖는다. 이러한 가치를 확실히 파악하려면 역사적 관점에서 떠나야 한다.

*dépit*의 예(하츠펠트 Hatzfeld와 다르메스테테르 Darmesteter, *dépit*, Ⅰ, 그리고 그들의 방법, 서문 1쪽 이하 참조. 단어의 의미를 그 역사에 의해서 설명한다). 그것은 가능한 하나의 방법이다. 그러나 언어의 이미지를 보여주는 것은 아니다. (바이이 ch. Bally『문체론 개요 *Précis de stylistique*』47쪽 이하를 참조.) 가치는 인상(印象)이다. 그렇다면 *dépit*는 지금 프랑스인에게 어떤 인상을 주는가? 만일 이 단어의 역사, 즉 ≪*mépris* '경멸'≫의 개념을 망각하지 않으면 그 인상을 명확하게 이해하는 것이 불가능하다. *en dépit de* '~에도 불구하고'의 의미는 *despectus*(라틴어. '경멸해야 할')를 회상해 보아도 아무 관련이 없다.

다른 예. *vous êtes, vous dites, vous faites*는 다른 2인칭 복수와 형태가 다르다. 대단히 드문 이러한 어미형의 가치를 정하기 위하여 (*vous*) *faites*가 *facitis*를 정확하게 계승하고 있다고 할 것인가? 아니다. 만일 (*di*)*tes*가 어느 정도까지 문법적 어미형인가를 판단하고자 한다면, 어원에 관해서 아무것도 모르는 현재의 발화 주체 전체에게 물어 보는 것이 필요할 것이다.

우리는 통시적 현상과 공시적 현상에 관해서 말했다. 우리가 먼저 설정한 것은, 필연적으로 존재하고 있는 두 사항 사이에서 그 현상들이 일어난다는 것이었다. 이러한 사항은 결국 단위이다. 단위 문제에 접근하기 위해서 현상에서 접근하는 것은 그렇게 옳지 않은 방법은 아니다. 위에서 든 예에서

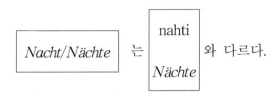

공시적 현상에 타당한 정식, 즉 의미의 대립에 이용된 음의 대립을 부여한다면, 그것이 어떤 단위에서 생기는가를 말하지 않을 수 없을 것이다. 그리고 또 어떤 단위를 구분해야 하는가를 묻게 될 것이다. 그것은 *Nacht─Nächte*뿐인가? 혹은 동류 단어의 계열 전체를 선정해야 하는가? 또는 *a/ä*인가? 혹은 이것은 단수와 복수 사이에서 일어나고 있는 것인가? (단복(單複)이 기본체로서 형태에 결합하는 것으로 단복은 그 자체로선 추상에 지나지 않으며 단위는 아니다!) 요는 그것이 몇 개의 단위 사이에서 일어나고 있는 것은 틀림없다. 그러나 정확하게는 어떤 단위 사이에서인가? 여기서 꽤 기묘한 것을 알게 된다. 언어학에서 현상과 단위는 근본적인 차이가 없다. 이것은 역설이다.

그러나 모든 언어 단위는 관계를 표시하며 모든 현상도 또한 그렇다. 따라서 모든 것은 관계라고 해도 좋다. 여러 단위를 획정하는 것은 사고인 것이다. 음만이 미리 그들을 획정하고 있지 않다. 언제나 사고와 관계가 있는 것이다. 대수학

이 다루는 것은 복합적인 사항 $\frac{a}{b}$ 아니면 $(a \times b)$와 같은 것이다. 모든 현상은 관계끼리의 관계다. 차이를 말해도 된다. 모든 것은 대립으로 이용되는 차이인 것이다. 이 대립이 가치를 부여한다. 현상 *Nacht/Nächte*라고 부를 수 있는 여러 차이가 있다. 그러나 거기서 단위를 보더라도 그것은 역시 차이다.

더 나아가 이렇게 말해도 된다. 다른 데서 단위의 성격이라고 부르고 있는 것은 여기에서 단위 그 자체와 근본적으로 다르지 않다. 우리들은 항상 연쇄 속에 있으며 이 연쇄는 선상적이다. 어떤 단위와 그 성격은 항상 근본적으로 동일 차원에 존재한다. 어느 때나 그것은 선의 단편이다. 그렇다면 단위의 문제는 현상을 규명하는 문제와 근본적으로 다르지 않다. 현상을 규명하는 것은 단위의 문제를 설명하는 하나의 수단이다. 언어학에서 단위를 다루는 이상의 것은 없다. 그러나 그것은 현상을 묻는 것과 본질적으로 같다. 두 가지는 긴밀하게 결합되어 있다. 무정형의 말해진 덩어리 속에서 사고가 행하는 구분이 항상 중요하다는 것이다.

통시적인 것을 보더라도 모든 종류의 단위의 문제가 있을 것이다. 가령 거기서는 저 음이 이 음으로 변했다고 할 것인가? 혹은 단어가 음성 변화를 이끌어 가는가? 요는 여기서도 현상과 단위의 분류 사이에 본질적인 구별이 없다는 것이다. 따라서 분명한 것은 언어를 처음부터 통시와 공시의 내적인 구분을 해야 하며, 이것은 우리들의 선택에 의하는 것이 아니라 그들의 성질에 의해서 강요되는 것이다. 싫고 좋아서 구별하는 것이 아니다. 이것은 하나의 질서가 있기 위한, 더 정확히 말해서 뒤죽박죽이 되지 않기 위한 절대 필요 조건인 것이다.

이 중심적 구분은 다른 영역에서 볼 수도 있지만, 거기에는 이러한 종류의 필연성이 결코 없다. 언어학에는 근본적으로 다른 두 가지 학문이 있다고 해도 된다. 즉 한 쪽에 정태적, 공시적 언어학이 있고, 다른 한 쪽에 동적, 통시적 언어학이 있다. 아마 가치를 다루는 모든 학문에는 다소 의무적으로 사실을 상이한 두 개의 계열로 구분해야 할 것이다. 가령 경제사는 경제학과 구별되어야 한다. 이런 분야에서 과학성을 목표로 삼는 근래의 저작물은 모두 이 구별을 강조하고 있다. 그러나 가치가 엄밀한 체계를 이루면 이룰수록 그 구분의 필요성은 커진다. 어떤 체계도 언어처럼 긴밀하지는 않을 뿐이다. 여기서 긴밀하다는 것은 가치의 정확성(사소한 뉘앙스가 단어를 바꾼다), 가치의 다양성, 체계 내에서 작용하는 사항, 단위의 무한성, 단위끼리의 엄밀한 상호 의존 등을 의미한다. 언어는 모든 것이 통합적이고 모든 것이 하나의 체계를 이룬다는 것이다.

두 가지 것을 동시에 탐구할 수는 없고, 통시적인 것에 대한 탐구와 공시적인 것에 대한 탐구는 구별되어야 한다는 것은 분명하다. 그 첫째 이유는 공시적인 것만 체계를 이루고 또 이룰 수 있기 때문이다. 통시적인 사실들은 결과적으로 끊임없이 이 체계를 변화시킨다. 그러나 그들은 서로 결합되어 있지도 않고 서로 체계를 이루지도 않는다. 다만 개별 현상의 총화가 있을 뿐이다.

따라서 서로 다른 두 영역이 있게 된다. 사실의 첫째 범주는 사실이 형성하는 집합을 통해서만 연구될 수 있다(체계의 각 부분은 전체에 의해서만 의미를 갖는다). 그러나 또 하나의 범주는 그러한 성격을 전혀 가지고 있지 않다. 이것은 체계를 말할 때는 언제나 해당된다. 체계의 변경은 고립된 사실의 연속에 의해서 이루어진다. 이 사실은 태양계와 비교될 수 있다. 새로운 별은 태양계 전체를 변화시킨다. 그러나 그 별은 개별적인 사실에 지나지 않는다. 언어에는 그러한 것뿐이다. 가령 *gebe* : *gab*와 같은 모음 교체는 게르만어에서 중요한 위치를 차지하고 있다. 그리고 그리스어도 동일하게 *τρέφω*/ *τέτροφα, λέγω*/*λόγος*와 같은 교체가 있다. 즉 *e*/*o*의 규칙적 대립을 통해서 서로 결합된 커다란 문법적 계열들이 있는 것이다. 그 표의적 가치가 게르만어에서는 막대하다.

그런데 다른 언어에서는 이 체계가 모두 없어진다. 인도-페르시아, 인도-이란 어파에서는 모두

인 것이다. 교체라는 이 사실은 언어의 체계를 이루는 여러 요소 중의 하나이다. 그것은 공시적이고 언어 중의 무수한 것에 관여한다. 그러나 그것을 제거하는 통시적 사실은 고립적이고 개별적인 사실이다(이 사실도 이중적이다. 그러나 하나의 사실이 다른 사실이 없이도 일어날 수 있고, 그들이 결합해

260

서 전체를 이루지는 않는다). 이것은 공시와 통시의 대립이라는 이미지를 부여해 준다. 두 연구를 한꺼번에 할 수는 없다.

부여되고 강요되는 필연적인 이 중심적 구분을 인정한 다음에는 세부적인 구분으로 넘어가야 한다. 공시와 통시는 우리들의 조작이 성립되는 두 개의 큰 기반, 큰 축이기 때문이다.

[12월 21일. 공시적, 통시적 법칙]

체계의 사항은 사항에 불과하기 때문에, 통시적 사실은 공시적인 것과 대립된다. 그런데 우리는 사항을 가지고 말하는 것이 아니다. 그러나 개별적 사실의 이 성격에서 곧 하나의 의문이 생긴다. 그것은 이러한 사실에 법칙이라는 말을 적용할 수 있는가 하는 의문이다. 거기에는 법칙이 없다. 왜냐 하면, 거기서는 모든 것이 개별적이기 때문이며 우발적인 성격만 인정되기 때문이다.

사실상 음성 변화에 관해서만 법칙을 운운할 수 있다. 게다가 음성 변화는 가장 중요하고 전형적인 통시적 사실이다. 따라서 우리는 이 음운 법칙이라는 말에 머물게 된다. 그것은 공시와 더불어 무엇인가 조직적인 것을 정립하고 있는 것처럼 보이기 때문이다. 그러나 음운 법칙은 공시적 법칙에 대립되는 것이어야 한다. 각 영역에서 우리들이 법칙에 당면하게 되는 것은 어떤 척도, 어떤 의미에서인가? 프랑스어 문장에서는 직접 목적 보어는 동사의 앞에 올 수 없다는 단어의 배치 방법을 들면 공시적 법칙의 개념을 얻을 수 있다. 혹은 전혀 다른 것으로 그리스어의 강세 악센트가 끝에서 세번째 음절에 한정된다는 예도 좋다. 그것은 사실의 상태인 것이다. 이렇게 해서 우리들은 공시적 차원에서 보기에는 매우 다르지만 법칙으로 부를 수 있는 여러 사실을 용이하게 찾아 볼 수 있게 될 것이다.

다른 예로 고대 슬라브어는 모든 단어가 모음으로 끝난다는 사실을 들 수 있다.

다음에 음성 변화에서 법칙의 예로, *teste*와 *paste*는 13세기에 *tête, pâte*로 축약되었다는 사실을 들 수 있다. 혹은 라틴어의 *ka*가 *ca*가 되었다는 것도 마찬가지이다. 또는

inamicus,   *reddatus*

inimicus,   *redditus*

도 마찬가지이다. 이러한 상이한 사실들을 어떤 점에서 법칙으로 부를 수 있는가? 법칙이라는 개념을 철저하게 조사하려고 하지 않아도 법칙이라는 것이 다음 두 개념을 요구한다는 것은 분명하다.

1) 규칙적 혹은 질서의 개념.

2) 강제적인 성격, 강제적인 필연성의 개념.

공시적인 예는 무엇이든 모두 규칙성이나 질서를 보여 주고 있다. 그러나 그것밖에 없다. 법칙은 배열, 설정되는 질서의 정식(定式)을 의미할 뿐이다. 거기에 강제적 성격은 없다. 강제적 성격이 있다면, 그것은 개인이 거기에서 빠져 나올 수 없다는 의미에서이다. 그러나 공동체에 대해서는 법칙이 절대적으로 불안정하다. 안정성을 보장하는 것이 아무 것도

262

없고 그 질서는 내일 어떻게 될지 모르는 것이다. 승인된 것
도 아니기 때문에 내일은 그리스어의 방언에서 액센트가 끝
에서 세번째 음절을 넘을지도 모른다. 처음에는 충격적일 수
도 있으나, 그런 것이 전부이다. 따라서 법칙이란 구성되는
질서일 것이다. 5점형으로 식목된 과수원의 법칙과 다를 바
없다. 그것은 고대 슬라브어에서 모든 단어는 모음으로 끝난
다는 법칙과 같다. 만일 모음이 소멸하면(*jazyk/ǔ*) 이미 그것
만으로 이 법칙은 위배되는 것이다. 지금은 수백 개의 단어
가 자음으로 끝나고 있다.

그러나 음운 법칙은 어떠한가? 여기서는 법칙의 강제력을
무시할 수 없다. 실제로 그 강제력이 일종의 승인을 받고 있
으며 그 승인은 변화의 결과 속에 있다는 것을 알게 된다. 규
칙성의 개념에 의해서만 이 법칙을 표현할 수 있을 것이다.
그것이 강제력을 발휘하는 것은 규칙성을 가지고 행해지기
때문이다. 그리하여 같은 조건에 있는 단어는 모두 그러한 법
칙에 따르는가, 예외 없이 절대적인가에 문제가 집중된다. 누
구나 거기에 문제의 핵심이 있다고 보았다. 그러나 핵심은 거
기에 있는 것이 아니라 단위의 문제에 있다. 음성 법칙은 어
떤 단위에 적용되는가 하는 문제에 있는 것이다. 법칙은 그것
과 연관된 수많은 개별 사실을 보여 주지 못하면 존재하지 않
는다. 그러나 음성 법칙을 끝까지 추구해도 그런 것이 있을
성 싶지 않다. 모든 단어가 그에 따라서 변화한다고 말할 뿐
이다. 먼저 단어군을 정비하고, 각 단어를 완전히 이루어진 개
체로 간주하고서, 이들이 법칙에 의해 만들어진 것이라고 한
다. 그러나 역사적 음성 현상의 단위는 단어인가? 하프의 현

이 한 줄 맞지 않는다고 하자. 곡 중에서 이 현을 뒤길 때마다 오류가 하나 생기는 것은 분명하다. 그렇다고 해서 이 곡의 〈레〉가 법칙에 따라서 틀린다고 말할 수 있는가? 그런 것이 아니다. 옥타브에서도 그것은 이미 틀린다. 기록된 자료 이외에서도 우리들은 음성 법칙에 대해서 극히 예민한 개념을 가질 수 있다. 어느 지방에서는 *a*를 왜곡해서 *se fôcher* (*se fâcher*에 대해서)라고 한다. 만들어진 것은 단어인가? 혹은 하프의 예와 같은 음(말하자면 단 하나의 단위인 *a*이다!)인가?

그리하여 공시적 법칙은 확립된 질서를 나타내는 것에 불과하다. 그래도 이것을 법칙이라고 부를 권리를 인정할 수 있다. 흔히 배열의 법칙이라고 말하기 때문이다. 이 용어는 확립된 분명한 질서를 의미하는 것으로 흔히 사용된다. 강제적 성격이 법칙을 말할 수 있다고는 할 수 없다.

음성 법칙에 대해서 우리들이 규칙성을 느끼는 것은 착각에 의한 것이다. 통시적 사실을 말하면서 법칙이라는 용어를 사용하는 것은 좀 이상하다. 통시적 사실에 법칙이라는 용어를 사용하는 것은 공시적 사실에 대해서 사용할 때보다 더 많은 주의를 요한다. 아무튼 통시적 사실은 우발적이라는 생각만을 가지고 있는 것이 좋다.

따라서 대상으로 삼을 수 있는 것들은 두 영역을 형성하고 있다. 한편에는 공시적 영역 혹은 영역들(구분되는 시대만큼의 영역이 있기 때문에)이 있고 다른 한편에는 통시적 영역이 있다. 어떤 언어의 몇 가지 상태를 차례로 검토하는 것은 통시적 행위가 아니다. 가령 책의 제1권에서 고대 앵글로-색슨어를 다루고 다른 권에서 다른 시대의 영어를 다루는 것으로

264

영어의 역사 문법을 하고 있다고 생각하는 사람은 잘못이다. 이것과 대응해서 통시적 관점과 공시적 관점이 주어져 있다. 모든 사실은 거기서 판단되고 관찰될 것이다. 한쪽은 사실들을 통시적 연쇄에서 생각하고 다른 한쪽은 공시적 연쇄에서 생각하지만 그 방법은 각각 다르다. 통시적 관점에서는 두 가지의 가능한 변종 — 여기 관해서는 뒤에 다시 설명한다 — 이 있어서, 각각 다음과 같은 방법을 이끌고 있다.

전망적 ↓   회고적 ↑

전자는 시대를 내려오고(단어의 미래) 후자는 시대를 소급한다(단어의 과거). 이 이중의 가능성은 실제로 대단히 중요하다. 그것은 현재 행해지고 있는 것은 대개 회고적인 것으로 재구에 의해 단어의 최초 형태만을 설정하고 있기 때문이다.

공시적 차원에서는 하나의 변종밖에 없으며, 하나의 방법만 가능할 뿐이다. 문법학자와 혹은 언어학자의 이 관점은 발화 주체의 관점을 척도로 하고 있다. 여기서는 발화 주체의 인상이 어떠한가를 묻는 것 이외에 방법이 없다. 하나의 사실이 어느 한도 내에 존재하는가를 알기 위해서는 그것이 발화 주체의 의식에서 어느 한도 내에 존재하고 의미를 갖는가를 규명해야 할 것이다. 따라서 단 하나의 관점이나 방법은 발화 주체가 느끼고 있는 것을 관찰하는 것이다.

공시적 영역에서 가능한 구분. 공시적 영역은 표의적 차이의 총체이다. 공시 언어학을 하는 사람은 표의적 차이의 작용을 다루고 있다. 공시적 사실을 말하는 것과 표의적인 사실을 말하는 것은 현실적으로 같은 것이다. 공시적 영역에서는 표의적인 것만 실재할 수 있다. 실재하는 것이란 느껴지는 것이다. 느껴지지 않는 것은 문법가의 발명품에 불과하다. 또 한편으로는 자기의 생각을 나타내기 위해서 차이(혹은 공시적인 사실)을 갖는 것만이 표의적이다.

의미를 부여하는 것은 차이이고 차이를 산출하는 것은 의미다. 공시 언어학의 대상을 표시하는 것으로서 표의적 차이의 작용을 말한 것은 그 때문이다. 차이, 공시적 사실, 표의적 단위 등을 말하는 것은 아무런 차이가 없다. 무엇인가가 표의적이 되는 것은 그것이 공시적인 한도 내에 있을 때뿐이다. 표의적 차이의 작용을 하는 이 거대한 사실들의 무리 속에서 먼저 주의할 것은 미리 분명하게 그어진 한계선이 없다는 것이다. 어느 언어를 연구하는 경우에도 수반되는 한 분야인 형태론을 보면 알 수 있다. 이것만을 특별히 공시적이라고 할 이유는 없지만, 이 연구는 무엇을 의미하는가? 그 명칭은 Formenlehre의 번역이다. 여기에서는 곡용, 활용, 대명사 등의 상이한 여러 형태를 정립한다. 이것이 문법 개념과 본질적으로 다른 개념을 환기시키는가? 사람들은, 문법은 이들 형태의 기능을 다루는 데 비해, 형태론은 이들 형태의 있는 그대로를 제시하는 것이고, 형태론은 $\varphi\acute{v}\gamma\alpha\xi$의 속격이 $\varphi\acute{v}\gamma\alpha\varkappa o\varsigma$임을 말해 주고 문법은 그 용법을 말해 준다고 할 것이다. 그러나 이러한 구별은 결국에는 착각을 일으키게 한다. 의미에 의하지 않고는 단위를 설정할 수 없으며, 그 역도 마찬가지이다. 사람들은 곡용되는 격의 여러 형태를 제시할 때

266

그들의 차이를 도입하려고 한다. 결국 $\varphi \acute{v} \gamma \alpha x o \varsigma$는, $\varphi \acute{v} \gamma \alpha x \alpha$나 $\varphi \acute{v} \gamma \alpha x \iota$와 같은 의미를 가지고 있지 않다고 하려고 한다. 그러나 $\varphi \acute{v} \gamma \alpha x o \varsigma$ 자체는 아무것도 아니며 그것은 $\varphi \acute{v} \gamma \alpha x \alpha$ 나 $\varphi \acute{v} \gamma \alpha x \iota$와의 대립에 의해서만 존재한다. 그러나 이 차이는 기능의 차이와 다름없다. (종이는 뒷면을 자르지 않고는 앞면을 자를 수 없다!) 형태의 연구와 기능의 연구는 같은 것이다. 따라서 부문을 설정하기란 그다지 용이하지 않다.

[1909년 1월 11일. 통합과 연합]

어휘론은 문법의 한 부문인가? (어휘론 : 단어의 보고로, 사전에 배열되어 있는 것과 같다.) 이것은 순수하게 문법적인 것 (단어끼리의 관계)과 상당한 거리가 있는 것처럼 보인다. 그러나 문법적인 수단으로 표시되는 관계는 어휘적인 수단으로도 표시될 수 있다. 따라서 분할선은 거의 없다.

$$\frac{fio}{facio} = \frac{dicor}{dico} \quad \begin{array}{l} \text{(수동)} \\[0.5em] \text{(능동)} \end{array}$$

즉 fio가 facio에 대해서 가진 것과 같은 가치를 dicor는 dico에 대해서 가지고 있다. 동사의 완료, 미완료와 같은 차이는 어떤 언어에서는 시제에 의해서도 표시된다. (문법!) 그러나 가령 슬라브어에서는 그러한 것은 완료 동사와 미완료 동사처럼 상이한 두 동사에 의해서 표시된다. (어휘론!) 전치사의 기능은 일반적으로 문법적인 것으로 생각되고 있다. 그러나 프랑스어의 *ne considération de* '~을 고려하여, ~에 비추어'는 전치사라고 할 수도 있고 어휘적이라고 할 수도 있다. 이 표현이 그 의미를 떠나서 *considération* '고려'이라는 단어와 절대적으로 관계가 없다고는 말할 수 없기 때문이다(그것은 *considération*이라는 어휘적 요소의 단순한 적용이다). πείθω '내가 설득하다'. πείθωμαι '내가 따르다'는 그리스어에서는 문법적 차이지만 프랑스어에서는 어휘적(*persuader/obéir*) 차이이다. 어떤 언어에서는 속격, 혹은 전후 두 단어로 표시되는 많은 관계가 다른 언어에서는 어휘적 단위인 합성어로 표시된다. 그렇게 계속되어 …

부문을 설정하는 것은 실제로 그 나름대로 유용하지만 합리적인 한계선을 그을 만한 확고한 기반이 없다. 위에서 언급한 문제를 다시 보기로 한다. 먼저 어떤 언어 상태 속에 있는 것은 모두 어떻게 성립되었는가? 앞에서 우리가 말한 바로는 그들은 여러 차이의 작용(단어가 자의적으로 선정되었다는 것의 귀결)이었다. 항상 음적 차이를 통한 여러 가치의 대립이 있었다. 그러나 언제나 상대적인 하나의 단위 속에 나타나는 차이가 문제이다. 그들을 결합시키는 더 큰 단위 속에 서로 대립하는 하위 단위가 있는 것이다. 요컨대 모든 것은 차이이자 그룹화 groupement다.

여기서 앞으로 한 걸음 전진하려면 지금까지 언급하지 않았던 하나의 기본적인 구분을 할 필요가 있다. 언어에서 그룹이라고 할 때는 언제나 제거해도 좋은, 그러나 제거해야 하는 일종의 애매함이 있다.

예컨대 다음과 같은 단어를 들어서 이들을 단어 그룹이라

268

고 할 수 있다.

contre '～에 대해서'
contraire '반대의'
recontrer '만나다'
etc.

만일 contre-marche '배전 행진(背轉行進)'을 든다면 여기에도 *contre*가 나타나는 단어 그룹이 있다. 우리들이 필요로 하는 근본적 구분을 위해서는 〈그룹화〉라고 할 때의 두 가지 의미를 분명히 해야 한다. 한 단어가 다른 단어와 인접하여 배치되며 접근하고 접촉하는 데는 두 가지 방도가 있다. 이것을 단어의 두 존재장(存在場) 또는 단어의 두 관계 영역이라고 부를 수 있다. 이것은 우리들의 내부에서 말에 관해서 동일하게 작용하는 두 기능에 대응된다. 한편으로는 기억을 정리하는 선반과 같은 내적 보고(寶庫)로서 존재하는데, 이것은 창고라고 부를 수 있다. 이것이 두 가지 장, 두 영역의 하나이다. 두번째 장에서 작용할 수 있는 모든 것은 이 보고에 배치되어 있다. 그 두번째 장이란 발화이고, 파롤의 연쇄이다. 우리는 단어의 존재장 중에서 어느 쪽에 위치해 있는가에 따라서 그룹들을 다루게 되지만, 그들은 성질상 전혀 다른 그룹이다.

보고(창고)   발화, 연쇄
연상 단위   발화 단위(발화 중에 산출하는)
군(群) famille으로서의 그룹 통합으로서의 그룹 우리들이 잠재적으로 그러나 실제로 소유하고 있는 요소의 집합, 즉 이러한 보고에서 여러 가지 연합이 성립하고 있다. 우리는 어떤 요소를 볼 때마다 다른 요소를 생각한다. 어딘지 유사한 또 유사하지 않은 모든 것이 각 단어 주위에 있다. 그렇지 않으면 언어의 메커니즘은 불가능하게 될 것이다. 예컨대 곡용표는 하나의 연상군(聯想群)이다. 이러한 그룹은 일종의 단위를 요구한다. 그러나 이러한 단위는 발화 중에는 없다. 가변적인 무엇인가와 불변적인 무엇인가가 있다. 이런 성격을 모든 연상군이 가지고 있다. 불변적인 것에 의해서 *dominus* '주인이'가 *domino* '주인에게'와 연합한다. 가변적인 것 때문에 이 그룹 안에 다양한 단위가 존재한다.

désireux   '원하는'
soucieux '걱정하는' } 공통된 요소와 상이한 요소
malheureux '불행한'

그러므로 이러한 연상군은 순수한 심적인 것이며 발화 중에서 동시에 나타나지 않는다. 이들 군(群)은 항시 분명하게 획정되어 있는 것은 아니다. (그러나 곡용 등은 상당히 명확한 부류로서 하나의 완전한 전체를 이룬다.) 그러나 그것은 결코 공간적으로 이루어지는 것이 아니다. 하나의 단위가 다른 단위 뒤에 오는 것이 아니어서 어떤 순서를 말하는 것은 불가능하다는 것이다. 이들 단위 사이에 공간상의 획정은 없다. (주격은 그것을 말하는 사람의 의식 속에서는 제1격이 아니다.)

*soucieux*가 어떤 방향에서 *malheureux*와 접하고 있는가를 그림으로 그릴 수는 없는 것이다.

역으로 통합인 그룹을 든다면 순서의 개념이 곧 머리에 떠오른다. 여기서 순서는 신장(伸長)이 그 조건, 기반이 되는데, 신장이라는 조건이 그 그룹을 표출시킨다. 이러한 조건은 언어에서 놀라울 정도로 단순하여 하나의 선, 하나의 차원밖에 없다. 어떤 통합을 이루는 방법은 두 개가 아니다. 즉 하나의 선적인 연속에 의해서만 통합을 이룰 수 있다는 것이다. 공간적인 이 이미지는 시간이라는 관념으로 되돌아가야 한다. 그런데 공간의 이미지는 분명한 것이기에 시간이라는 개념으로 대치될 수 있다.

quadrupes '사족수(四足獸)'

ἱπποτρόφος '말을 사육하다'

등은 하나의 큰 단위를 이루고 또 그 안에 하위 단위가 있다.

따라서 여기서는 그룹화되는 상이한 요소들은 신장이라는 조건에 따른다. 즉 좌와 우(다시 말하면 앞과 뒤, 먼저와 다음)가 존재한다.

그런데 이 통합이라는 개념은 어떤 크기, 어떤 종류의 단위에도 적용된다. *ἱπποτρόφος*와 같은 합성어에 적용되는 것과 같이 문장이나 단어에도 적용되는 것이다. 따라서 단일어에 관해서, 단어 형성으로 부르는 것은 통합적인 그룹화와 관련이 있다. 나는 — 합성어와 다른 정도로 — *désir-eux* '(형용사) ~을 원하는'이라는 연속된 단위들을 느낄 수 있다. *Que vous* *dit-il?* '그는 너에게 어떻게 말하는가?'과 같은 문장도 통합이란 것은 *désireux*나 *ἱπποτρόφος*의 경우와 다름이 없다(종류는 다르지만). 우리들은 오로지 통합에 의해서만 말을 한다. 그때의 메커니즘은 통합의 유형들이 뇌 속에 있고, 그것을 사용하는 순간에 연상군(聯想群)을 개입시키는 것일 것이다. 가령 *λεγό-μεθα* '우리들이 불리다'라는 그룹을 사용해야 할 순간에 우리들이 바로 *λεγό-μεθα*를 사용하는 것은 *λεγό-*나 *-μεθα*가 배열되어 있는 여러 가지 연상군을 우리들이 소유하고 있기 때문이다. *λεγό-*와 *-μεθα*를 변이시킴에 따라서, 우리는 뜬구름 속에서 위로 아래로 매 순간에 군(群) famille들을 가지게 된다. 이것은 부분적인 변이에 의한 수정에 지나지 않는다. 발화 순간에 어떤 요소의 선택을 보장하는 것은 그룹의 성원 간의 지속적인 대립이다. *λεγόμεθα*는 그 자체로서는 아무 것도 의미하지 않는다. *λεγόνται* '그들이 불린다'가 없어지면 이미 그것으로서 *λεγόμεθα*의 의미(가치)는 변할 것이다. 그렇게 되면 *λέλεκται* '그것이 불린다' 등도 당연히 마찬가지이다. 각 그룹에서, 단위에서 차이를 얻기 위해서 무엇을 변이시켜야 하는가를 우리들은 알고 있다. 따라서 통합이 산출되는 순간에는 연상군이 개입하고 있고, 그것이 있기에 통합이 형성되는 것이다. 문장에서도 동일할 것이다. ≪*Que vous dit-il?*≫ 라고 말하는 순간에 우리들의 뇌 속에

$$que \begin{cases} vous \\ me \\ vous \\ nous \end{cases} dit\text{-}il?$$

이와 같은 일반적인 유형이 있고 거기서 한 요소가 변화하는 것이다.

그리하여 공간에서의 그룹화와 심적 그룹화가 동시에 작용하여 필요한 차이에 관련되지 않는 것은 모두 배제하는 것이 중요하게 된다. 이것은 어디까지든지 적용되며 두 방향은 변하지 않는다. 가치는 항상 군(群)에 의한 그룹화와 통합적인 그룹화 양쪽에서 비롯된다. 예를 들어 m라는 음이 취할 수 있는 가치는 한편에서는 동일 차원의 모든 요소들(예를 들어 l, $n\cdots$ 등 프랑스어에서 가능한 음들)과의 내적 대립에서 비롯된다.

$$a\ m\ n\ a$$
$$l$$

그러나 가치가 발생하는 또 다른 방법도 있는데, 그것은 통합적으로 가치가 발생하는 것이다. 거기에는 공간적인 무엇인가가 곧 개입한다. 그것은 $amna$에서 a와 n사이에 m가 들어갈 위치가 있다는 것이다. 영속적인 두 가지 대립이 있는데, 하나는 통합에 의한 것이고, 또 하나는 서로 다른 모든 것, 우리들이 발화 중에서 끌어 오지는 않지만 끌어 올 수 있는 모든 것에 의한 것이다. 언어의 어떤 상태의 메커니즘은 이러한 두 가지 대립 — 다른 것과의 인접이나 차이 — 에 입각하고 있다.

[1월 14일. 통합과 연합]

　우리가 보기에 언어 상태의 전체를 이루는 것은 모두 통합 이론과 연합 이론에 귀착하는 것이었다. 우리가 할 수 있었던 것은 다만 그들을 대립시키는 것뿐이었고 통합과 연합 사이의 여러 가지 관계에 관해서는 의견을 제시하지 않았다.

　$\tau\rho\acute{\iota}\pi o\lambda\iota\varsigma$를 생각해 보자. 여기에는 $\tau\rho\acute{\iota}\text{-}\pi o\lambda\iota\varsigma$라는 두 개의 연속된 단위로 분석되는 하나의 통합이 있다. $\tau\rho\acute{\iota}\pi o\lambda\iota\varsigma$는 '세 도시의 전체' 혹은 '세 도시를 가지고 있다'(전혀 다른 관계!)를 의미하도록 가치를 취할 수 있다. 그러나 여기에는 공간 속에서의 연속이 있기 때문에 이것은 하나의 통합이다. 이것은 $\tau\rho\iota\text{-}$'세 개의', $\tau\rho\iota\tilde{\omega}\nu$ '세 개의', $\tau\rho\acute{\iota}\alpha$ '세 개의', $\tau\rho\varepsilon\hat{\iota}\varsigma$ '세 개의'와 같은 연합이 아닌데, 이들도 메커니즘에게는 동등하게 중요하다. 그러나 이들은 일렬로 배열되는 것이 아니라 사고라는 눈으로 단번에 일별된다. 발화적이라는 용어와 직관적이라는 용어를 사용할 수도 있다. 직관이 *intueri* '정신적으로 바라본다'(발화 중의 사용 없이)에 대응된다면 두 용어는 통합과 연합처럼 서로 대립하기 때문이다.

　공시적으로 나타나는 이들 두 원리, 두 활동을 다음 축으로 표시할 수도 있다.

　이와 동시에 심적으로 존재하며, 잠재 의식 속에 생각할

274

수 있는 또 하나의 축 위에 연합에 의해서 연결되어 있는 다른 모든 가능성이 있다.

$$
\left.\begin{array}{l}
\textit{refaire} \\
\textit{parfaire} \\
\textit{faire} \\
\textit{dé-faire} \\
\textit{dé-ranger} \\
\textit{dé-placer}
\end{array}\right\}
$$

défaire 주위에 이런 다른 형태가 있는 한도 내에서 *défaire* 를 몇 개의 단위로 분석할 수 있다. *dé*-가 붙은 다른 형태들이 이 언어에서 모두 소멸한다면 그것을 분석할 수 없게 된다. 그때는 *défaire*가 한 단위가 되어, *dé*-와 *-faire*를 대립시키지 못한다.

통합론이 통사론을 각별히 다루지는 않는다. 단어의 하위 단위에 이미 통합적인 사실들이 있기 때문이다. 마찬가지로 합성어를 들 필요도 없다. *désireux*에는 연속되는, 즉 통합을 이루는 두 단위가 있다. *désir-eux* 속에 있는 것의 가치는 대시(-)로 표시될 수 있는 공간에서의 배치라는 사실에 지배되고 있다. 그러나 다시 알아둘 것은 통사적 사실들은 통합론에 흡수된다는 것이다. 그것들은 언제나 최소 두 단위 사이에서 일어나며 공간에 배열된다. 공간에 배열되는 이러한 자료적인 단위의 외부에 무형의 통사론이 있을 것이라고 생각하는 것은 잘못이다. 통사론적 사실들이 있기 위해서는 연결

이 필요하다. 전형적인 예를 들면 영어에서는 다음과 같이
말한다.

the man I have seen(l'homme j'ai vu)=*que j'ai vu*
things you would rather have left unsaid
(chose vous auriez de préférence laissées non prononcées)
=*choses que vous*······

여기 분명한 통합적 사실이 있다. 그러나 que는 영(零), 무
(無)에 상당하며 표현되고 있지 않다. 따라서 그러한 관계를
표현하는 무(無)가 여기에 있다고 사람들은 말할 것이다. 그
러나 대답은 단순하다. 문장 전체가 무(無)라면 아무 것도 모
른다. 첫째 단어가 하나 빠져 있다는 발상은 우리의 통사론
에서 나온 것이다. 우리에게 주어진 모델에 따라서 우리는
que를 보충하고 그것이 영에 해당한다고 한다. 그러므로 무
엇이 하나 빠져 있다고는 아무도 말할 수 없다. 더구나 계열
전체를 없앨 수는 없다. 따라서 우리가 일렬로 배열시키는
것은 여러 단위에 의해서 유지되는 관계이다. 현재의 여러
사항의 총체를 포착하면 충분하다. 이 총체 이외에는 통사론
적 사실을 추론할 수 없을 것이다. 통사론을 하기 위해서는
통합되어 있는 어떤 사항들이건 간에 그 연속이 필요하다.
단어의 연속과 사고의 사이에 적절한 척도가 없다고는 아무
도 말할 수 없다. 말하는 것이 이해된다는 (영어의 경우처럼)
그 사실로부터, 여러 사항의 총체를 포착하면 사고의 표현은
적절하다는 결론이 나타난다. 단어와 같이 작은 단위에 대해

276

서, 거기에 결합되어 있는 의미가 없으면 그것들이 아무 것도 아니라는 것을 기억해야 한다. 그와 반대로 신장(伸長)된 통합(문장)을 연구할 때는 실제의 구성 요소에서 머물러야 한다. 그 구성 요소가 없다면, 통사론의 모습은 공간 중에 나타나지 않으며 구성 요소의 밖에는 아무 것도 존재하지 않기 때문이다.

언어 상태에 나타나는 여러 사실을 설명하기 위해서는 통합 이론과 연합 이론이 동시에 필요하다. 단어라는 개념을 해명하는 것이 도대체 중요한가? 그렇다면 그것은 통합적으로 그리고 연합의 계열 속에서 검토해야 할 것이다. *grand* '큰'을 볼 때, 한편에는 *gran garçon* '큰 소년'이 있고 다른 편에는 *grant enfant* '큰 아이'가 있다. 이것은 *gran*과 *grant* 에서 하나의 단어를 인정하는 것인데 이 둘은 다르다. 차이는 통합에서 산출된다(뒤에 자음이 오는가 모음이 오는가에 따라서 *gran*과 *grant*가 결정된다). *gran père*에도 같은 단어가 있을 것이고 거기에도 역시 통합이 있다. 그러나 *grand*와 *grande*가 같은 단어라고 인정할 때는 우리들은 이미 연합의 영역에 들어 서 있다. 이것은 공간 중에 펼쳐져 있는 것이 아니다. 따라서 단어의 개념은 두 방향에서 밝혀져야 한다. 만일 누군가가 *grand*와 *grande*가 같은 단어가 아니라고 주장한다면 그런 주장을 하지 못하게 해야 할 것이다. 통합과 연합의 두 구분과 관련될 때만 그 주장이 정당화될 수 있다.

유추라고 부르는 현상은 이러한 두 활동과 결부되어 있다. 유추, 유추적 창조, 유추적 혁신이라고 부르는 현상들이 항상 일어나고 있다. 새로운 것이 있기 때문에 변화가 있다. 사실은 여기 어려운 문제가 하나 있다. 만일 변화가 일어나고 있다면 우리는 통시적인 것을 다루고 있는 것이 되지 않은가? 여기 공시와 통시를 구분할 때의 대단히 미묘한 논점이 있다고 해야 할 것이다. 유추를 산출하기 위해서는 공시적 사실이 필요하다. 즉 언어의 전체(체계)가 필요한 것이다. (다른 필기, B : 유추가 체계 속에서 공시적 힘에 의해서만 일어날 수 있다는 것은 의심할 여지가 없다.)

유추의 예. 어린이가 *il venira*(*il viendra* '그는 올 것이다'의 잘못된 형)라고 말하는 사실. 후기 라틴어에서 *septentrionalis* '북쪽의'에 따라서 *meridionalis*(*meridialis* '남쪽의'에 대한)를 출현시킨 사실. 많은 그리스어 방언에서 ἄρχοντοι(ἄρχοντες '집정관' 대신에)가 나타난 사실. 프랑스어의 2인칭 복수의 대다수가 *vous lisez*로 나타난다는 사실(*vous dites*만이 규칙적!). 혹은 한 때 독일어에서 강변화 동사의 과거에 있었던 단수와 복수의 규칙적 차이

warf '나는 던졌다'	*steig* '나는 올랐다'
wurfum '우리들은 던졌다'	*stigum* '우리들은 올랐다'

가 없어지고,

warf	*steig*
warfen	*stiegen*

이 된 사실. 혹은 *honos, -oris*가 주어지면 곧 *honor, -ris*가

나타나는 사실.

이러한 사실이 생기고, 이전에는 들어보지 못했던 이런 형태가 출현하기 위해 필요한 메커니즘은 어떤 것인가? 언어는 그것을 받아들이는 세대가 그때그때 해석하는 어떤 것이라고 생각할 수 있다. 그것은 이해하려고 시도되는 도구인 것이다. 지금의 집단이 이전의 집단들과 동일하게 그것을 해석한다는 보장은 없다. 조건이 변화하고 수단이 달라졌기 때문이다. 따라서 필요한 것은 능동적인 최초의 해석 행위이다. (그 이전에는 이해해야 할 덩어리의 앞에 사람이 놓여지기 때문에 이것은 수동적이다!) 이러한 해석은 단위의 구분을 통해서 나타날 것이다(언어의 모든 활동은 거기에 귀착된다). *pri-sonn-ier* '죄수', *gant-ier* '장갑 제조인'를 보면 알 수 있다. 오늘날 있는 것은 *gant*가 아니라 *gan*이며, 연합시키는 사항들의 위치가 바뀌었다. 내가 *gan : gantier*를 해석한다면, *gan-tier*로 분석할 수 있을 뿐이다. 여기서 전에 없었던 *-tier*라는 단위를 얻게 된다(그 이외의 분석은 불가능하기 때문에). 거기에서 이 단위를 *cloutier* '제정공(製釘工)'에 적용하게 된다. 어떤 모델이 필요했기 때문에 이것은 유추적 사실, 유추적 창조이다. *gant*로 발음되고 *gant/ier*로 구분되었던 동안에는 이것이 성립되지 않았기 때문에, 이것은 새로운 사태이다. 예로부터 받아들여진 것이든, 접미사 *-tier*와 같이 착각에 의한 것이든, 단위가 분할되는 모든 종류가 이들 단위의 사용 가능성을 잠재적으로 포함하고 있다.

단위의 문제는 모든 곳에 개입한다. 가령 *entre quatre zyeux* '마주 대한'에서도, 통합 *des yeux*가 이전과 달리 *des* *zyeux*로 구분되었고, 이것이 유추에 의해서 *quatre zyeux* (*quatre yeux*의 오용)를 준비한 것이다. 다만 내가 해석하는 것에 한해서는 유추의 사실은 없고, 가능성밖에 없다. 새로운 단위를 처음에 이용하고 *entre quatre zyeux*로 발음한 사람이 유추를 한 것이다. 그 다음에 그것은 공동체에 의해 채택될 수도 있고, 채택되지 않을 수도 있다.

[1월 18일. 공시와 문법]

따라서 새로운 형태가 나타나기 전에 이루어져 있는 유추 현상의 일부가 있다. 이 끊임없고 단순한 활동을 통해서 언어는 주어진 여러 단위를 분해한다. 이 활동은 자기 속에 유추의 모든 것 혹은 적어도 새로운 형태에 들어가는 모든 요소를 포함하고 있다. 현상이 생기는 것은 새 형태가 생기는 순간이라고 생각하는 것은 잘못이다. 요소는 모두 여러 연상군에 주어져 있는 것이다. 따라서 이러한 형성에는 두 가지 성격이 있다. 즉 그것은 창조이면서 창조가 아니다. 이것이 새로운 결합이라는 의미에서는 창조이고, 이러한 여러 요소가 이미 준비되고 새 형태 속에 나타나게 될 것과 같은 모습으로 이루어져 있어야 한다는 의미에서는 창조가 아니다. 손쉬운 예를 하나 더 보자. *-able*이 붙은 형용사가 우리에게는 항시 필요하다. 그리하여 *dépistable* '추적할 수 있는'이나 *entamable* '손을 댈 수 있는'이라고 말한다. 아마 이런 단어는 전에 발음된 적이 없었을 것이다. 이것은 유추적 형성이다. 유추적 형성은 모두 다음과 같은 비례 사항으로 환원해

280

도 된다(모든 경우라고 말하면 정확하지 않으나 무수한 경우에
그렇다).

$$aimer : aimable = entamer : x$$

이 식은 결국 다음과 같은 것을 표시하는 것이다. 내적 의
식, 언어의 감정은 다음과 같은 것을 일으킨다. 나는 -er를
-able로 대치할 수 있다. 여기서 내가 변이시키는 요소는 하
나뿐이다. 모델이 작동되기 위해서는 그것을 분석해야 한다.
이 식이 옳다면 이것은 분석의 가능성을 포함하고 있다. 따
라서 우리들은 단위에 관한 관점에 되돌아오게 된다. 요는
언어가 이런저런 단위들을 구분하면 여기 따라서 언어는 이
런저런 상태로 존재한다는 것이다.

이러한 창조는 어떤 의미에서는 변화가 아니다. *entamable*
에서는 필요한 새 단어를 얻는다. 그러나 이미 있는 다른 형
태와 경쟁하는 새 형태가 나타나는 경우도 있다. *finals/finaux*
가 그렇다. 이 경우에는 변화의 개념이 개입되는 것으로 생각
된다. 이 경우에도 음성 변화와 동일한 의미의 변화는 아니
다. 음성 변화는 대치를 의미하며(일으키며) 대치에 의해서만
존재한다. 여기에서 개인의 차원에서 생각하면 그것은 분명
해진다. 어느 사람이 *â*를 *ô*로 발음하는 버릇이 있다고 하자.
그는 *village*를 *villôge*로 대치할 것이다. 개인적이든 집단적
이든 이러한 사실은 다른 형태의 소실, 파기, 망각을 일으킨
다. 유추적 형성의 경우에는 그렇지 않다. 한쪽이 소실되어야
만 다른 쪽이 존재할 수 있는 것은 아니다(독일어에서 유추형

*wurde*가 *ward*와 동일한 지위를 점하고 있는 것을 보라).

유추적 창조에는 변화가 없다는 것은 이런 의미에서다. 가령 *ward*가 소멸해도 그것은 *wurde*의 창조, 그리고 유추적 산물 그 자체와 관계가 없는 사실에 의한 것이다. 사실을 추적할 수 있는 곳은 어디에서든지 모든 사건이 창조와 독립되어 있다. 별개의 형태가 존속하는 것이 보통이고, 그것을 언어에서 소멸시키기 위해서는 새로운 현상이 필요하다. 변화가 있다면 언어 전체를 생각하는 경우일 것이다. 그러나 한 형태가 다른 형태와 대치된다는 의미에서의 변화는 없다.

유추적 창조는 별개의 문제, 즉 현상의 한 부문, 언어에 대한 해석이나 단위의 구분이라는 일반적인 활동의 한 부문인 것으로 생각된다. 언어는 스스로 여러 단위를 나타내며, 또한 그 단위들을 여러 가지로 배치하고, 이어서 그 단위들을 유추적 창조를 위해서 이용한다. 따라서 이것을 특별한 주제로 삼지는 않는다.

언어에서 공시적인 것은 유추(=우리들의 활동의 결과)를 포함해서 모두 문법이라는 용어로 요약된다. 더구나 그것은 이 단어가 보통 사용되는 것과 대단히 가까운 의미에서이다. 장기 놀이의 규칙을 문법이라고도 한다. 이러한 것은 복합적, 체계적인 대상을 포함하고 있다. 그것은 가치를 작동시키는 체계에 적용된다. 역사 문법은 우리에게는 존재하지 않는다. 사항들이 서로 어울리지 않기 때문이다. 거기에는 여러 시대에 걸칠 수 있는 체계가 없다. 언어에서 공시적으로 존재하는 것은 시시각각 이루어지는 일종의 균형이다. 역사 문법으로 사람들이 말하고자 하는 통시 언어학은 다른 것으로서 결코 문법적일 수는 없다. 문법적=표의적=기호 체계에 속하는=즉 공시적.

언어에서 공시적인 것은 모두 문법이라고 부를 수 있다. 그러나 그와 더불어 이 문법의 하위 구분으로 불리는 것까지 그런 것은 아니다. *regis* '왕의'의 형태론이 그 문법적 의미가 통사론과 같을 때가 있다. *tuli* '내가 운반했다'와 *fero* '나는 운반하다' 사이의 어휘론적 차이가 문법적 차이와 같다는 것이다.

우리들은 공시적인 것을 합리적으로 통합과 연합으로 구분하는 것을 보았다. 공시적인 것은 통합의 이론과 연합의 이론을 포함한다. 통합적 차이의 그룹화와 연합적, 심적 차이의 그룹화가 있다. 언어에는 여러 가지 차이밖에 없고 실정적(實定的)인 양(量)은 없다. 그러나 이들 차이는 말로 이루어지는 선과 형태끼리의 심적, 내적 비교라는 두 축 위에서 나타날 수 있다.

그것만 말해 둔다면, 전통적 구분들도 실제로는 그다지 경계하지 않아도 된다. 다만 거기에는 각각의 참다운 가치를 전체 속에서 평가할 참된 조정이 없다. 그것들은 다만 두 축에서의 배열에 의해서만 조정될 수 있을 것이다. 그러나 여러 가지 큰 구분은 통합적 차원, 또는 연합적 차원의 어떤 것과 대응되는 단편이다. 곡용이 발화 주체의 감정에 대해서 여러 형태가 그룹화되는 한 방식이라는 것은 분명하다. 결여되어 있다고 상정되는 것은 구분끼리의 연결이다. 그것이 검토된 뒤에는 여러 구분이 변경될 수도 있다. 그 방법은, 언어의 의식이 인정하고 승인하는 것은 현실적인 것이고, 의식이 인정하지 않는 것은 비현실적인 것으로 관찰하고 간주하는 것뿐이다. 방법은 누구에게도 있다. 그것은 모든 이의 관찰에 의해서 바로잡힌 내적 관찰에 있는 것이다. 가령 곡용표는 문법가의 발명인가?=그것이 과연 존재하는가?

그러므로 각 문제의 전개나 구분의 점검은 대단히 단순한 방법에 의해서 이루어져야 하는 일이다. 그렇다고 작업의 전체가 용이하지는 않을 것이다. 우리들은 공시적인 모든 것을 그룹화하려 했을 따름이며, 그것을 통합과 연합으로 구분한 것이다.

남은 것은 통시적 영역, 즉 시간을 통해서 언어를 보는 것이다. 언어학의 이 나머지 절반에서는 전망적, 회고적 두 관점에서 사실을 고찰할 수 있다(전자는 시간의 흐름을 추적하고 후자는 소급한다). 만일 어렵지 않게 전자가 적용되면, 언어의 역사와 진화에 관한 모든 사실의 완벽한 종합이 된다. 그러나 통시 언어학의 이 실행 수단은 말하자면 이상인 것이다. 결코 그것을 적용할 수 있는 조건에 있지 않다. 여기에서는 자료가 발화 주체에 다소 존재하는 것을 관찰하는 것이 아니라, 일반적으로 간접적인 것이다. 시간의 흐름을 따르면서 전진하기 위해서는 언어에 대한 방대한 수의 사진, 시시각각의 정확한 표기가 필요할 것이다. 이 방법은 어느 언어를 대상으로 하는가에 따라서 사용 여부가 결정된다. 로만스어 학자들은 이 점에 관한 한 최고의 위치에 있다. 그들은 자기가 관여하는 시간의 단면 속에 출발점을 가지고 있기 때문이다.

그러나 이러한 예외적인 조건에서도 끊임없이 무수한 시간적 공백이 있기 때문에, 서술이나 종합을 떠나서 메울 수

밖에 없다. 이렇게 해서 연구가 다른 방향으로 향하게 된다. 이 연구는 대개 회고적 관점으로 이루어진다. 통시 언어학에서는 대부분 전망과 회고를 종합과 분석의 대립으로 다루어도 된다. 시대의 흐름을 추적하는 것은 모두 종합적이고 소급하는 것은 모두 분석적이다. 이 두번째 관점에서 우리는 일정한 시대에 위치하게 된다. 그리고 어떤 형태가 무엇으로 귀결되느냐가 아니라, 무엇이 그것을 산출했느냐를 묻게 된다. 많은 개별어에 대해서 우리들은 이러한 위치에 있다. 만일 20년 전에 우리가 있다면 우리들이 포착하는 형태는 틀림없이 통시적인 연쇄의 한 점일 것이다. 그러나 우리들은 곧 과거를 향하게 되고 설정해야 할 연쇄가 무엇인가를 묻게 된다. 라틴어의 거대한 역사가 있다. 그러나 우리는 곧 그 상한 (기원전 3, 4세기)에 달해서 그 시점에서는 앞으로 가는 대신, 선행했던 것을 물어야 하는 것이다. 그것은 인구 어족에 한정된 것이 아니라 더 작은 언어군에 대해서도 마찬가지이다. 게르만 어파에도 독일어와 같이 전망적으로 진행할 수 있는 시대가 약간 있는 경우도 있다. 그러나 그 전망에 임하는 것이 불가능한 테마가 여기도 많이 있다. 게르만어가 공통어이던 시대까지 가지 않아도 여러 방언의 역사를 밝히려는 경우에도 그렇다. 결국 로만스 제어의 작은 연구를 제외하면, 회고적인 위치에 있지 않아도 연구할 수 있는 언어사의 문제는 연구상 존재하지 않는다.

참고문헌

金芳漢, 1970, 『언어학논고』 (1), 서울대 출판부

_____, 1984, 『언어학논고』 (1)(개정판), 서울대 출판부

_____, 1988, 『역사-비교 언어학』, 민음사

오원교 (역), 1985, 『일반 언어학 강의』, 형설출판사

최승언 (역), 1990, 『일반 언어학 강의』, 민음사

Barthes, R. 1964, "Élements de sémiologie," *Communications* 4, Paris : Le Seuil

Benveniste, E. 1966, *Problèmes de linguistique générale 1*, Paris: Gallimard

Chomsky, N. 1964, *Current Issues in Linguistic Theory*, The Hague : Mouton

_____ 1965, *Aspects of the Theory of Syntax*, Cambridge, Mass : MIT Press

Collinge, N. E. 1985, *The Laws of Indo European*, Amsterdam : John Benjamins

Coseriu, E. 1967, "Georg von der Gabelentz et la linguistique synchronique," *Word* 23

Engler, R. 1967-74, *Cours de linguistique générale*, édition critique, Wiesbaden : Otto Harrassowitz

_____ 1968, *Lexique de la terminologie saussurienne*, Utrecht/Antwep : Spectrum

Firth, J. R. 1950, "Personality and Language in Society," *the Sociological Review*, vol. 42. In: *Papers in Linguistics 1934-1951*, London: Oxford University Press, 1957

Gade, F. 1987, *Saussure: une science de la langue*, Paris: P.U.F.

Godel, R. 1957, *Les sources manuscrites du Cours de linguistique générale de F. de Saussure*, Genève: Libraire Droz

_____ 1966, "F. de Saussure's theory of language," *Current Trends in Linguistics III*, The Hague: Mouton

_____ 1969, "Questions concernant le syntagme," *Cahiers Ferdinand de Saussure 25*

Harris, R. 1987, *Reading Saussure: A Critical Commentary on the Cores de linguistique générale*, London: Duckworth

Helbig, G. 1970, *Geschichte der neueren Sprachwissenschaft*, Leipzig: Biblioglaphisches Inst; Munich: M. Hueber

Ivić, M. 1965, *Trends in Linguistics*, The Hague: Mouton

Jakobson, R, 1962, *Selected Writings, 1. Phonological Studies*, The Hague: Mouton

Koerner, E. F. K. 1973, *Ferdinand de Saussure: Origin and Development of His Linguistic Thought*, Vieweg: GmbH

Lepschy, G. C. 1970, *A Survey of Structural Linguistics*, London: Feber

Lévi-Strauss, C. 1960, *The Elementary Structures of Kinshi*, Boston: Beacon

Martinet, A. 1965, *La linguistique synchronique*, Paris: PUF

Mauro, T. de, 1972, *Édition critique du 'Cours de linguistique générale' de F. de Saussure*, Paris : Payot

Meillet, A. 1915, "'Notice' in Ferdinand de Saussure 1857–1913," In : T. A. Sebeok (ed.), *Portraits of Linguists, vol. 2*, Bloomington and London : Indiana University Press

Mounin, G. 1968, *Saussure ou le structuraliste sans le savoir*, Paris : Seghers

Prieto, L, J. 1966, *Message et syntax*, Paris : P.U.F.

_____ 1968, "La sémiologie." In : A. Martiner (ed.), *Le langage*, Paris

Siertsema, B. 1955, *A Study of Glossmatics*, The Hague : Mouton

Spang-Hanssen, H. 1954, "Recent Theories on the Nature of the Language Sign," *TCLC* 9

Wells, R. S. 1947, "De Saussure's System of Linguistics," *Word* 3. In : J. Martin (ed.), *Readings in Linguistics*, New York : American Council of Learned Societies, 1958

Whitney, W. D. 1867, *Language and the Study of Language*, London.

김방한

서울대 문리대 언어학과 졸업, 문학박사.
미국 하버드 대학교 객원교수, 한국 언어학회 회장,
한국 알타이어학회 회장, 서울대 언어학과 명예교수 역임.
저서 『언어학 논고(Ⅰ)(Ⅱ)』, 『한국어의 계통』, 『일반언어학』, 『언어학개론』, 『몽골어와 퉁구스어』(공저),
『역사비교언어학』, 『어원론』, 『한 언어학자의 회상』, 『언어학의 이해』 등.
역서 『일반언어학개요』(A. 마르티네), 『언어학사』(M. 이비츠), 『일본어의 기원』(R. A. 밀러).

소쉬르

1판 1쇄 펴냄 • 1998년 9월 20일
신장판 1쇄 펴냄 • 2010년 7월 30일
신장판 2쇄 펴냄 • 2012년 10월 18일

지은이 • 김방한
발행인 • 박근섭, 박상준
편집인 • 장은수
펴낸곳 • (주) 민음사

출판등록 • 1966. 5. 19. 제16-490호
서울시 강남구 신사동 506 강남출판문화센터 5층 (135-887)
대표전화 515-2000 • 팩시밀리 515-2007
www.minumsa.com

ISBN 978-89-374-5437-0 94700
ISBN 978-89-374-5420-2 (세트)